Grenzgänge zwischen Selbstzerstörung und Selbstbewahrung

Hrsg. von Regula Freytag

Grenzgänge zwischen Selbstzerstörung und Selbstbewahrung

Suizidprävention als Hilfe in Lebenskrisen

Herausgegeben von
Regula Freytag

1990
Georg Olms Verlag
Hildesheim · Zürich · New York

Printed in Germany
Umschlagentwurf: Barbara Gutjahr, Hamburg
Herstellung: Strauss Offsetdruck GmbH, 6945 Hirschberg 2
ISBN 3-487-09341-3

INHALT

VORWORT

HANS WEDLER

Über lange Zeit war es ein hehres und verführerisches Ziel, Suizidalität wie eine Krankheit behandeln und ausrotten zu wollen. Auch heute ist solches Denken weder überkommen noch verfehlt, - dort wo es wirklich um die Bekämpfung von Krankheit und Leiden geht, die den Menschen an den Rand der Selbstbewahrung zu bringen imstande sind. Doch der Traum von einer wirksamen Therapie des Suizids hat sich bis heute nicht erfüllt und wird sich - ruhigen Auges betrachtet - auch in absehbarer Zukunft nicht erfüllen. Suizid scheint mehr oder doch etwas anderes zu sein, als das, was man methodisch behandeln und bekämpfen könnte.

Im Disput der unterschiedlichsten Analysen und Theorien über suizidales Verhalten, in der Definition von Risikofaktoren, im Bemühen um präventive Ansätze auf individueller und gesellschaftlicher Ebene ist eines deutlich geworden: Selbstzerstörung ist allgegenwärtig, Suizid vielleicht nur ihr sichtbarster Ausdruck. Aber zugleich finden wir dort, wo Selbstzerstörung sich zeigt, stets auch Elemente der Selbstbewahrung, ja, es scheint, als könne der Mensch nur unvollkommen existieren, ohne daß beide Elemente, sich gegenseitig bedingend, sich gegenseitig bedrohend, einander die Waage halten.

Dieses Verstehen hat zu veränderten Denk- und Handlungsansätzen der Suizidprävention und ihrer professionellen und nichtproessionellen Exponenten geführt. Starre, ideologisch gefärbte, oft erbittert konkurrierende Standpunkte werden relativiert und durch Betrachtungsweisen ersetzt, die der Kommunikation als Grundlage umfassenderen Begreifens einen Vorrang eingeräumt haben.

Solche Neuorientierung der Denkmethode hat auch der 15.Jahrestagung der Deutschen Gesellschaft für Suizidprävention und Hilfe in Lebenskrisen (DGS) ihre Farbe gegeben. Und sie prägt noch mehr - bis in den Stil und inhaltlichen Aufbau dieses Buches hinein - den nun vorliegenden Tagungsbericht. Nicht zufällig handelt der letzte seiner Beiträge vom "Wege zu einer neuen Kooperationskultur".

Daß es gelungen ist, den Geist dieses Zusammentreffens, die Kommunikation, in den nachfolgenden Seiten so spürbar wach zu halten, sei Dr. Regula Freytag, deren Ideen auch die Tagung verantwortlich geprägt haben, in besonderem Maße und mit aufrichtiger Bewunderung gedankt.

Wir haben Vorstellungen von Humanität entwickelt, die weit über das hinausgehen, was wir verwirklichen können. Dieses Nicht-Können ist nicht in unserem Selbstbild enthalten. K.P. JÖRNS

ENFÜHRUNG

REGULA FREYTAG

Suizidprävention sieht sich Grenzgängen von Menschen zwischen Selbstzerstörung und Selbstbewahrung gegenüber, die mit Erklärungswissen und Einfühlung schließlich verstanden werden können und dann doch wieder seltsam und unzugänglich bleiben.

Die 15. Jahrestagung der "Deutschen Gesellschaft für Suizidprävention und Hilfe in Lebenskrisen" (DGS) vom 2.-4.10.1987 in Hildesheim hat dies thematisiert und zur Bearbeitung mit Referaten, Arbeitsgruppen und Diskussionen eingeladen. Die Ergebnisse liegen in diesem Sammelband vor.

Bei seiner Herausgabe stellte sich mir die Frage: Wie läßt sich im Dialog Erarbeitetes so in Geschriebenes übersetzen, daß auch andere, die nicht dabei waren, den Prozeß mit Gewinn nachvollziehen können? Die abschließende Podiumsdiskussion, an der sich ein großes Plenum über zwei Stunden lang beteiligte, wurde durch Zwischenüberschriften aufgeschlossen, um ihre Struktur zu verdeutlichen. Ein Bezug zu den Arbeitsgruppen ließ sich nur herstellen, indem die ReferentInnen etwas ausführlicher den Hintergrund darstellten, den sie in ihre Arbeitsgruppe eingebracht haben. Wichtig war mir bei der Auswahl, auch sehr unterschiedliche Betrachtungsweisen und theoretische Ansätze zu Wort kommen zu lassen, um aufzuzeigen, in welchen Werkstätten mit welchem Werkzeug an dem großen Thema "Suizidprävention" gearbeitet wird. Zugunsten der Übersichtlichkeit habe ich die Beiträge so zusammengestellt, daß sich jeweils zwei einander ergänzen, aufeinander aufbauen oder unterschiedliche Perspektiven zum selben Oberthema beisteuern. Ich hoffe, daß dieses Prinzip es Ihnen erleichtert, auch die nicht so schnell erkennbaren inneren Querverbindungen zwischen den einzelnen Beiträgen aufzuspüren.

Grenzgänge in Identitätskrisen

Leben erscheint uns oft wie ein Grenzgang zwischen Selbstbewahrung und Selbstzerstörung. Daß jedoch ein Suizid, die Selbstzerstörung, gewählt werden kann, um das Selbst bewahren zu können, das erscheint schwer verständlich. Die ersten Aufsätze in diesem Buch beschäftigen sich hiermit.

Es ist bekannt, daß Frauen sehr viel häufiger als Männer den Suizid (nur) "versuchen", sie die Selbstzerstörung unentschieden zu umkreisen scheinen. Ihr Grenzgang zwischen Selbstzerstörung und Selbstbewahrung wird davon bestimmt, sich eigentlich bewahren zu wollen. Ihr Problem ist jedoch ihre "Ortlosigkeit" in der jetzigen Gesellschaft. Jutta Meyer-Siebert macht darauf aufmerksam (in Anlehnung an Christa Wolf), wie für Frauen die Suche nach ihrem gesellschaftlichen Ort der "überanstrengende Grenzgang weiblicher Identität" sein kann. Sie spitzt es zu, indem sie weibliche Identität als Dauerkrise bezeichnet. Ziel einer Krisenintervention heißt für sie nicht, zu einem neuen harmonischen inneren Gleichgewicht zu gelangen, sondern fähig zu werden, die "Widersprüchlichkeit des Lebens" auszuhalten und " lebbar" zu machen.

Was es konkret heißt, keinen gesellschaftlichen Ort zu haben, wird in dem Aufsatz über türkische Frauen in der Bundesrepublik anschaulich und greifbarer. Aus religiösen Gründen ist ihnen die Flucht in den Suizid versperrt. Welche Lösungen werden sie finden?

Die Aufgabe heißt nicht nur, einen äußeren Ort zu finden, in "den die Energieströme fließen können", sondern sie heißt auch, zuvor den Ort der Mitte in sich selbst zu finden. In einem ausführlichen Fallbericht läßt uns Anne Springer den langen Prozeß der "Selbst-Rettung" einer Frau miterleben. Wir begleiten die Klientin bei ihrem Gang durch Tiefen der Trauer wie bei einem Gang durch die Unterwelt, ehe sie sich mit ihren früher einmal abgespaltenen "dunklen", (u.a. depressiven) Seiten wieder "rückverbinden" und damit zu neuem Leben erwachen kann. Das Finden der eigenen Identität steht so in Beziehung zu Tod und Wiedergeburt und gleicht damit auch dem Gang durch die Unterwelt, wie er in den alten matriarchalen Mythen als notwendig zum Leben gehörend angesehen wurde.

Auch andere alte oder neue Mythen können Wandlungsprozesse symbolisieren. Gerd Wartenberg untersucht dies am Beispiel der Grenzgänge Jugendlicher. Er beschreibt, wie sich Jugendliche der Faszination der Veränderung, die ja auch in der Krise liegt, fast selbstzerstörerisch aussetzen Die Zerstörung des alten Kind-Bildes steht an und wird "in Szene gesetzt". Eine gewisse Lust wird spürbar, den Tod - als Wandlungssymbol schlechthin - zu provozieren: die Wende wird selbst initiiert und dies nicht nur symbolhaft, sondern durchaus lebensgefährlich konkret - und dadurch ohne Möglichkeit der Wiedergeburt in ein erwachsenes Sein. Gerd Wartenberg entfaltet dies und die mögliche Rolle einer Suizidprävention sehr differenziert an den Beispielen zweier Jugendsubkulturen: dem Drogen- und dem Motorradkult.

Das letzte Beispiel gibt einen Einblick in die Verarbeitung von Krisen, in die Menschen durch schwerwiegende und kränkende Veränderungen ihres Körpers gestürzt werden. Kräfte der Zerstörung und der Bewahrung kämpfen gegeneinander. Ist es überhaupt möglich, zu einer neuen Identität zu gelangen, in der das Behindert-Sein miteinbezogen ist? Krisenverarbeitung ist hier, wie Erika Schuchardt durch das Studium unzähliger Biographien von Behinderten herausgefunden hat, ein besonders mühsamer, langwieriger Lernprozeß. Die einzelnen Phasen erinnern an die Phasen, wie wir sie von anderen Krisenverarbeitungsprozessen her kennen (Trauer, Sterben), sie dauern jedoch sehr viel länger und die letzte Lernstufe - hier die Integration - wird seltener erreicht. Eine verständnisvolle Begleitung kann diesen Lernprozeß erheblich erleichtern (Brenner, Lindau).

Grenzgänge in Beziehungen

Wer in einer Krise steckt, erlebt immer auch "Entbergung" und "Verlassenheit" (Wolfersdorf), weil die alten Beziehungen nicht mehr tragen, nichts mehr vertragen. Gleichzeitig "schreit" der Kriselnde stumm durch die suizidale Handlung die wichtigste Bezugsperson um Hilfe an (Möller-Hömmen, Witte). Daß in der Krise ausgerechnet diese passive Art der Krisenbewältigung gewählt wird, kann Teil eines vermeintlichen Auftrags sein, der den Betroffenen als "Überlebensstrategie" "vererbt" wurde (Graebe). Wie früh und in welcher Weise die Entwicklung des Selbst und seine Beziehung zu den Objekten gestört worden sein kann, faßt Wolfgang Scherf zusammen und macht damit verstehbar, daß "alte Anliegen"- unerfüllte Wünsche nach Geborgenheit und Verstandenwerden - in allen späteren Krisen immer wieder aufbrechen und dadurch auch noch den Partner in eine "suizidale Paarbeziehung" verwickeln können (Schuldt).

Vor diesem Hintergrund wird meines Erachtens erst deutlich, wie schwer befrachtet jeder Erstkontakt zwischen Hilfesuchenden und Helfenden ist, wie leicht "*kein* Anschluß unter dieser Nummer" zustande kommt (Szillat). Auf der einen Seite steht der Hilfesuchende, der alte Anliegen wieder aktiviert, der den Helfer gerne als Super-Retter idealisieren möchte oder ihn, - die Enttäuschung vorwegnehmend - von vornherein abwertet. Auf der anderen Seite befindet sich der Helfer in einem Auftragsdilemma "wie in einem Vielländereck stehend" (Rumpf), nämlich zwischen den Hoheitsgebieten des Hilfesuchenden, des eigenen Ich-Ideals, der Institution und der Angehörigen.

Es ist wichtig, daß der Helfer sich hier um Klarheit bemüht, über seine Rolle, seinen Auftrag, seine Verantwortung (Rumpf. Klages), ehe er sich der eigentlichen Arbeit zuwendet, das Gefühlswirrwarr des Klienten zu verstehen (Szillat, Rumpf).

Grenzgänge institutioneller Hilfe

Als Gesellschaft schaffen wir uns Institutionen, um den einzelnen vor der Fremd- und/oder Selbstzerstörung zu bewahren. Gleichzeitig sind diese Institutionen selbst "suiziddeterminiert" (Lauterbach): die Fremdbewahrung kann zur Selbstzerstörung beitragen. Das wird sowohl im Aufsatz über den Suizid im Justiz-Vollzug (Bennefeld-Kersten und Göttinger) deutlich als auch in den Beiträgen aus dem Klinikbereich. Güntner Ritzel und Gisela Dreßler beschreiben in ihrer Untersuchung zum poststationären Suizid ein "Einstellungs- und Interaktions-Störungs-Syndrom", eine mißlungene Helfer-Patient-Beziehung. Plötzlich erleben sich hier die Helfenden im Nachhinein als in gewisser Weise mitbeteiligt an einem Suizid - worüber sie selbst in Krisen geraten können. Helfer und Hilfesuchende bilden ein "suizidpräsentes" System (Lauterbach).

Die beruflichen Werdegänge der in der Krisenintervention Tätigen und die Formen, in denen Krisenintervention institutionalisiert sein kann, unterscheiden sich beträchtlich. Hans Wedler stellt eine ordnende Übersicht her, mit viel Offenheit für das, was in den verschiedenen institutionellen (Traditions-)Zusammenhängen entstanden oder im Entstehen ist.

Die bestehende Vielfalt der Einrichtungen macht die notwendige Zusammenarbeit nicht gerade leicht: Verständigung und Begegnung können mißlingen. In der Podiumsdiskussion wird das Unbehagen über diese "Vergegnungen" laut: "Wie kann es dazu kommen, wo wir doch alle helfen wollen?" Es ist nicht leicht, die bestehenden Grenzen zwischen den Berufsgruppen zu überspringen, anders Ausgebildete nicht als Bedrohung zu erleben, besonders schwer scheint es, nicht zu konkurrieren. Wir sind aufgefordert, das fast Unmögliche zu wagen: Wege zu einer neuen "Kooperationskultur" zu suchen (Heinrich).

Noch ist es schwierig, der Suizidprävention einen ihr angemessenen gesellschaftlichen Ort, das heißt auch, finanzielle Unterstützung und damit Anerkennung ihrer gesundheitspolitischen Notwendigekeit, zu verschaffen (Podiumsdiskussion). Noch kann die Gründung und Aufrechterhaltung einer Kriseninterventionseinrichtung zu einem "überanstrengenden" Grenzgang werden (Freytag).

So schließt sich der Rundgang. Ich denke, es ist deutlich geworden: so sehr sich auch die verschiedenen Beiträge voneinander unterscheiden mögen, beim genaueren Hinlesen ergänzen sie sich, haben sie miteinander zu tun und tragen jeder Wichtiges bei zu dem vielseitigen Aufgabengebiet der Suizidprävention. Wenn es gelingt, daß Sie sich beim Lesen anregen lassen, Ihre Kenntnisse und Ihr Verständnis von Suizidprävention zu erweitern, ist ein wichtiges Ziel dieses Buches erreicht.

In den meisten Aufsätzen ist von Beratern die Rede, selten wird auch die weibliche Form benutzt oder BeraterIn geschrieben. Es gibt auch keine begriffliche Einheitlichkeit. Suizidprävention und Suizidprophylaxe; Betroffene, Kriselnde, Patienten, Leidende, Klienten, Suizidale, Suizidenten und Selbstmordgefährdete stehen als Bezeichnungen oft (nicht immer) gleichbedeutend nebeneinander. Und es stellt sich heraus, daß nicht einmal unter dem Wort "Krise" dasselbe verstanden wird . Ich habe nicht versucht, zu einer voreiligen, die Realität verleugnenden Einheitsbegrifflichkeit zu kommen. Erst das Kennenlernen dieser Alltagswirklichkeit kann weiterführen. Auch hierzu soll dieses Buch beitragen.

Ich danke allen Autorinnen und Autoren, die dieses Vorhaben erst ermöglichten und ich danke Hilke Steevens, Eva Pretzell und Doris Wendt, die das Entstehen dieses Buches nachhaltig unterstützt haben. Uta Striebl, Christa Leugner, Ute Landreh und einigen anderen danke ich für hilfreiche Gedanken bei der Durchsicht der Manuskripte und der Unterstützung beim Kampf gegen die Tücken des Computers.

GRENZGÄNGE

IN

IDENTITÄTSKRISEN

WEIBLICHE IDENTITÄT ALS KRISE: GRENZGÄNGE ZWISCHEN SELBST-ZERSTÖRUNG UND SELBST-BEWAHRUNG

JUTTA MEYER-SIEBERT

Christa Wolf schreibt in ihrem Aufsatz über Karoline von Günderode, die sich 1806 das Leben genommen hat: "Deutsche Lebensläufe. Deutsche Todesarten. Überspanntheit, wird es heißen. Übertriebene Verletzbarkeit. Überanstrengung, könnte man doch auch sagen, wenn man nur bereit wäre, Vorwegnahme, Antizipation als Anstrengung gelten zu lassen" (Wolf 1987, 517).

Anstrengung verbinden wir in der Regel mit den kleinen und großen Aufgaben, die uns täglich von anderen aufgegeben sind und die wir uns selbst gestellt haben. Unser Maß für Anstrengung ist unsere körperliche Erschöpftheit, die wir in unterschiedlicher Weise erleben.

Wir kennen alle das wohlige Gefühl des Abgeschlafft-Seins nach bewältigten Aufgaben, aber auch die Gereiztheit im Erschöpfungszustand, wenn die Anstrengung nicht ausgereicht hat und das Unbewältigte den Kraftaufwand als vergeudet erscheinen läßt.

Anstrengung ist ein zentrales Thema in unseren Alltagsgesprächen, ja über Anstrengung konstituiert sich die 'Wichtigkeit' der Persönlichkeiten. Dabei ist Anstrengung nicht gleich Anstrengung. Vielmehr ist der im harten (Lohn)arbeitskampf sich anstrengende Familienvater 'wichtiger' als seine Frau, die sich anstrengt, das Zuhause, das Familienleben als Ort der Erholung von der Anstrengung 'draußen' zu gestalten.

Spontan verbinden wir Anstrengung also mit unserer *konkreten, alltäglichen Lebenstätigkeit* und nicht mit dem, was Christa Wolf meint: Vorwegnahme, Antizipation.

Was genau heißt dies aber?

Die Autorin selbst hilft weiter. Vorwegnahme, sagt sie "(ist) der Versuch, die Vereinzelung zu durchbrechen und sich in neuen, produktiveren Lebensformen zu bewegen." (ebd. 521)

Damit stellt sie uns in der Tat eine anstrengende Aufgabe, nämlich die, uns für unsere Zukunft zuständig zu fühlen und mit anderen gemeinsam bessere Lebensbedingungen zu schaffen. Zu den alltäglichen Anstrengungen sollen wir also auch noch unsere Zukunft selbst in die Hand nehmen.

Dabei scheint es doch gegenwärtig gute Gründe zu geben, genau dies nicht zu tun, um sich vor *Überanstrengung* zu schützen.

Christa Wolf schreibt, was es in der Zeit der Günderode hieß, sich für die Zukunft zuständig zu fühlen: es hieß "handeln gegen die eiskalte Abstraktion, diese ganze schauerliche Unbeirrtheit auf falsche, nicht mehr befragte Ziele hin, gegen die unaufhaltsame Verfestigung der zerstörerischen Strukturen, gegen das erbarmungslose Zweckmäßigkeitsdenken, die sich als Angst, Depression, als Hang zur Selbstzerstörung (...) niederschlagen" (ebd. 517). All dies gilt auch für heute, zugespitzt durch nukleare Vernichtungspotentiale, Umweltkatastrophen, Massenarbeitslosigkeit usw.

Dies alles läßt viele von uns vor dem Gedanken an die Zukunft zurückschrecken und dankbar Vorschläge und Strategien ergreifen, die ein Leben im 'Hier und Jetzt' ermöglichen und entlasten von der eigenen Zuständigkeit für die Zukunft.

Mit dieser Haltung korrespondiert eine Privatisierungstendenz: Eine Woche nach Tschernobyl berichtete beispielsweise die FAZ als Ergebnis der Allensbacher Demoskopie, daß die meisten Bürger ihren Lebenssinn im privaten Glück fänden. Zukunft und Privatheit werden getrennt gedacht; den Lebenssinn in die Partnerbeziehung, die Familie, den Sportverein, die Selbsterfahrungsgruppe zu legen, scheint für viele eine Möglichkeit zu sein, der Zukunft zu entkommen.

Aber schützt dieser Weg tatsächlich vor der 'Überanstrengung'?

Schon der Augenschein spricht dagegen. Die Zunahme von Depressionen, Gewalt, diffusen Krankheitsbildern, Sucht, Suizidhandlungen, aber auch das Bedürfnis, sich religionsartigen Bewegungen, die das individuelle Heil verkünden, gläubig bis zur Selbstaufgabe hinzugeben, legen Zeugnis dafür ab, daß in der Privatheit die Wunden nicht geheilt werden, die die Widersprüchlichkeit des Lebens schlägt.

Also doch sich anstrengen für die Zukunft?

Karl Marx hat uns gelehrt – und das wird heute von keiner Richtung der Sozialwissenschaft bestritten –, daß die Menschen ihre Lebensbedingungen sowohl produzieren als ihnen auch unterliegen. Die Kritische Psychologie hat dies - und das jetzt im Unterschied zu anderen psychologischen Theorien - in ihrer Bedeutung für die Handlungsfähigkeit der Individuen in ihrer konkreten Lebenstätigkeit aufgefaltet (Holzkamp 1983).

Individuelles Leben ist immer gesellschaftlich vermittelt. Während in den ersten menschlichen Gesellschaften die individuellen Handlungen zur Sicherung des Überlebens gleichzeitig die Gesellschaft erhalten haben und umgekehrt, ist dieser unmittelbare Zusammenhang zwischen Individuum und Gesellschaft nicht mehr gegeben.

Das Erhaltungssystem für die Gesellschaft im Großen hat sich verselbständigt. Mit den Anstrengungen der Individuen, ihre Existenz zu sichern, wird nicht mehr unmittelbar die Gesellschaft erhalten. Umgekehrt erhalten die Individuen nicht sich selbst, indem sie für die Erhaltung der Gesellschaft handeln. Die gesellschaftliche Vermitteltheit macht die Widersprüchlichkeit unseres Lebens aus. Unsere Handlungen sind nicht mehr bestimmt durch gesellschaftliche Notwendigkeiten, sondern wir haben viele Möglichkeiten, uns die vorgefundenen gesellschaftlichen Strukturen anzueignen und unser Leben zu produzieren.

Dieses widersprüchliche Verhältnis von Individuum und Gesellschaft bewußt zu leben, d.h., sich seiner Gesellschaftlichkeit bewußt zu sein, hieße, einzugreifen in die Regelung der Gesellschaft, hieße, sich für Selbstbestimmung, Menschlichkeit einzusetzen.

Dies stößt aber in unserer Gesellschaft, die - das darf ich wohl behaupten - nicht frei ist von Fremdbestimmtheit, immer wieder an Grenzen.

Statt die Anstrengung der Überwindung dieser Grenzen, die Risiko, Unsicherheit usw. bedeutet, auf sich zu nehmen, richten wir uns mehrheitlich ein in den vorhandenen Strukturen. Sicherlich in unterschiedlicher Weise, aber doch so, daß wir der Widersprüchlichkeit des gesellschaftlich vermittelten Lebens zu entkommen versuchen.

Holzkamp hat diese vielfältigen Möglichkeiten, den vermittelten Zusammenhang individuellen Lebens und gesellschaftlicher Produktion zu leben, in dem Begriff der *Handlungsfähigkeit* gefaßt. Wenn ich also von der Handlungsfähigkeit der Individuen in ihrer konkreten Lebenstätigkeit gesprochen habe, meint dies nicht im alltagssprachlichen Sinn die Fähigkeit, Anforderungen durch Handeln zu bewältigen. Sondern in der Kritischen Psychologie ist Handlungsfähigkeit der Analysebegriff für die *Art und Weise*, wie die Individuen sich die Widersprüchlichkeit ihres Lebens *lebbar* machen.

Dazu gehört auch, welche Handlungsmöglichkeiten sich die einzelnen für die Zukunft entwerfen - und das ist Christa Wolfs Anstrengung, Antizipation. Der entscheidende Punkt ist aber dabei - und das hat Holzkamp aufgewiesen -, daß die Vorwegnahme unserer Handlungsmöglichkeiten in der Zukunft die subjektive Befindlichkeit unseres *gegenwärtigen* Lebens bestimmt.

Christa Wolfs Anforderung, unsere Zukunft in die Hand zu nehmen, ist also kein moralischer Appell, sondern entspricht nach den Bestimmungen der Kritischen Psychologie grundlegend menschlichem Bedürfnis.

Wenn ich vorhin von der Tendenz gesprochen habe, ein Leben im Hier und Jetzt zu versuchen und allgemeine Zukunftsperspektiven aus dem privaten Leben zu verbannen, entspricht das einer Lebenskonstruktion, die dem Bewußtsein entspringt, daß die Gesellschaft im Großen auch ohne uns geregelt wird und unsere individuellen Anstrengungen sich auf die Perspektive des privaten Glücks richten können. Aber damit bleibt nicht nur der Zusammenhang dieses privaten Lebens zur Gesellschaft dennoch erhalten, sondern diese Art und Weise zu leben gestaltet auch gleichzeitig gesellschaftliche, also allgemeine Bedingungen. So wird z.B. die Vorstellung befestigt, daß Probleme individuellen Lebens als Probleme von Individuen, die getrennt von der Gesellschaft gedacht werden, gelöst werden müssen. Es ist jetzt vielleicht schon nachzuvollziehen, daß dies eine verkürzte Problemlösestrategie darstellt.

Wenn man dagegen davon ausgeht, daß es die Widersprüchlichkeit der gesellschaftlichen Vermitteltheit des individuellen Lebens ist, die sich als Problem im Individuum niederschlägt, ist es plausibel, daß Lösungsversuche *in der Art und Weise* gesucht werden müssen, wie die Individuen ihre Lebensbedingungen verarbeiten, d.h. sie aktiv in ihren Lebenszusammenhang einbeziehen.

So könnte z.B. der Versuch eines Lebens im 'Hier und Jetzt' eine Verarbeitungsweise sein, die Handlungsmöglichkeiten für die

Zukunft abschneidet. Dies wäre gleichzusetzen mit einer 'freiwilligen' Reduktion der menschlichen Möglichkeiten, vielleicht mit dem Effekt der Zunahme von Depressionen bis hin zur völligen Lebensmüdigkeit.

Überanstrengung läßt sich also einmal - wie bei Karoline von Günderode - denken als *Scheitern* in dem *bewußten* Versuch, die Zukunft in die Hand zu nehmen; aber auch als quasi freiwilliger Verzicht an der Gestaltung gesellschaftlicher - und damit auch individueller - Perspektiven.

Grenzgänge zwischen Selbst-Zerstörung und Selbst-Bewahrung: Der Grenzgang geht also entlang der Widersprüchlichkeit des gesellschaftlich vermittelten Lebens der einzelnen.

Was ist aber jetzt das Selbst, dessen Zerstörung oder Bewahrung so nah beieinanderzuliegen scheinen?

Ohne jetzt den umfangreichen philosophischen Diskurs über das Selbst bemühen zu wollen und ohne zu behaupten, daß die Kritische Psychologie die Bestimmung des Selbst gefunden zu haben glaubt, will ich nur sehr allgemein sagen, daß nach unserer Auffassung das Selbst nicht etwas in dem Individuum Verborgenes und folglich dort zu Suchendes ist. Vielmehr bestimmt sich das Selbst durch die Art und Weise, wie die einzelnen sich zur Welt ins Verhältnis setzen, d.h. welche Handlungsmöglichkeiten sie im Prozeß der Aneignung der gesellschaftlichen Strukturen realisieren. Die *Zerstörung* des Selbst wäre dann eine Verarbeitungsweise meiner Lebensbedingungen, die durch den 'freiwilligen' Verzicht von Handlungsmöglichkeiten mich selbst den übermächtigen Bedingungen mehr oder weniger hoffnungslos ausgeliefert abbildet.

Von *Bewahrung* des Selbst zu sprechen scheint mir jetzt allerdings vor dem Hintergrund des Dargestellten problematisch.

Wir denken schon, daß die Art und Weise der Aneignung der gesellschaftlichen Strukturen, also der Vergesellschaftung des Menschen, sich in dessen *Innern* als Merkmale, Eigenarten seiner Persönlichkeit niederschlagen. Das Selbst geht damit den Weg von außen nach innen. Es nun aber innen zu hüten und vor dem Außen bewahren zu wollen wäre gleichbedeutend mit jener Anstrengung, die das Krisenhafte des gesellschaftlichen Lebens als *individuelle* Krise bestimmt und zur Überanstrengung wird in dem Versuch, aus dem von Gesellschaft abgetrennten Leben Perspektiven zu gewinnen.

So paradox es klingt: das Selbst zu bewahren hieße für uns, unser Selbst als *Prozeß* zu begreifen; Selbst-*Bewahrung* wäre Selbst*veränderung* - und zwar Selbstveränderung in der Perspektive verfügenden Eingreifens in den gesamtgesellschaftlichen Prozeß, d.h. in der Perspektive von Gesellschaftsveränderung.

Nachdem ich nun die unserer Arbeit zugrundeliegenden Aussagen über das 'menschliche Wesen' dargestellt habe, komme ich zu der Frage weiblicher Vergesellschaftung.

Weibliche Identität als Krise - was sind denn nun die *spezifisch weiblichen* Anstrengungen des Grenzganges zwischen Selbst-Zerstörung und Selbst-Bewahrung? Um diese Frage soll es zunächst gehen; bevor ich dann das Krisenhafte dieses Prozesses zum Anlaß nehme, mich ein Stück weit mit Strategien des Umgangs mit Krisen, also mit Krisenintervention, auseinanderzusetzen.

Kürzlich sprach ich mit einer Frau, die ihre Erwerbsarbeit - Teilzeitarbeit bei einer Bank - wegen der Geburt ihres zweiten Kindes für ein Jahr unterbrochen hatte und nun seit einer Woche wieder in der Bank arbeitete. Sie erzählte mir, daß sie ihre Kinder durch eine Tagesmutter bestens versorgt wisse und sich in der Hinsicht unbelastet der Arbeit in der Bank widmen könne. Diese Einschätzung änderte sich überraschend, als sie von ihrer Arbeit zu sprechen begann. Sie sei jetzt als Betriebsreserve eingesetzt, was bedeute, daß sie in der Bank je nach Bedarf herumgeschickt würde, keinen eigenen festen Arbeitsplatz habe, morgens erst erfahre, was und wo sie arbeiten solle usw. Sie befände sich am absoluten Ende der Betriebshierarchie und überlege sich zu kündigen, aber nicht - wie man angesichts des Versorgtseins ihrer Kinder vermuten könnte -, um für sich selbst neue Perspektiven zu finden. Ihre Begründung lautete vielmehr: "Meine Kinder haben einen Anspruch darauf, daß ich für sie da bin. Ich kann es nicht rechtfertigen, mich ihnen vorzuenthalten wegen einer Arbeitstätigkeit, die mir noch nicht einmal Spaß macht."

Im Grunde steckt in diesem Gespräch alles drin, was den krisenhaften weiblichen Identitätsprozeß kennzeichnet:

- es ist das Hin- und Hergerissensein zwischen der Zuständigkeit in der Familie und dem öffentlichen Bereich der Erwerbsarbeit; Frauen sind das Geschlecht, das sich für beide Bereiche entscheiden kann;

- es sind die Strukturen im öffentlichen Bereich, in denen Frauen sich nicht wiederfinden;
- es ist die Alternative Familie, in der sie nicht *für sich*, sondern *für andere* da sind;
- es ist die Konstruktion der Frauen in die Ortlosigkeit mit dem Effekt ihrer 'Unentschiedenheit'

Ich werde diese Punkte jetzt im einzelnen ausführen.

Zunächst geht es also um die Trennung der Bereiche öffentlich und privat in unserer Gesellschaft und ihre Bedeutung für weibliche Identität.

Im Laufe der Menschheitsentwicklung haben sich Arbeitsteilungen herausgebildet, die das Leben der Menschen in Herrschaftsverhältnisse einbinden. In der Teilung der Kopf- von der Handarbeit bildete sich das Privateigentum heraus, und mit der geschlechtlichen Arbeitsteilung wurde die Unterordnung der Frauen unter die Männer festgeschrieben. Beide Verhältnisse stellen in ihrer vielschichtigen Verknüpfung die wesentlichen Strukturelemente unserer Gesellschaft dar, die sich in ihrer Bedeutung für Männer und Frauen durch das Element der Frauenunterdrückung grundsätzlich unterscheiden.

Mit der Entwicklung der industriellen Produktionsweise haben sich im Prozeß der Regelung des gesamtgesellschaftlichen Lebens Praxisformen herausgebildet, die gekennzeichnet sind durch die Konstituierung der Bereiche öffentlich und privat. Den Bereichen wurden die Geschlechter dergestalt zugeordnet, daß die Männer in öffentlichen Formen - Arbeit, Politik usw. - die Belange der Gesellschaft regelten, während die Frauen im privaten Bereich - Familie, Haus usw. - für die Reproduktion der einzelnen zuständig und damit von der Teilnahme an gesamtgesellschaftlichen Entscheidungsprozessen ausgeschlossen waren. In diesen Praxisformen haben sich unterschiedliche Geschlechteridentitäten herausgebildet, deren Anordnung in einem Herrschaftsverhältnis die Voraussetzung für die Industriegesellschaft darstellte.

Heute stehen wir vor der Situation, daß die Widersprüche in den Formen diese Anordnung aufbrechen. Die Zuweisung in den Bereich der Familie allein schon durch ihr Geschlecht wird für Frauen durch unterschiedliche Entwicklungen mehr und mehr problematisch. Die rechtliche Gleichstellung der Frauen, die Angleichung der Ausbildung von Jungen und Mädchen, die Verlängerung der

Lebenserwartung, durch die die Zeit der Kindererziehung für Frauen nur noch einen Teil ihres Lebens darstellt, Rationalisierung von Hausarbeit durch Haushaltsmaschinen, die Möglichkeit der Familienplanung durch Verhütungsmethoden und - wenn auch eingeschränkt - rechtliche Möglichkeiten des Schwangerschaftsabbruches usw.- dies alles hat in den letzten 20 Jahren strukturell günstigere Bedingungen für Frauen geschaffen, Handlungsfähigkeit zu erlangen auch in dem Bereich der gesamtgesellschaftlichen Regelung (vergl. Beck 1986, 161 ff).

Ich will damit nicht sagen, daß die Plätze den Frauen in der Gesellschaft schon bereitgestellt sind und von den Frauen nur noch eingenommen zu werden brauchen. Nein, der Skandal bleibt und muß auch immer wieder benannt werden: nach wie vor werden Frauen *nicht selbstverständlich* gebraucht an den Orten, an denen die Entscheidungen für die Perspektive der Gesellschaft getroffen werden. Nach wie vor bedarf es der Kämpfe der Frauen, wenn sie sich in den Bereichen gesellschaftliche Arbeit, Politik positionieren wollen: nach wie vor gibt es für sie weniger Arbeitsplätze, stehen ihnen nicht alle Berufe offen, gibt es keine Mehrheiten für sie in den Führungsgremien politischer Organisationen usw. usw.

Aber nicht in all diesen Behinderungen der Entwicklungsmöglichkeiten von Frauen, die Ausdruck der nach wie vor bestehenden Frauenunterdrückung in dieser Gesellschaft sind, liegt das Krisenhafte des weiblichen Identitätsprozesses. Das Krisenhafte sind die Entscheidungsprozesse, die sich aus der prinzipiellen Wahlmöglichkeit der Art und Weise ihrer Lebensproduktion ergeben. Virginia Woolf legt schon 1938 den Vergleich dieser Situation mit einer 'Zwickmühle' nahe. Sie schreibt: "Hinter uns liegt das patriarchalische System; (...) Vor uns liegt die Welt der Öffentlichkeit, das Berufssystem (...) Das eine sperrt uns ein wie Sklavinnen in einen Harem; das andere zwingt uns, (...) um (...) den Baum des Eigentums zu tanzen. Es ist eine Wahl zwischen zwei Übeln" (Woolf 1987, 103 f).

Was macht nun das Übelhafte beider Bereiche - des privaten als auch des öffentlichen - in ihrer Bedeutung für Frauen heute aus?

Daß meine Freundin trotz zwei kleiner Kinder mit großer Selbstverständlichkeit wieder ihre Erwerbstätigkeit aufgenommen hat, entspricht einer allgemeinen Entwicklung, die kürzlich in einer

Untersuchung des Deutschen Instituts für Wirtschaftsforschung (TAZ 17.8.87) statistisch belegt worden ist. Sicherlich ist dies als ein Effekt der von Virginia Woolf schon 1938 formulierten (ebd.) und von der Frauenbewegung in den letzten 20 Jahren in die Köpfe der Frauen transportierten Erkenntnis, daß nur der Eintritt ins Berufsleben die notwendige Voraussetzung darstellt, um eigene Vorstellungen und Ziele finden und durchsetzen zu können (vergl. Wolf 1987, 745).

Trotzdem das Übel: für Familie/Kinder sehen sich die Frauen trotz Lohnarbeit zuständig. Die Art ihrer Lohnarbeit - das wird in der Untersuchung dann auch mitgenannt - ist darauf ausgerichtet, beides unter einen Hut bringen zu können. In der Regel heißt das Teilzeitarbeit. Nun könnte Teilzeitarbeit ja vielleicht der Weg sein, um die Trennung der Bereiche öffentlich/privat, an deren Linie wir die Unterdrückung der Frauen denken, langfristig aufzuheben. Aber das setzte voraus, daß beide Geschlechter in beiden Bereichen vertreten sind und die Dominanz der von Männern beherrschten Form der Lohnarbeit durch die Verringerung ihres zeitlichen Umfanges abgebaut würde.

Aber so sieht es eben noch nicht aus. Die Teilzeitarbeit wird von Frauen in Anspruch genommen. Damit klinken sie sich gleichzeitig aus den die Lohnform kennzeichnenden Konkurrenzkämpfen aus und überlassen nach wie vor den Männern die Entscheidungsmacht.

Grundsätzlich scheint dies verständlich, wenn man die vielen Widersprüche bedenkt, von denen Frauen in ihrem Versuch, ihr Leben durch gesellschaftliche Arbeit *sinnvoll* in die Gesellschaft einzubauen, mehrfach durchkreuzt werden. In der Form der Lohnarbeit erscheint Arbeit nicht als sinnvoller Beitrag zur gesellschaftlichen und damit gleichzeitig individuellen Reproduktion, sondern allein als Verkauf der Arbeitskraft zum Zweck der individuellen Lebenssicherung; in der Lohnform reproduzieren sich die patriarchalischen Strukturen der Gesellschaft und behindern entscheidend das Sich-Bewähren in den Konkurrenzverhältnissen; außerdem steht Erwerbsarbeit für die Frauen nicht anstelle ihrer Zuständigkeit für die Familie, sondern diese wird von ihnen - wie in dem Gespräch mit meiner Freundin deutlich geworden ist - in die Form der Lohnarbeit mit hineingenommen.

Frauen brechen also auf in die Gesellschaft und finden Formen vor, die historisch aus den Praxen der Männer entstanden sind. Sie machen die Erfahrung, daß sie sich selbst dort nicht finden, daß dies nicht ihr Ort ist. Und sie haben immer die Alternative, der Widersprüchlichkeit gesellschaftlicher Arbeit dadurch zu entkommen, daß sie an den Ort zurückgehen, der ihnen historisch bestimmt worden ist: den Privatbereich, die Familie.

Politisch wird ihnen dies schmackhaft gemacht. Zum einen wird die Familie durch die derzeitige Familienpolitik wieder aufgewertet als Quelle, aus der die Kraft für die Anforderungen des harten Lebens draußen in der Gesellschaft geschöpft werden kann (z.B. CDU-Papier Baden Württemberg); zum anderen gibt es aber auch in Teilen der Frauenbewegung die Tendenz, die ermutigenden Versuche des Eingreifens der Frauen in die gesellschaftliche Regelung wieder zu ersetzen durch Arbeit für die individuelle Reproduktion im privaten Bereich. Dies wird dann nicht als Rückzug oder gar Niederlage gelebt. Die Strategie ist vielmehr, die im Privaten entstandenen weiblichen Arbeitsformen als die eigentlich menschlichen den Männerformen, die Krieg und die Möglichkeit der totalen Vernichtung der Gattung Mensch hervorgebracht hätten, entgegenzustellen. Diese Konstruktion ermöglicht es den Frauen, den Privatbereich als den eigentlich bedeutsamen Bereich für die Gesellschaft im Großen zu leben, weil sich über ihn - z.B. durch Erziehung, Liebe, Fürsorge usw. - eine Feminisierung, d.h. Vermenschlichung der Gesellschaft im Großen langfristig durchsetzen werde.

Ich will jetzt gar nicht den Sinn oder Unsinn einer solchen *politischen* Strategie diskutieren. Aber zu fragen ist in unserem Zusammenhang, ob die Frauen denn in der Familie, selbst wenn sie ihre Arbeit als *gesellschaftliche* konstruieren, den Ort finden, an dem sie mit ihrer Arbeit für die anderen zugleich auch für sich etwas tun, in dem sie sich also *sinnhaft* aufgehoben finden?

Wie ich bereits ausgeführt habe, sind in der gesellschaftlichen Vermitteltheit unseres Lebens unsere individuellen Lebenstätigkeiten nicht durch gesellschaftliche Notwendigkeiten bestimmt. Dies gibt uns - wie Frigga Haug in ihrem Aufsatz über Probleme weiblicher Identität ausgeführt hat - einen Freiraum für Lebenstätigkeiten, die "selbstzweckhaft" sind, das Selbst in den Mittelpunkt unserer Handlungen stellen (F. Haug/Hauser 1985, 14 ff). Es sind dies die Tätigkeiten, die wir als "notwendige Sorge und

Pflege des individuellen Selbst" im privaten Bereich, in der Familie praktizieren. Gemeint sind z.B. alltägliche Praxen von der "Nahrungsaufnahme bis zu Theaterbesuch, vom Lieben bis zum Malen und Schreiben, vom ausreichenden Schlafen bis zum Singen und Tanzen" (ebd. 22). F. Haug hat diese Handlungen "kulturelle Praxen" genannt - kulturell wegen des *selbst-zweckhaften* in Absetzung von *den gesellschaftlichen* Tätigkeiten, die einen allgemeinen Sinn haben.

Liegt in dieser Bestimmung der historisch gerade von Frauen ausgeführten oder organisierten "kulturellen Praxen" nicht auch eine *sinnvolle* Perspektive für die Frauen in der Familie begründet?

Frigga Haug zeigt, daß die kulturellen Praxen *in der Familienform* für Frauen *gerade* problematisch sind und ihnen wieder den Ort sinnvollen Handelns für andere und darin für sich selbst verweigern. "Die von ihnen hergestellten kulturellen Praxen sind zuallererst nicht für sie selbst, sondern werden unmittelbar für die anderen (z.B. Familienmitglieder) getätigt und über diese mittelbar für sich selbst. (...) Um den Hunger der anderen zu stillen, koche ich, um eine freundliche Atmosphäre herzustellen, schneide ich Blumen aus dem Garten. Der Zweck der Praxis liegt nicht nur im Tun, sondern im Resultat, das den Selbstzwecken der Familienmitglieder dient. (...) Wenn wir den Geschlechtern in den privaten Raum der kulturellen Praxen folgen, sehen wir Frauen damit beschäftigt, einen Rahmen herzustellen, in dem selbstzweckhaftes Tun möglich ist, und wir sehen Männer ihn ausfüllen" (ebd.).

Abgeschnitten vom allgemeinen Sinn gesellschaftlichen Handelns finden die Frauen auch im privaten Bereich nicht den Ort sinnvollen Handelns. Ihre Tätigkeiten sind nicht selbst-zweckhaft, sondern selbst-entfremdet.

Es ist jetzt deutlich, was Virginia Woolf mit der 'Zwickmühle' meinte: weder im gesellschaftlichen noch im privaten Bereich finden die Frauen den Ort, an dem sie ihr Leben sinnvoll mit der Welt verbinden können. Die Verhältnisse scheinen niederdrückend für Frauen. Wo liegt da noch eine Perspektive?

Ich habe ziemlich am Anfang den Marx-Satz erwähnt, daß die Menschen nicht nur den Verhältnissen unterliegen, sondern sie auch produzieren, und ich hatte auch gesagt, daß die Kritische Psychologie die Bedeutung dieser Erkenntnis für die Lebenstätigkeit der einzelnen Individuen aufgefaltet hat.

Eine Möglichkeit der *Produktion* von Lebensbedingungen ist auch ihre Verfestigung, also ihre *Reproduktion*. Wenn also einzelne versuchen, den Widersprüchen des gesellschaftlich vermittelten Lebens zu entkommen, indem sie sich an vorgegebene Strukturen anpassen, auch wenn diese sie in ihrer Entwicklung behindern, *reproduzieren* sie diese Strukturen, d.h. sie bauen sich aktiv, selbsttätig in die Verhältnisse ein und sind ihnen nicht nur unterworfen.

Frigga Haug hat diesen Gedanken für die Spezifik der Frauenfrage in dem Opfer/Täter-Theorem formuliert, mit dem sie gezeigt hat, daß die Einwilligung der Frauen, die ihnen von der Gesellschaft zugedachten Orte und Positionen - nämlich die im privaten Bereich - quasi freiwillig einzunehmen, gleichzeitig eine Beteiligung der Frauen an Verhältnissen ist, die sie unterdrücken (F. Haug 1980).

In der Frauenbewegung hat der Opfer/Täter-Gedanke damals viel Furore gemacht, weil die Täter-Seite der weiblichen Vergesellschaftung vorschnell mit Schuld verknüpft worden ist. Mittlerweile hat sich dieser Ansatz in der feministischen Bewegung durchgesetzt - wenn auch nicht theoretisch abgeleitet wie bei Frigga Haug und dadurch wirklich in der Gefahr, moralisch als Schuldfrage der Frauen mißverstanden zu werden (z.B. Thürmer-Rohr 1987; Mies 1987).

Frigga Haug ging es nicht um eine *Bewertung* des weiblichen Verhaltens, auch wenn es die Verhältnisse reproduziert. Aber sie macht deutlich, daß Frauen versuchen, den Widersprüchen zu entkommen, indem sie sich ein Leben im Privaten als selbstbestimmtes zurechtlegen, konstruieren.

Daß dies nicht der Weg zur Frauenbefreiung sein kann, ist nach dem bisher Dargestellten einleuchtend.

Die *Perspektive* für Frauenbefreiung sehen wir deshalb auch darin, die *Art und Weise* herauszufinden, mit der Frauen sich ein widerspruchsfreies Leben zu ermöglichen versuchen.

Zur Veranschaulichung muß ich noch einmal auf das Gespräch mit meiner Freundin zurückkommen. Ihr Gedanke war ja, die frustrierende Erwerbsarbeit wieder durch Familienarbeit zu ersetzen mit der Begründung, sich ihren Kindern nicht vorenthalten zu können wegen einer Arbeit, die ihr keinen Spaß macht.

Es wird deutlich: die bereitstehende Alternative Familie verhindert, Erwerbsarbeit nicht nur in ihrer Dimension der Entfremdung, sondern auch als prinzipielle Möglichkeit des kollektiven Eingebundenseins in den Prozeß der gesellschaftlichen Produktion abzubilden. Die Familie liefert den Maßstab für die Bewertung der Arbeit. Nicht die Frau selbst mit ihren Bedürfnissen und Ansprüchen ist das Maß, mit dem sie die Perspektive ihrer eigenen Entwicklung in dieser Form der Arbeit vorausberechnet, um dann Entscheidungen *für sich* zu treffen. Das Maß sind die *von ihr konstruierten* Ansprüche der Kinder, mit denen sie sich den Weg zurück in die Familie ermöglicht - und hinter denen sie sich selbst gleichzeitig verschwinden läßt.

Kein Ort. Nirgends - die permanente Krise der weiblichen Identität liegt in der Ortlosigkeit. Dabei ist Ortlosigkeit gleichzeitig als - wie Christa Wolf es ausdrückt - "Fehlen der Realität, auf die sich etwas gründen ließe" (Wolf 1987, 523) zu verstehen und als *Selbstkonstruktion* der Frauen in die Ortlosigkeit.

Die Identität der Frauen ist so bestimmt durch die Suche nach sich selbst und dem Ort, an dem mit anderen *sinnvolles* Leben produziert werden kann. "Wer bin ich?" und "Wo will ich hin?" sind so die Fragen, die weibliche Identität charakterisieren, und die Anstrengung ist nachvollziehbar, die es ohne Antwort auf diese Fragen braucht, Entscheidungen zu treffen, Handlungsmöglichkeiten auszuwählen und Wege ihrer Realisierung zu finden.

Viele Erscheinungsformen im weiblichen Lebenszusammenhang, die mit unterschiedlichen Erklärungsansätzen z.T. vielfach beschrieben sind und die ich mit dem Begriff der 'Unentschiedenheit' zusammenfassen möchte, vermute ich als Effekt des Fehlens gesellschaftlicher Orte.
Ich nenne nur einige Beispiele:
- das Sprachverhalten von Frauen in öffentlichen Diskursen ist häufig dadurch gekennzeichnet, daß ihre Sätze zum Ende hin leiser werden, an Bestimmtheit verlieren, oder daß sie einen neuen Satz beginnen, bevor sie den alten zu Ende gebracht haben (vergl. Gdaniec 1986, 122 ff).
- in einer Untersuchung über die Verarbeitung von Konflikten in einer politischen Organisation habe ich festgestellt, daß Frauen im Unterschied zu Männern, die sich offen auseinandersetzen bis hin zur Konsequenz des Austritts aus der Organisation, eher den 'stillen Rückzug' innerhalb der Organisation antreten und eine offene Auseinandersetzung vermeiden (Meyer-Siebert 1985);

- es gibt Untersuchungen, die zu dem Ergebnis kommen, daß Frauen unter Erwerbslosigkeit weniger leiden als Männer. Auch wenn dies vom Standpunkt der Frauen ein politisch brisantes Ergebnis ist und sehr sorgfältig (ideologiekritisch) überprüft werden muß, gewinnt es im aufgezeigten Zusammenhang der Ortlosigkeit eine gewisse Plausibilität: die Widersprüchlichkeit der Erfahrung gesellschaftlicher Arbeit in der Lohnform mag das Leiden an ihrer Verweigerung verringern, wenn die Alternative der Familienarbeit vorhanden ist.

Aber auch unabhängig von der konkreten Alternative Familie scheinen sich in der Verarbeitungsweise von Erwerbslosigkeit Frauen von Männern zu unterscheiden, weil eben auch hier die in der Privatform konstituierte weibliche Identität in den Bereich der Arbeit überschwappt. Ein Indiz: ein in Hannover laufendes Seminar einer Arbeitsloseninitiative für erwerbslose Frauen, das - für mich zunächst völlig überraschend - als Thema den Titel des Bestsellers von Robin Norwood trägt "Wenn Frauen zu sehr lieben".

Es wäre zu untersuchen, inwieweit in der Art und Weise der spezifisch weiblichen Verarbeitung von Erwerbslosigkeit Hindernisse für das Eingreifen in die Gesellschaft aufgebaut werden; aber auch, wo darin Perspektiven liegen, die Dominanz der Lohnarbeit in unserem Lebenszusammenhang zu verändern. An diese Dominanz ist immer noch die geschlechtliche Arbeitsteilung geknüpft. Es käme darauf an, herauszufinden, ob in dem weiblichen Verhältnis zur Arbeit nicht die Möglichkeit einer Arbeitsteilung angelegt ist, in der beide Geschlechter in beiden Bereichen gleichermaßen anzutreffen sind (vergl. F. Haug 1987);

- Frauen sind nicht häufiger, aber "anders" krank als Männer. Funktionsstörungen ohne organische Ursache kennzeichnen ein verbreitetes Krankheitsbild von Frauen. Ulrike Maschewsky-Schneider hat dieses 'Frauensyndrom' auf einer Tagung der Bundeszentrale für gesundheitliche Aufklärung im Frühjahr 1987 als Effekt der "Widersprüchlichkeit zwischen weiblicher Passivität und Zurückhaltung und dem Zwang zur Meisterung des Lebens" zu erklären versucht. (FAZ 25.5.87).

Ich würde einen Schritt weitergehen und die *Unbestimmtheit* der Symptomatik als Niederschlag der Ortlosigkeit der Frauen bestimmen.

Bettina von Arnim schrieb vor mehr als hundert Jahren "daß die Melancholie allein aus dieser Quelle des Lebensdranges fließt, der sich nirgends ergießen kann." (in: Wolf 1987, 546).

Es ist ja nicht allein der von Maschewsky-Schneider angesprochene Widerspruch, der Frauen u.a. depressiv werden läßt, sondern es sind ja auch die nicht vorhandenen Strukturen, in denen die Frauen handeln könnten, wenn sie sich zum Handeln entschlossen haben.

- als letztes Beispiel in diesem Zusammenhang möchte ich die Tatsache erwähnen, daß Frauen im Vergleich zu Männern sehr viel häufiger Suizidhandlungen begehen, die nicht zum Tod führen.

Auch in der Wahl der Handlungsmöglichkeit, mit der der menschlichen Handlungsfähigkeit eine endgültige Grenze gesetzt werden soll, scheint es ein Rest der Unentschiedenheit der Frauen zu sein, die sie doch noch einmal am Leben hält.

"Der Erträglichkeit des Daseins ist das Unerträgliche so dicht benachbart, daß eine angestrebte Entscheidung an der Unentschiedenheit scheitert" (Freye 1974). Was Inka Freye hier allgemein über das Phänomen des Selbsttötungsversuchs schreibt, scheint mir vor allem den in der Krise zugespitzten weiblichen Lebenszusammenhang zu treffen.

Die Suche nach dem gesellschaftlichen Ort ist der anstrengende, krisenhafte Grenzgang weiblicher Identität.

Es stellt sich jetzt die Frage nach Strategien, die das 'Umkippen' dieser Anstrengungen in Überanstrengung zu verhindern helfen, also - in der Sprache der klinischen Psychologie - nach der Krisenintervention. Sowohl in der Suizidforschung als auch in unserer Arbeit der Erforschung weiblicher Vergesellschaftung hat der Begriff der Krise eine zentrale Bedeutung. Auf einer allgemeineren Ebene bewegen wir uns also im gleichen Feld, aber wie mir scheint - und das will ich im folgenden kurz vorzustellen versuchen - in unterschiedlicher Art und Weise.

Krise bedeutet vom Wortsinn her Entscheidung. Im klassisch hippokratischen Sinn ist sie der Höhepunkt und gleichzeitig die Wende eines krankhaften Geschehens.

Höhepunkt, Entscheidung, Wende - diese Begriffe deuten schon an, daß Krisen offen sind, ihr Ausgang ist unbestimmt. Gleichzeitig verweisen sie auf Veränderung. Unabhängig davon, wie der Entscheidungsprozeß ausgeht - er verändert den Lebenszusammenhang der Einzelnen, er verändert die Art und Weise, mit der die Menschen sich ins Verhältnis setzen zu ihren Lebensbedingungen.

Prinzipiell beinhaltet die Krise die Chance, mit der Veränderung ein Stück mehr Verfügung über die Lebensbedingungen zu gewinnen. Aber genauso kann die Veränderung ein Zurückfallen hinter den gegenwärtigen Verfügungsraum bedeuten.

Bücher über Krisen, Lebenskrisen nehmen zur Zeit in den Buchläden einen beachtlichen Teil der Regale ein, die für die Bereiche Psychologie, Pädagogik reserviert sind. "Wie aus Schwäche Stärke wird", "Jede Krise ist ein neuer Anfang", Krise als Lernchance", "Lebenskrisen, Lebenschancen" - dies sind nur einige Beispiele für Titel neuerer Bücher, mit denen Angst vor Krisen genommen werden soll, die Mut machen wollen für das aktive Annehmen von Krisen. Die andere Seite, die Möglichkeit der Überanstrengung einzelner in Krisen, wird dabei zwar erwähnt, aber das Schwergewicht liegt eindeutig im Aufzeigen von Wegen, Strategien, Hilfsprogrammen, die das Gestärkt-aus-der-Krise-Hervorgehen in Aussicht stellen.

Bei meinem - sicher nicht vollständigen - Studium der Literatur über Lebenskrisen, kritische Lebensereignisse, ist mir aufgefallen, daß - verkürzt dargestellt - im wesentlichen von zwei Arten von Ereignissen ausgegangen wird, die Menschen 'in Krisen stürzen': zum einen sind es "normale Statusveränderungen" im Lebenslauf, z.B. Ablösung vom Elternhaus, Berufsein- bzw. austritt, Alter, bei Frauen Schwangerschaft, Wechseljahre usw.; zum anderen sind es eher unerwartete Ereignisse wie Krankheit, Tod usw. In der Life-Event-Forschung hat man eine ganze Liste solcher Ereignisse in eine Hierarchie im Hinblick auf ihre krisenhafte Bedeutung für die einzelnen gebracht. In Theorien von Krisen werden ihre Erscheinungsformen kategorisiert, ihre Verläufe in Phasen eingeteilt und sowohl personale als auch situationale Bedingungen aufgelistet, die eine Prognose ermöglichen sollen, wer durch welche Krisen in welchem Ausmaß gefährdet sei (vergl. Kulessa 1982 in: Gasteger 1982, 67 ff).

Zusammengefaßt kann man sagen, daß Krisen als Ereignisse aufgefaßt werden, durch die das gewohnte Leben der einzelnen in unterschiedlichen Ausprägungsgraden in Unordnung, in Ungleichheit gerate, das Verhältnis individueller Bedürfnisse und gesellschaftlicher Anforderungen gestört sei. "In Krisensituationen kommt das Gefühl, mit sich selbst und der Welt um einen herum im Einklang zu sein, nicht mehr zustande" (Meuler 1987, 73, vergl. auch 67 f).

Logischerweise ergibt sich aus dieser Vorstellung, daß die *Bewältigung* von Krisen in der Wiederherstellung des gestörten Gleichgewichts, des "Passungsgefüges zwischen Person und Umwelt" (Filippi 1981, 23) gesehen wird. Sie sei die "Arbeit daran, die Krise so zu lösen, daß ein neues stabiles Gleichgewicht zwischen den gesellschaftlichen Erwartungen und Ansprüchen einerseits, meinen Bedürfnissen und Fähigkeiten andererseits zustandekommt" (Meuler 1987, 73f). Die Aktivitäten der einzelnen im Prozeß der Bewältigung von Krisen werden abgebildet als "Anpassungsleistungen", die sowohl auf die Veränderung der Umwelt als auch der eigenen Person gerichtet sein können (Filippi 1981, 37).

Krisen*intervention* trägt der Erfahrung Rechnung, daß Menschen in Lebenskrisen allein oft überfordert sind. Durch die Konstituierung unterschiedlicher Formen von Hilfeleistung (z.B. Kontakt - gruppe für Selbstmordgefährdete in Hildesheim) wird deshalb versucht, Hilfestellung für die Betroffenen zu organisieren (Danish/Auggelli; Montada 1981).

Auf den ersten Blick entdeckte ich bei meinem Studium der Krisenliteratur Gemeinsamkeiten mit unserem Ansatz. Ich geriet in Panik, in Krise. Was sollte ich denn da Neues oder doch anderes in diesem Vortrag berichten können?

So gehen z.B. auch wir davon aus, daß wir aus Krisen lernen; und so denken auch wir, daß wir allein, vereinzelt überfordert sind, wenn wir unser Leben nach unseren Bedürfnissen regeln und unsere Handlungsfähigkeit erweitern wollen.

Auf den zweiten Blick wurden mir dann aber doch grundsätzliche, in unseren theoretischen Ausgangspunkten begründete Unterschiede deutlich.

Problematisch ist uns zunächst einmal die Vorstellung, daß der 'Normalzustand' des Lebens der des Gleichgewichts ist, der mehr oder weniger häufig durch mehr oder weniger schwerwiegende Krisen gestört wird und wieder ins Lot gebracht werden muß.

Problematisch ist uns dies, weil hier das biologische Modell der Homöostase auf den Prozeß der Vergesellschaftung von Menschen übertragen wird (vergl. Meuler 1987, 87). Biologisch bedeutet Homöostase, daß der Organismus seine Energie darauf ausrichtet, in ihm widerstreitende Kräfte in einen Gleichgewichtszustand zu bringen. Ich will hier nicht abstreiten, daß auch wir Menschen das Bestreben haben, Widersprüche eher zu glätten, zu eliminieren als auszuhalten und Konflikte auszutragen.

Aber während für den Organismus die Ausgeglichenheit der physiologischen Prozesse Bedingung für die Funktionalität seiner Teile ist und gestörtes Gleichgewicht Dysfunktionlität, Krankheit bedeutet, sehen wir die Dysfunktionalität des gesellschaftlich vermittelten Lebensprozesses gerade umgekehrt in dem Versuch, Gleichgewicht herzustellen.

'Normales' Leben heißt Widersprüchlichkeit, heißt für die Menschen, täglich konfrontiert zu sein mit Erfahrungen, die ihnen Entscheidungen abverlangen, d.h. *Krise* bedeuten. Gleichgewicht herzustellen ist in unserem Verständnis gleichzusetzen mit dem Versuch, der Widersprüchlichkeit der Erfahrungen, der Verunsicherung zu entkommen, die mit den ständigen Entscheidungsprozessen, den Grenzgängen, verbunden sind.

Der Preis für die Konstruktion eines Lebens in die Widerspruchslosigkeit, ins vermeintliche Gleichgewicht ist der, daß wir uns selbst abschneiden von der Möglichkeit, unseren *gesamten* Lebenszusammenhang in den Blick zu nehmen und an seiner Gestaltung teilzuhaben.

Dies entspricht herrschenden Interessen und wird uns leicht gemacht. So wimmelt es in dieser Gesellschaft nur so von Angeboten, die uns ein Leben in der Illusion ermöglichen sollen, daß so etwas wie Lebensglück zu erreichen ist durch eine Kultivierung des Privaten. Ich habe dies am Anfang schon mit dem Beispiel des Angebotes der Hier-und-Jetzt-Strategien des Psychomarktes erwähnt. Wir *ergreifen* diese Angebote *selbstbestimmt*. Frauen z.B. wird das Lebensglück versprochen über die Zurichtung ihrer Körper nach bestimmten Trends, wechselnden Schönheitsidealen - die Kosmetik- und Modeindustrie expandiert. Ihre Körper werden ihnen als Voraussetzung für das Finden des Partners für das Leben bedeutungsvoll gemacht (vergl. F. Haug 1983; Andresen u.a. 1986), und wenn sie ihn gefunden haben und sich Konflikte im Zusammenleben ergeben, steht ein vielfältiges Angebot für die Beziehungsarbeit zur Verfügung, durch das die sich durchsetzenden Widersprüche wieder geglättet werden sollen - der Boom an Beziehungsliteratur hält weiter an.

Es ist anstrengend, die selbstbestimmte Reduktion unserer Lebensmöglichkeiten auszuhalten. Daß dies oft nicht gelingt und zur Überanstrengung wird, weil sich die eliminierten Widersprüche hinter unserem Rücken wieder durchsetzen, zeigen die vielen Formen individuellen Leidens, die sich dann zuspitzen können zu sogenannten "Lebenskrisen".

Den 'großen' Krisen gehen immer eine Vielzahl kleinerer oder nicht so spektakulär auftretender Krisen voraus, die von den einzelnen unterschiedlich verarbeitet werden. In diesem Sinn habe ich auch Hans Wedler verstanden, wenn er schreibt: "Hinter dem vordergründig präsentierten Konflikt (...) steht immer auch eine Lebensgeschichte mit *krisenträchtiger Besonderheiten*" (Wedler 1979, 38; Hervorhebung JMS).

Ich habe versucht, die "krisenträchtigen Besonderheiten" *weiblicher* Lebensgeschichten aufzuzeigen. Folgt man dem Gedanken Wedlers, müßten diese als Voraussetzung *frauenspezifischer Krisenintervention* Eingang finden in die klinische Theorie und Praxis; und genau dies ist unsere Forderung allgemein an Sozialwissenschaft und entspricht zugleich unserer eigenen Forschungspraxis: Schluß zu machen mit der Praxis, mit Begriffen männlicher Identität zu forschen und die Ergebnisse als allgemein für Menschen zutreffend auszugeben. Diese jahrhundertealte Praxis hat die Unterdrückung der Frauen immer mehr verfestigt; stattdessen sehen wir die Perspektive von Frauenbefreiung darin, die Spezifik des weiblichen Vergesellschaftungsprozesses zum *Ausgangspunkt* unserer Forschung zu machen. Nur so können wir etwas über das *Geschlecht Frau* in seiner sozialen Konstituiertheit erfahren; und nur so können wir herausfinden, wo unsere Möglichkeiten und unsere Verhinderungen liegen, unsere Zukunft in die Hand zu nehmen.

Unser Forschungsprojekt bewegt sich nun nicht im klinischen Bereich, sondern in dem unserer Alltagspraxis. Wir untersuchen, wie unsere 'Anstrengungen' aussehen, mit denen wir die Widersprüchlichkeit, Krisenhaftigkeit in allen Lebensbereichen für uns lebbar machen, ohne zu zerreißen; mit denen wir uns einen Sinn stiften in der Sinnlosigkeit. Unser Blick war und ist dabei ein doppelter: zum einen wollen wir herausfinden, wie wir uns selbstätig in die Strukturen einbauen, die uns einen Ort verweigern; zum anderen wollen wir in unseren Strategien der Aneignung der vorhandenen Strukturen Wege herausfinden, die zu neuen Ufern, gesellschaftlichen Orten für uns Frauen führen könnten.

Ich möchte an dieser Stelle nicht die Ergebnisse unserer Untersuchungen darstellen. Sie sind nachzulesen in unseren Veröffentlichungen. (Haug 1983, Haug/Hauser 1986 und 1987). Aber ich möchte noch kurz darstellen, wie unser Forschungsprozeß aussieht, weil man ihn auch als Krisenintervention verstehen kann. Unsere Strategie ist es, Versuchen der *Vereindeutigung* unseres Lebens entgegenzuarbeiten, oder - wie Frigga Haug es formuliert hat - "Erfahrungen in die Krise zu führen" (Haug 1981).

Wir gehen also den umgekehrten Weg: Wir wollen nicht *Gleichgewicht* herstellen, sondern wir wollen die Widersprüche *bewußt* machen und aufzeigen, wie wir uns selbst den kulturellen Formen unterwerfen, durch die wir davon abgehalten werden sollen, ein Bewußtsein unserer Gesellschaftlichkeit zu erlangen.

Dabei wissen wir, daß es nicht möglich ist, "daß sich eine einzelne Frau aus einer Herrschaftskultur, die das weibliche Geschlecht in Unterwerfung hält, herausemanzipieren könnte. Diese Kultur selbst muß gestürzt und eine neue geschaffen werden, um die Zukunft gestalten zu können." (Haug 1987, 560)

Um eine solche alternative Kultur, d.h. neue gesellschaftliche Orte schaffen zu können, brauchen wir Kollektive, und deshalb gehen wir den Weg, mit unseren Erfahrungen, unseren Erinnerungen im Kollektiv zu *arbeiten*. Wir denken, daß unsere Erfahrungen uns die Wirksamkeit der Herrschaftskultur vorführen, und da wir im Netz dieser *gemeinsamen* Kultur *gemeinsam* gefangen sind, müssen wir es auch *gemeinsam* zerstören (vergl. ebd., 559).

Wie gehen wir also konkret vor?

Wir schreiben zu Fragen, die sich aus unseren Alltagsproblemen ergeben, Erinnerungen, Geschichten auf, und bearbeiten sie im Kollektiv (vergl. Haug 1983, 8 ff). Dabei ist uns eins wichtig: wir knüpfen mit der Erinnerungsarbeit zwar an der Praxis der Selbsterfahrungsgruppen an. Aber im Unterschied zu diesen geht es uns nicht darum, einzelne Frauen durch einfühlendes, empathisches Verhalten emotional zu stärken. Die Erfahrungen der einzelnen nur nachzuvollziehen, heißt noch nicht, aus Erfahrung zu lernen, Erfahrung in die Krisen zu führen. Im Gegenteil glauben wir, daß Empathie zu einer Verdopplung der Erfahrung führt und damit verhindert, zu erkennen, wie wir uns selbsttätig in die Herrschaftsstrukturen einbauen (Haug 1977, 170 ff).

Unsere Praxis sieht deshalb so aus, die vorgeführten Bauweisen, Konstruktionen der Geschichten, mit denen die Autorinnen uns auf ihre Fährte locken und die Begründetheit ihrer subjektiven Befindlichkeit vorführen wollen, quasi zu entlarven. Wir gehen davon aus, daß die Konstruktionen der Geschichte die Art und Weise unserer Verstrickung in die uns behindernden Strukturen verrät.

Kollektive Erinnerungsarbeit ist dabei keine Einzeltherapie, und wir haben auch bis jetzt noch nicht geklärt, in welcher Weise unser Vorgehen ein Weg sein könnte für die Beratung "Überanstrengter". Unsere Überlegungen gehen in die Richtung, daß auch in der konkreten Beratungspraxis sowohl Strategien gegen die Ortlosigkeit von Frauen in *Kollektiven* entwickelt werden müßten als auch Empathie *höchstens* als Möglichkeit der akuten emotionalen Stabilisierung der Betroffenen ein Weg sein könnte.

Unsere gemeinsame Sache im Kollektiv ist das Schaffen neuer Orte, neuer Kulturen durch die Entlarvung der Wirksamkeit der alten in den Bauweisen unserer Erinnerung. Die einzelnen Frauen sind also nicht wie in Selbsthilfegruppen aufgehoben durch Einfühlsamkeit in ihr individuelles Leiden. Sie sind vielmehr aufgehoben über die gemeinsame Arbeit des Schaffens neuer Orte, also die gemeinsame Perspektive der Befreiung.

Individuell ist dies ein widersprüchlicher Prozeß, der schmerzvoll sein kann. Eigene Lebensentwürfe, in denen ich mich z.B. als widerständig Handelnde darstelle, analysiert zu sehen als in der Widerständigkeit die alten Strukturen reproduzierend ist nicht immer leicht zu ertragen.

Aber umgekehrt ist es auch ein lustvoller Prozeß, durch die Bearbeitung unserer Erinnerungen Erkenntnisse zu gewinnen, die uns sowohl Selbstveränderung als auch den Versuch ermöglichen, in unserem Kollektiv Praxisformen zu entwickeln, mit denen wir uns in die Gesellschaft hineinbewegen.

Die Selbstveränderung beginnt schon mit dem *Aufschreiben* unserer Erinnerungen. Wir sehen unsere Vergangenheit nicht als etwas Statisches, das zu rekonstruieren möglich wäre. Schon allein aufgrund der Selektivität unserer Wahrnehmungsprozesse ist das nicht möglich. Dagegen gehen wir mit Holzkamp davon aus, daß der Blick, den wir im Prozeß des Erinnerns auf unsere Vergangenheit werfen, sich verändert, wenn sich unsere gegenwärtige Situation, Befindlichkeit verändert (vergl. Holzkamp 1983, 332 ff).

Wir selbst bauen also die Bedeutung der Vergangenheit für unser gegenwärtiges Leben und für unsere Zukunft, d.h. wir *produzieren* unsere Vergangenheit als Teil unserer Lebensbedingungen.

Erinnerungen in Form sehr genauer, detaillierter Schilderungen einer bestimmten Situation zu einer eingegrenzten Fragestellung aufzuschreiben ist so ein Weg, uns die Art und Weise dieser Produktion bewußt zu machen, und schon während des Schreibens verändert sich unsere Sichtweise.

Dies allein ist ein krisenhafter Prozeß, und es ist für jede von uns immer wieder eine Überwindung, eine Geschichte wirklich aufs Papier zu bringen. Wir alle haben die Erfahrung gemacht, daß dies etwas ganz anderes ist, als darüber zu sprechen. So kommen die Geschichten - wenn wir eine neue Fragestellung bearbeiten wollen - nicht schnell und massenhaft. Sie müssen immer wieder angefordert werden, die Frauen müssen immer wieder erinnert werden.

Wir hatten uns z.B. vorgenommen, Geschichten zu der Krisenproblematik zu schreiben. Bei unserer Diskussion über diesen Vortrag war uns nämlich deutlich geworden, daß wir in unserem Projekt immer nach den weiblichen Anstrengungen gefragt haben. Bisher hatten wir aber noch nicht die Frage zum Gegenstand, wie denn die Prozesse aussehen, mit denen Frauen ihre Krisen zuspitzen, Anstrengung also in Überanstrengung umkippt.

Wir haben deshalb beschlossen, Geschichten zu schreiben mit dem Thema "Als sich meine Krise zuspitzte", und ich hoffe, daß wir bald einen Beitrag zu *frauen-spezifischer* Krisenforschung, die es nach meinen Recherchen kaum gibt, vorlegen können.

LITERATUR

ANDRESEN, S., GOTTWALZ, E., HAUSER, K., MEYER-SIEBERT, J., ZÜRN, S., 1986: Weibliche Lebensperspektiven und Männer. In: Haug/Hauser (Hg), Der Widerspenstigen Lähmung. Berlin/W.: Argument, AS 130

BECK, Ulrich, 1986: Die Risikogesellschaft. Auf dem Weg in eine andere Moderne. Frankfurt: Suhrkamp, es 1365.

DANISH, Steven, D'AUGELLI, Anthony, 1981: Kompetenzerhöhung als Ziel der Intervention in Entwicklungsverläufen über die Lebensspanne. In: Filippi (Hg), Kritische Lebensereignisse. München/Wien/Baltimore: Urban & Schwarzenberg

Die Tageszeitung, 17. 8. 1987

FILIPPI, Sigrun-Heide, 1981: Ein allgemeines Modell für die Analyse kritischer Lebensereignisse. In: FILIPPI, Kritische Lebensereignisse. München/Wien/Baltimore: Urban & Schwarzenberg

Frankfurter Allgemeine Zeitung, 25.5.1987

FREYE, Inka, 1974: Der Mensch in der Grenzsituation. Zur Psychologie des Suizids. Zürich: Juris Druck und Verlag

GDANIEC, Claudia, 1987: Frauensprechen und Politik. Eine Untersuchung über politische Diskurse von Frauen. In: Haug/Hauser (Hg), Der Widerspenstigen Lähmung. Berlin/W: Argument, AS 130

HAUG, Frigga, 1977: Erziehung und gesellschaftliche Produktion: Kritik des Rollenspiels. Frankfurt/New York: Campus

HAUG, Frigga, 1980: Opfer oder Täter? Über das Verhalten von Frauen. In: Das Argument 123

HAUG, Frigga, 1981: Erfahrungen in die Krise führen oder: Wozu brauchen die Lernenden die Lehrer? In: Die Wertfrage in der Erziehung. Berlin/W: Argument, AS 58

HAUG, Frigga, 1983: Frauenformen 2. Sexualisierung. Berlin/W: Argument, AS 90

HAUG, Frigga, 1987: Frauenbefreiung als Männerwerk. In: Das Argument 164

HAUG, Frigga, HAUSER, Kornelia, 1986: Probleme mit weiblicher Identität. In: dies.(Hg), Subjekt Frau. Berlin/W: Argument, AS 117

HOLZKAMP, Klaus: Grundlegung der Psychologie. Frankfurt/New York: Campus

KULESSA, Christoph, 1982: Zur Theorie der Krise. In: Gastager, Heimo u. Susanne (Hg), Hilfe in Krisen. Wege und Chancen einer personalen Krisenintervention. Wien/Freiburg/Basel: Herder; Göttingen: Vandenhoeck & Ruprecht

LIEVEGOOD, Bernad, 1985: Lebenskrisen, Lebenschancen. München: Kösel

MEYER-SIEBERT, Jutta, 1985: Berufsverbot: Aspekte subjektiver Befindlichkeit unter der Bedingung des (drohenden) Verlustes der materiellen Existenzgrundlage aus politischen Gründen. Eine empirische Untersuchung mit Betroffenen. Hamburg: unveröffentlichte Diplomarbeit

MEULER, Erhard, 1987: Wie aus Schwäche Stärke wird. Vom Umgang mit Lebenskrisen. Hamburg: Rowohlt

MIES, Maria, 1987: Politik im Alltag - Freiheit vom Konsum. In: Die Tageseitung, 26.9. 1987

MONTADO, Leo, 1981: Kritische Lebensereignisse im Brennpunkt: Eine Entwicklungsaufgabe für die Entwicklungspsychologie? In: Fillippi (Hg), Kritische Lebensereignisse

SCHUCHARDT, Erika, 1985: Krise als Lernchance . Düsseldorf: Patmos

SCHUCHARDT, Erika, 1987: Jede Krise ist ein neuer Anfang. Düsseldorf: Patmos

THÜRMER-ROHR, Christa, 1987: Frauen in Gewaltverhältnissen . In: Die Tageszeitung, 28.3. 1987

WEDLER, Hans, 1979: Gerettet? Begegnungen mit Menschen nach Selbstmordversuchen . Darmstadt/Neuwied: Luchterhand, SL 239

WOLF, Christa, 1987: Die Dimension des Autors. Essays und Aufsätze, Reden und Gespräche. Darmstadt/Neuwied: Luchterhand

WOOLF, Virginia, 1987: Drei Guineen . München: Frauenoffensive

TÜRKISCHE FRAUEN IN DER BUNDESREPUBLIK
ZWISCHEN SELBSTBEWAHRUNG UND SELBSTAUFGABE

RENATE DRESSLER
SEVINC SANCAR
YÜCSEL WESSLING

Es gibt erst wenig Literatur über türkische Frauen und unseres Wissens keine Untersuchung über ihre Suizidgefährdung, von der wir annehmen, daß sie groß sein müßte. Wir sind keine Insider, was die Suizidproblematik betrifft, und haben zu diesem Thema noch nicht wissenschaftlich gearbeitet. Aus diesem Grund haben wir uns hier und in der Arbeitsgruppe für eine beschreibende Darstellung verschiedener Aspekte der geschlechtsspezifischen interkulturellen Problematik entschieden, wie wir sie erfahren haben.

Die türkischen Frauen fühlen sich hier in Deutschland oft isoliert, haben nur wenige Kontakte zu anderen gesellschaftlichen Gruppen. Oft fehlen die Sprachkenntnisse - sie sind also sprach-los. Sie haben Angst vor dem Kontakt mit deutschen Frauen, weil sie denken, daß die deutschen Frauen wollen, daß sie "deutsch" werden. Unser Umgang mit Männern in der Öffentlichkeit, die Art, wie wir uns kleiden und geben, erschreckt türkische Frauen, all das ist ganz anders als die Sitten und Gebräuche der Heimat. Meist wollen die Familien ja auch zurück, die Frauen können also die alten Verhaltensnormen gar nicht ablegen, sie würden sonst in ihrem Dorf keine Anerkennung mehr finden und auch dort ausgeschlossen sein.

Unser Kontakt zu türkischen Frauen, die Begegnungen, lassen uns vermuten, daß die oft "selbstzerstörerische" Anpassung eine große Bedrohung für ihr Leben ist. Beratungsstellen werden nicht aufgesucht, weil dort (meist) keine türkisch sprechenden Frauen arbeiten, und einem Mann kann man sich nicht anvertrauen, und deutsche Frauen machen Angst.

Was denken oder wissen wir deutschen Frauen über türkische Frauen? Über die rechtlichen Grundlagen der hier lebenden? Ihre Abhängigkeit von den Männern? Der Isolation in der sie leben? Im Gespräch mit den Frauen selbst erfährt man, was man wissen will (wenn man nicht, wie es oft unsere Art ist, zu direkt und "unhöflich" das Gespräch beginnt. Bis persönliche Dinge zur Sprache kommen, dauert es seine Zeit).

Trotz sozialer Reformen und der Öffnung des Landes nach Westen (seit der Republikgründung 1923) und trotz der wachsenden Industrialisierung und Verstädterung ist es der Türkei noch längst nicht gelungen, rückständige und althergebrachte Strukturen aus der Zeit der Jahrhundertwende zu überwinden. Die Türkei ist nach wie vor ein agrarisch geprägtes Land. Die Volksreligion des Islam bestimmt wieder zunehmend mehr das tägliche Leben. "Die Türkei ist bekannt als ein' Land in der Entwicklung'. (...) Die tief verwurzelten Prinzipien der islamischen Kultur, Religion und Moral teilen bis ins 19.Jahrhundert hinein die Gesellschaft in zwei haarscharf abgegrenzte Kategorien: Während der Mann die gesellschaftliche Dynamik verkörpert, ist der Platz der Frau im Heim als Hausfrau und Mutter. Der eine Teil der Gesellschaft hat die Produktion, der andere die Fortpflanzung übernommen." So beginnt im Merian-Heft über die Türkei Zeyneb Oral das Kapitel: "Im Lande der Paschas."

Seit der Reform Atatürks (1923), der strikten Trennung von geistlicher und staatlicher Macht, die den Frauen die Gleichberechtigung brachte, ist viel in diesem Land in Bewegung gekommen, vieles befindet sich im Wandel, manches verändert sich in atemberaubender Geschwindigkeit.

Wenn man über die Frau in der Türkei redet, so muß man feststellen, daß es "die" türkische Frau nicht gibt. Man muß unterscheiden, aus welcher Region sie kommt, ob sie auf dem Land oder in der Stadt lebt und wissen, welche Rolle sie in der Familie und in der Gesellschaft einnimmt. Die türkische Frau aber ist immer in erster Linie Mutter und Ehefrau, ein rücksichtsvolles Geschöpf. Sie ist aber auch ein Mensch zweiter Klasse, der sich in einem wirtschaftlich empfindlichen Land kulturell und sozial fortzubilden versucht und meist an religiösen und traditionellen Bräuchen scheitert. So wie Nazim Hikmet das sagt:

> *"... und die Frauen, unsere Frauen: mit ihren fruchtbaren und heiligen Händen, zartem kleinen Kinn, den großen Augen, unsere Mütter, unsere Frauen, unsere Geliebten, die so sterben, als hätten sie nicht gelebt, die an unserem Tisch ihren Platz erst nach dem Ochsen haben..."*

Auch heute noch richtet sich die Stellung der Frau nach den religiösen Vorschriften, den Sitten und Gebräuchen. Die Ehre der Frauen ist an ein Verhalten gebunden, das sich am Ideal der Scham orientiert. Der Mann wird zum Beschützer der Frau, zu ihrem Herrn und Gebieter. In den ländlichen Gebieten hat die Frau im Haus zu bestimmen. Aber die Frau arbeitet auch mit dem Mann zusammen auf dem Feld, leistet genauso viel wie der Mann und erledigt zusätzlich noch die Hausarbeit. Sie trägt zum Unterhalt der Familie bei, aber "ihre Kraft bleibt unerwähnt und geheim". Der Mann als Oberhaupt der Familie kann sich jederzeit eine andere Frau nehmen, sie besitzen. Die Frau hat nur in den eigenen vier Wänden etwas zu sagen, aber nicht in der Öffentlichkeit. Tut sie es trotzdem, verstößt sie gegen die gesellschaftlichen Normen und wird verurteilt und ausgestoßen. Eine gute Frau ist sie dann, wenn sie wie eine Sklavin für das Heim, die Kinder und den Ehemann arbeitet und keine anderen Bedürfnisse hat. Andererseits ist sie in eine Frauengesellschaft integriert, in der sie sich relativ frei und ungezwungen bewegen kann. Innerhalb ihrer Frauengruppe kann sie über Lebensfragen diskutieren, bekommt und gibt Hilfe in Notfällen.

Durch die Industrialisierung ändert sich die Stellung der Frau innerhalb der türkischen Familie. Frauen, die in den Städten leben und arbeiten, die sich finanziell von ihren Männern zu lösen versuchen, leiden besonders unter dem religiösen und gesellschaftlichen Druck. Die Auflehnung einiger Frauen (Wunsch nach Arbeitsaufteilung im Haushalt, gemeinsamer Erziehung der Kinder, Gleichberechtigung) hat die Scheidungsrate auch in der Türkei stark ansteigen lassen.

Die Situation der Frauen in den Gecekondu-Vierteln (Stadtrand) ist allerdings noch eine andere. Da sie täglich einen Kampf gegen die Armut führen, bleiben ihnen wenig Chancen, eine Arbeit zu bekommen, geschweige denn, sich weiterzubilden. Der Mann, der traditionell nach wie vor die Ernährerrolle zugewiesen bekommt, muß sich ständig mit den neuen Gesellschaftsformen und -normen auseinandersetzen, die über Fernsehen, Radio, Kino und Plakatwerbung usw. vermittelt werden. Seine althergebrachten Werte und Normen sind tief verinnerlicht, und doch beeinflußt ihn die westlich orientierte Umwelt stark. Die Widersprüche zwischen Tradition und Fortschritt in enger vertrauter Umgebung führen oft zu Krisen innerhalb der Familien.

Moderne türkische Frauen kleiden sich auffallend elegant, sie tragen europäische modische Kleidung und keine Kopftücher. "Diese oft extreme Eleganz wirkt wie ein Ersatz für Schleier und Kopftuch, auch sie macht die Frauen unberührbar und unnahbar. Nachlässige Kleidung wäre unehrenhaft", schreibt Andrea Petersen im Merian-Heft.

Besonders die jungen Mädchen leben mit der Hoffnung und Sehnsucht nach einem luxuriösen Leben. Sie wollen dem elterlichen Druck entfliehen. Viele laufen von zu Hause weg oder heiraten in sehr jungem Alter. Aber der Druck der Gesellschaft wirkt stark. Wenn ein Mädchen Kontakt zu einem Mann hatte, schadet sie sich selbst im Falle einer späteren Heirat, ihr schlechter Ruf wird sie immer begleiten. Viele Mädchen, die von zu Hause weglaufen, träumen, ein ganz berühmter Filmstar zu werden. Sie lassen sich ansprechen und genießen die Schmeicheleien der Männer. Ein Zurück gibt es für sie meist nicht, und so verkaufen sie ihren Körper, um überleben zu können. Ehrlose Frauen und Mädchen werden von ihren Vätern oder Brüdern auch heute noch umgebracht, damit die Familienehre wieder hergestellt ist. Ein Suizid der Frauen würde die Schande für die Familie nur noch schlimmer machen. Die Ehre einer Frau ist unwiederbringlich, und dabei ist es unerheblich, ob sie mit einem Mann sexuell verkehrt hat. Es genügt, daß sie in eine Situation geraten ist, in der etwas hätte geschehen können, und sie ist für alle Zeit entehrt. Mit diesem Wissen ist eine Frau also ständig darauf bedacht, daß ihr guter Ruf nicht leidet. Sie zeigt sich in der Öffentlichkeit nicht mit fremden Männern; sie konzentriert sich auf ihre häusliche Arbeit.

Seit Anfang der 60er Jahre sind nun junge, gesunde türkische Männer und Frauen als Arbeitsimmigranten in die BRD gekommen. Die meisten kamen aus ländlichen Gebieten, meist aus kleinen Dörfern, die sie vorher nie verlassen hatten. Die hohe Arbeitslosigkeit in der Heimat, die wirtschaftspolitische Situation allgemein zwang viele Familien, ein Mitglied in die Fremde zu schicken. Oft sind erst die Männer gekommen, und die Familien haben dann die Ehefrauen hinterhergeschickt, um die Familie nicht auseinanderbrechen zu lassen. Die Frau hatte zu gehorchen.

Die Konfrontation mit unserer hochindustrialisierten Welt hat bei vielen von ihnen einen Kulturschock bewirkt. Während die Frau in der Türkei in die Frauengesellschaft integriert war, leidet sie hier unter großer Einsamkeit. Hier steht sie allein. Hier beschränken sich ihre Außenkontakte auf nur wenige Verwandte oder Landsleute.

Die Kinder werden von außen durch Kontakte in Kindergarten und Schule beeinflußt. Sie haben deutsche Freunde und deutsche Lehrer, lernen und werden integriert. Die Mutter verliert ihre Autorität, auch weil sie auf Fragen der Kinder oft keine Antwort weiß . In vielem sind die Kinder der Mutter überlegen. In der Türkei war sie aktiv, gestaltete das familiäre Leben, baute Kontakte auf, hatte im Haus das Sagen und die Anerkennung der Gesellschaft. Auch die Kinder sind oft verunsichert, wissen wenig über das Leben in der Türkei, haben keine Orientierung. Hier fühlt die Frau, daß ihr die wichtigsten Funktionen genommen sind. Hier gibt es eine Aufteilung in eine Frauen- und eine Männergesellschaft nicht. Hier muß sie sich an ungewohnte Verhältnisse anpassen. Hier steht keine Großfamilie hinter ihrem Rücken, um ihr Schutz zu geben. Sie ist auf sich gestellt und paßt sich der Situation an, verhält sich weitgehend passiv. Auch durch die sprachliche Abhängigkeit, z.B. von ihren Kindern, verliert sie an Selbstwertgefühl, hat sie es schwer, ihren Weg zwischen Selbstbewahrung und Selbstzerstörung zu finden.

In einer Gesprächsrunde (Teestube in einem Kindergarten) erzählt eine Frau, daß sie seit ca. sechs Jahren mit ihrer Familie als Asylsuchende in der BRD lebt. Sie erzählt von ihrer Sehnsucht nach der Heimat: " Es war so schön in der Türkei! Ich hatte viele Freundinnen, wir haben die Tage immer zusammen verbracht. Hier bin ich allein." Ihr Mann darf als Asylsuchender nicht arbeiten. Die Kinder gehen zur Schule und müssen ihren Eltern sehr oft als Dolmetscher dienen. Sie müssen alle Behördengänge und Arztbesuche mitmachen. Die Mutter ist Analphabetin und kann ihrem Heimweh nicht einmal durch Lesen und Schreiben nachgeben. Sie muß ständig ihre Kinder fragen und bitten, ob sie für sie einen Brief schreiben oder vorlesen können. Die äußerlichen Zwänge und die Abhängigkeit machen sie zu einem unmündigen und unselbständigen Menschen. "Ich fühle mich oft wie in einem Gefängnis ohne Türen und Fenster," sagt sie. Sie leidet ständig unter starken Kopfschmerzen und sieht nur noch wenig Sinn in ihrem Leben. Jedesmal, wenn sie von ihrer Heimat erzählt, hat sie Tränen in den Augen. Seit einiger Zeit kommt sie nicht mehr regelmäßig in die Gesprächsrunde . Wir sehen sie nur noch selten.

Türkinnen fühlen sich hier oft schutzlos und verlassen. Beispiel: Y. beobachtet eine Situation im Zentrum von Hannover. Ein Mann belästigt eine Frau. Sie bleibt stehen und sieht zu, um eventuell helfen zu können: Der Mann bemerkt sie im Spiegelbild des Schaufensters, geht auf sie zu und sagt: "Du bist Türkin!" Y. sagt nichts. Er sagt: "Doch!" Er schaut sie böse an und schüttelt den Kopf. Y. fühlt sich bedroht und sagt: " Bitte gehen Sie !" Sie sagt es nochmal, droht dann, daß sie sonst die Polizei rufe. Niemand kümmert sich darum. Viele Menschen kommen vorbei, keiner hilft, alle gehen weiter.

Der Ehemann bietet wenig Orientierungshilfe. Er will meist, daß sich seine Frau nicht verändert, hat Angst, daß sie sich gegen ihn auflehnen könnte und dann nicht mehr so gut für ihn sorgen würde. Er will nicht, daß sie "negativ" beeinflußt wird. (Beispiel: Film "40 qm Deutschland").

Die türkischen Frauen sind auch durch das Ausländergesetz benachteiligt. Der Mann hat (meist) den Paß. Die Frau kann eine Trennung vom Mann meist nicht riskieren. Auch wenn der Mann seine Kräfte gegen seine Frau einsetzt, hält sie lieber durch, als daß sie eine Scheidung bewirkt. Wenn der Mann sich scheiden lassen will, oder es androht, muß die Frau in die Türkei zurück. Dort kann sie aber nicht mehr leben, dort wird sie von der Familie ausgestoßen, dort versteht man nicht, warum sie nicht ihre ganze Kraft für den Zusammenhalt ihrer Familie eingesetzt hat.

"Ich bin eine Frau. Ich muß vorsichtig sein!" ist eine tiefverwurzelte Norm der türkischen Frau. Aber sie spürt auch ein Verlangen nach einer Entwicklung ihrer Persönlichkeit und einer Veränderung ihres Lebens. Das Leben, das sie hier lebt, erscheint ihr nicht besonders lebenswert mit diesen Zwängen und in dieser Einsamkeit. Sie will als Frau die Achtung vor sich selbst nicht verlieren und will gewisse Dinge für sich behalten, die für andere geheim bleiben sollen. (Beispiel: sie würde sich nicht vor Fremden ausziehen. Aber nicht, weil sie altmodisch ist, sondern im Bewußtsein der Selbstachtung, die tief in ihr verwurzelt ist.)

Einige Frauen wollen sich vielleicht auch anpassen, sehen die Vorteile, die ein Frauenleben hier bietet, wissen aber auch, daß der Unterschied groß ist, wenn sie wieder in die Heimat zurückkehren. Dort ist das Leben dann wieder ganz anders. Darum begleitet sie die Angst: " Wenn wir zurückkehren, was machen wir dann?" Beispiel: "Hier kann ich anziehen, was ich will, in Turceli kann ich das nicht. Dann sagen sie: 'sie ist eine deutsche Frau geworden' (das heißt: fremd geworden) und ich werde ausgeschlossen, gehöre nicht mehr zu den anderen Frauen."

Türkinnen begegnen hier vielen Vorurteilen. Beispiel: Als Y. nach Deutschland gekommen war und zwei Monate hier war, mußte sie im Krankenhaus operiert werden. Im Zimmer nebenan lag eine andere türkische Frau, die ein Kopftuch trug, kein Schweinefleisch aß und nur sprach, wenn ihr Mann da war. Sie zog sich im Beisein der Schwester nicht aus... Sie verhielt sich nach Meinung der Krankenschwester "typisch". Zu Y. sagten sie: "Das kann doch nicht sein, daß du aus der Türkei kommst, du verhältst dich ganz anders, mit dir können wir sprechen..." Y.: "So wird also über türkische Frauen gesprochen. Sie fragen sich nicht, warum diese andere Frau sich so verhält, sehen nicht, daß sie eine andere Sozialisation hatte, wissen nicht, wovor sie Angst hat - denken über das scheue Verhalten nicht nach, denken, daß alle türkischen Frauen so sind. Sie sehen das Anderssein als 'typisch türkisch' und werten dies Verhalten ab, sehen die Frau als dumme Frau."

Ein anderes Beispiel: Eine Türkin steht an einer Bushaltestelle: Eine Frau wendet sich ihr zu, lächelt und fragt freundlich: "Sind sie Südamerikanerin?" Die Frau antwortet freundlich: "Nein, ich bin aus der Türkei." Das Gesicht verändert sich, die Frau wendet sich ab und sagt kein Wort mehr. Es gehört schon ein starkes Selbstbewußtsein dazu, so etwas immer wieder aushalten zu können. Es hinterläßt das bittere Gefühl bei der türkischen Frau, daß sie nicht nur Ausländerin ist, sondern zeigt ihr: "Ich bin eine Ausländerin zweiter Klasse!" Andere Äußerungen wie folgende machen das auch deutlich: "Das hätte ich gar nicht gedacht, daß du aus der Türkei bist. Du sprichst so gut Deutsch!" Oder die Beobachtung einer jungen Türkin in der Nähstube: "Wenn du als deutsche Frau einen Salvar trägst, ist das Mode, wenn wir das anhaben, schimpft man 'Türkenfrauen!' hinter uns her."

Wenn deutsche Frauen (z.B. Sozialarbeiterinnen) versuchen, Kontakte herzustellen, erleben die türkischen Frauen dies oft als Verletzung ihrer Intimsphäre, als Beeinflussung gegen ihre Männer, von denen sie abhängig sind, und auch als ob die deutschen Frauen sich zu ihren Richterinnen aufspielen wollten. Beispiel im

Restaurant: Eine Kollegin fragt Y.: "Hast Du eigentlich auch so schöne Kleider an, wenn du mit deinem Mann ausgehst in ein Lokal oder wenn du deine Schwiegereltern besuchst?" Die Kollegin würde das eine deutsche Frau nie fragen, oder? Y.s Antwort: "Nein, das habe ich erst alles hier gelernt", macht ihre Betroffenheit deutlich. Sie komme sich wie ein Affe vor, sagt sie. Wenn Fragen gestellt werden wie: "Warum trägst du ein Kopftuch? Warum gehst du hinter deinem Mann her? Warum wehrst du dich nicht? Warum läßt du alles von deinem Mann bestimmen? ...", fühlen sie sich verletzt und angegriffen, fühlen sich nicht als vollwertige Menschen angesehen. Sie wollen wie "normale" Frauen behandelt werden. Sie haben den Eindruck, die deutschen Frauen wollen, daß sie sich verändern, sich emanzipieren, sich ihnen anpassen. Die türkische Frau kann sich jedoch ein Leben in einer Gesellschaft ohne klare Trennung der Geschlechter erstmal nur als Einschränkung ihrer persönlichen Freiheit vorstellen. Oft führt so ein Verhalten deutscher Frauen dazu, daß türkische Frauen sich zurückziehen. Um ihre Selbstachtung zu bewahren, versuchen sie, sich solchen Situationen nicht weiter auszusetzen. Oder sie reagieren trotzig: "nun gerade nicht... diese Sprache lerne ich nicht!"

Ohne es zu wollen, können auch türkische Frauen Tabus deutscher Frauen verletzen. Beispiel: Eine deutsche Erzieherin besucht eine türkiche Familie, um eine Nachricht vom Kindergarten zu überbringen. Sie wird hereingebeten von einer ihr fremden Frau. Die Mutter des Kindergartenkindes sitzt in der Badewanne, eine dritte Frau sitzt bei ihr. Die Erzieherin wird eingeladen, sich zu setzen und einen Tee zu trinken, aber ihr ist die Situation so peinlich, daß sie einen roten Kopf bekommt und schnell mit einer Entschuldigung die Wohnung verläßt. Die türkischen Frauen haben es nicht verstanden. Sie haben ein anderes Körperbewußtsein, sie genießen ihr "Frausein" und erleben, daß deutsche Frauen Körperlichkeit hauptsächlich im Kontakt mit Männern spüren und erfahren und daß Frauen, die sich streicheln, als lesbisch gelten. Hier gibt es keine Hamams (Badehäuser) für Frauen, in denen man sich gegenseitig wäscht und berührt. Das alles führt dazu, daß das Leben vieler türkischer Frauen in Deutschland von Ängsten, Zwängen und großer Einsamkeit bestimmt ist. Sie denken von den Menschen hier, daß sie ihnen nicht helfen werden, wenn sie einmal in Not sind. Die Frau lebt hier als Türkin, als Ausländerin mit schlechten Zukunftsaussichten. Sie ist mißtrauisch, obwohl sie in einem Land lebt, in dem die Menschenrechte gelten, in dem Demokratie herrscht. Sie kann ihre Weiblichkeit nicht ausleben, nicht in der Frauenwelt leben, die sie gewohnt ist.

LITERATUR

ORAL, Zeyneb: "Im Lande der Paschas". In: Merian-Heft 5/38 1986 S. 52-55

HIKMET, Nazim (türkischer Dichter): "Unsere Frauen" aus: "Epos des Befreiungskrieges". 1938. In: Merian-Heft 5/38 1986 S. 84

PETERSEN, Andrea: "Scham und Ehre. Der Sittenkodex des Islam". In: Merian-Heft 5/38 1986 S. 56-57

DER ABSTIEG IN DIE UNTERWELT ALS SELBSTRETTUNG DER FRAU

ANNE SPRINGER

Frau M., 44 Jahre alt, Architektin, nach 12 Jahren Hausfrauendasein seit zwei Jahren wieder im Beruf im Angestelltenstatus tätig, drei Kinder, trennte sich vor anderthalb Jahren von ihrem Mann nach 15jähriger Ehe. Sie begann vor 5 Jahren bei mir eine Psychoanalyse, weil sie unter schweren Angstzuständen litt. Sehr bald stellte sich heraus, daß die im Vordergrund stehenden quälenden und "lärmenden" Ängste eine seit der Adoleszenz andauernde depressive Grundstimmung mit Selbsthaß, Selbstbezichtigungen, keine "gute Frau und Mutter" zu sein, verdeckten. Sie hatte in dem dauernden Gefühl gelebt, daß sie zwar ihren Verstand trainiert hatte und eigentlich eine recht gut aussehende, attraktive Frau war, daß sie dies alles aber nie wirklich hatte stolz vorzeigen dürfen. Mit dem Verschwinden der diversen Ängste im Verlauf der Psychotherapie kam die Hintergrundsdepression deutlicher zum Vorschein. Nach jahrelanger ernsthafter Auseinandersetzung mit dem bereits vor der Therapie bestehenden Trennungswunsch vom Ehemann betrieb Frau M., die sich jetzt einen erheblichen Zuwachs an privater und beruflicher Expansivität erarbeitet hatte, die Auflösung der Ehe aktiv. Ihr Mann hatte die Hoffnung der Patientin, "bessere Eltern" zu sein, als sie sie real gehabt hatte, nicht erfüllen können. Seine Flexibilität schien nicht auszureichen, um in der Ehe ein neues, der Nachreifung der Patientin entsprechendes Beziehungsniveau zu erarbeiten. Voller Traurigkeit stellte sie fest: "Er bleibt der unbedarfte Junge ohne Verantwortungsbewußtsein, der er immer war. Er verwöhnt mich, aber ohne persönliches Interesse, wie seinen Besitz. Wenn ich brav und klug bin, mag er mich. Werde ich mal wütend, sagt er, ich sei verrückt." Nach heftigen Auseinandersetzungen zog der Ehemann aus. Nun erlebte sie eine tiefe panikartige Verlustangst, geriet zunehmend mehr in suizidale Krisen und erlebte sich in Träumen und Tagträumen verfolgt und bedroht durch mächtige, "hexenartige, schwarze Frauen". In der Trennungszeit wechselte die Stimmung der Patientin zwischen Traurigkeit und kurz aufflackernder Enttäuschungswut, die jedoch immer wieder bald von schweren Schuldgefühlen ("Ich darf ihn doch nicht verlassen, dann geht er kaputt") verdeckt wurde. Nach der Trennung begann für die Patientin eine kurze Zeit des Hochgestimmtseins ("Endlich hab ich gehandelt, er tat mir nie gut"). Nach dieser nur wenige Tage andauernden Phase begab sie sich auf einen langen, schweren Gang durch Trennungsangst, -schuld und Depression. Erst seit ganz kurzem ist sie eingetreten in die Phase der Klage, die zu unterscheiden ist von der depressiven Anklage- und Vorwurfshaltung sich selbst und dem Mann gegenüber.[1] Sie beginnt zu trauern. Die Möglichkeit des Abschiednehmens von einem Lebensabschnitt und des Neubeginns zeichnet sich jetzt deutlich ab.

Die Patientin war - ablesbar an ihren Beziehungsphantasien und ihrer Berufswahl - ab der Kindheit und Jugend und ihre Ehe hindurch eine "Vater-Tochter" gewesen, äußerlich und innerpsychisch patriarchal identifiziert. Sie hatte keine stabilen Frauenfreundschaften, die Beziehung zur Mutter und zum Mütterlichen war von Angst und Mißtrauen geprägt. Die Stiefmutter, die sie nach dem frühen Tod der leiblichen Mutter erzogen hatte, war für die Patientin "eine dunkle, starre, machtbesessene Frau mit Wutausbrüchen, eine unberechenbare Hexe".

Während der ganzen Behandlung war ich von ihrem bewußten Wunsch her für Frau M. eine helle, ermutigende Figur, eine "gute Mutter und Schwester". Aber wenn ich in ihren Träumen erschien, war ich dunkel in Typus und Kleidung, "unerreichbar, feindselig, uninteressiert, abweisend". Nie traute sie sich in diesen Träumen an mich heran.

Im Jahre nach der Ehetrennung begann die Patientin sich intensiver als je zuvor mit Frauen und mit ihrem Selbstbild als Frau auseinanderzusetzen. Jetzt wurde ich für sie auf der bewußten Ebene zur "mächtigen Hexe", die sie "in die Ehescheidung hinein manipuliert" hatte. Sie attackierte mich in den Stunden, so wie sie sich dies gegenüber der Stiefmutter und früher gegenüber dem Ehemann nie zugestanden hätte. Sie versuchte Freundschaften mit Frauen, mit denen sie sich dann sehr bald in heftige Auseinandersetzungen verstrickte. Insgesamt wurde sie lebendiger, taute aus der depressiven Stimmung auf, wurde wütend und leidenschaftlich. Diese ganze Trauerzeit hindurch magerte sie ab, trug dunkle Kleidung, sah oft "totenähnlich" aus.

Während des Abklingens einer mich in besonderer Weise besorgt stimmenden suizidalen Krise, in deren Verlauf sie nochmals verzweifelt-sehnsüchtig nach dem Exmann "gesucht" hatte, berichtete sie folgenden Traum:

> *"Ich gehe mit den Kindern in ein fremdes dunkles Haus. Das Licht geht nicht. Alles ist wie tot. Ich suche den Sicherungskasten, alle Sicherungen sind durchgebrannt. Eine Frau kommt. Sie scheint eine freundliche Nachbarin zu sein, die helfen will. Sie hat mal in dem Haus gewohnt. Sie ist ganz schwarz angezogen. Ich muß ihr trauen, sonst ist keine Hilfe da. Sie steht hinter mir vor dem Sicherungskasten. Plötzlich bekomme ich einen Eisesschreck. Ich weiß, sie will mich umbringen, von hinten erwürgen. Ich kann nichts tun, aber sie wird Licht machen."*

Die Patientin phantasiert nach der akuten Angst, die ihr dieser Traum macht, sie könne sich ja schließlich umdrehen und der bedrohlichen Frau ihr Leid klagen, ihr deutlich machen, daß sie und die Kinder leben wollen: "Ich bin doch schließlich nicht mehr das kleine Mädchen, das nicht handeln kann und wartet, daß Papa nach Hause kommt. Ich kann ihr sagen: 'Du wirst mir nichts tun!"

Nach dem Traum beginnt für die Patientin eine Phase der Belebung und Aktivierung. Einige Wochen später verliebt sie sich in einem Traum in eine homosexuelle Frau, deren Eheschließung mit einem - aus der Sicht der Patientin - eher schwachen und unscheinbaren Mann sie nicht versteht, aber akzeptieren kann. Die Frau - sie gehört zum Typus der Dunklen und Leidenschaftlichen - trennt sich im Traum von diesem Mann und sucht die Nähe und Freundschaft der Patientin. Die Patientin nimmt dieses Angebot im Traum an: "Von der kann ich nur lernen!" Seitdem befindet die Patientin sich stabil auf der Lebens- und Aktivitätsseite. Sie phantasiert - noch ängstlich, aber auch voller Erwartung - das Ende der Analyse. Sie fängt an, sich aktiv zu interessieren, was für eine Frau ich privat und beruflich und in meiner Freizeit sei.

Für diese Patientin war zur Findung und Rettung ihrer selbst, d.h. ihrer Weiblichkeit, der Gang in die Unterwelt zur Rettung aus der potentiell todbringenden Depression lebensnotwendig. Dieser Gang in die Unterwelt hieß für sie: das Aufsuchen der "unteren, dunklen" Frau, deren Nähe zu suchen, in Kontakt mit ihr zu kommen und bei der Rückkehr in die Oberwelt diese dunkle Frau nicht einfach hinter sich zu lassen, sondern aus dem Berührtsein mit dieser Unterweltfigur etwas mitzunehmen, sich etwas von ihr anzueignen.[2] Häufig fallen mir in den Behandlungen von Frauen, die im Verlauf der Analyse diesen "Gang in die Unterwelt" antreten müssen, Bilder eines Mythos' ein, den ich an dieser Stelle zusammenfassend darstellen will.[3]

Es handelt sich hier um die Geschichte der Inanna, der "Königin des Himmels", der großen Kriegs- und Liebesgöttin, wie sie im dritten Jahrtausend v. Chr. auf Tontafeln in Sumer aufgezeichnet wurde. Wahrscheinlich reicht diese Geschichte in vorgeschichtliche Zeiten zurück.

Inanna, um deren Liebe der Hirte Dumuzi erfolgreich geworben hatte, entschließt sich zum Abstieg in die Unterwelt - in die Welt des Todes - , um sich zu deren Herrin zu machen, d.h. zur Herrin über Leben und Tod. Gekleidet mit den Insignien der Himmelskönigin, betritt sie das "Land ohne Wiederkehr". Sie wird dort auf Ereshkigal treffen, ihre Schwester (in anderen Genealogien ist Ereshkigal auch ihre Großmutter), die sumerische Gottheit des Todes und der lastenden Traurigkeit. Als Rückversicherung gegen den zu erwartenden Zorn Ereshkigals über ihren Ursupationsversuch instruiert Inanna ihren Wesir für den Fall, daß sie nach drei Tagen nicht heimgekehrt sein sollte, nacheinander den obersten Gott Nippur, den Mondgott Nanna (Inannas Vater) und den Gott Enki (den Gott der Weisheit, der über die Nahrung und das Wasser des Lebens verfügt) in dieser Reihenfolge um Hilfe zu bitten. Inanna nähert sich nun in der Unterwelt dem blauen Lapislazulitempel der Ereshkigal. Als sie vom Torhüter nach ihrem Begehr gefragt wird, erfindet sie den formalen Vorwand eines Trauerbesuches, da Ereshkigals Gatte verstorben sei. Sie passiert mit Ereshkigals Einverständnis die sieben Tore der Unterwelt und muß an jedem Tor entgegen ihrem Protest Kleidung und königliche Juwelen Stück für Stück ablegen, bis sie schließlich nackt und mit gebeugten Knien vor Ereshkigal und den Richtern der Unterwelt erscheint. Von Ereshkigal und den Richtern wird sie mit den "Augen des Todes" angesehen. Sie stirbt und ihr Leichnam wird gepfählt. Drei Tage und drei Nächte vergehen. Der Wesir, vergeblich beim obersten Gott und bei Inannas Vater, dem Mondgott, um Hilfe bittend, wendet sich an Enki. Dieser will helfen. Er erschafft zwei winzige - sexuell neutrale - Figuren aus dem Schmutz unter seinen Fingernägeln und gibt ihnen "Wasser und Nahrung des Lebens" für Ereshkigal mit. Sie sollen Ereshkigal in ihrer Klage um die Toten und in ihren Geburtswehen um die zu Gebärenden beistehen. Diese beiden Klage-, Trauer- und Trostfiguren dürfen in der Unterwelt keine angebotene Nahrung zu sich nehmen. Sie sollen als Lohn für ihre Tätigkeit lediglich den Leichnam Inannas fordern und dürfen diesen dann auch mit hinaufnehmen in die Oberwelt. Inannna wird jedoch bei diesem Gang in die Oberwelt von Dämonen begleitet, die als wilde und leidenschaftliche Wesen geschildert werden. Inanna blickt jetzt nach ihrer Rückkehr - ebenso wie Ereshkigal - "mit den Augen der Todes" auf ihre Mitmenschen. Sie soll - als Preis für ihre Errettung - der Ereshkigal einen Menschen als Ersatz ins Totenreich schicken. Inanna will keinen ausliefern, der in ihrer Leidenszeit um sie geweint hatte. Sie trifft schließlich auf ihren Gatten Dumuzi, ihren jünglingshaften Geliebten, der, wie sie erkennen mußte, nicht um sie getrauert hatte. Obwohl er sich ihrem Zorn stellt und nicht wie andere potentielle Opfer vor ihr ausreißt bzw. sich ihr flehend unterwirft, blickt sie ihn mit den "Augen des Todes" an und die Dämonen erfassen ihn. Auch Inannas Schwager, der Sonnengott, kann Dumuzi trotz mehrmaliger Versuche, ihn durch Verwandlung in ein Tier zu retten, nicht endgültig schützen. Dumuzi findet nur Hilfe bei seiner Schwester Geshtinanna, einer Priesterin und Traumdeuterin, die ihm anbietet, statt seiner in die Unterwelt zu gehen. Schließlich bestimmt Inanna, gerührt durch diese Opferbereitschaft, beide sollen sich das Schicksal teilen und jeweils ein halbes Jahr in der Unterwelt verbringen.

Nun gibt es auch andere Mythen und Märchen, die sich mit dem Abstieg der Göttin oder dem Abstieg zu ihr befassen, z.B. den Mythos von Demeter, Persephone und Hades[4], oder die Geschichte von Amor und Psyche[5], oder auch das bekannte Märchen vom Gang zur Frau Holle. So eindrucksvoll jedoch auch Demeter, wenn sie klagend und trauernd auf der Suche nach ihrer Tochter durch die Welt streift, die Bilder der Depression als ihre Spur auf der Erde hinterläßt, so scheint mir doch die sehr alte Geschichte von Inanna und Ereshkigal in besonderer Weise ein zeittypisches Problem von Frauen darzustellen und ihm gerecht zu werden.

Als Therapeutin und in meinem persönlichem Umfeld treffe ich immer häufiger auf Frauen, die im Selbst- und Fremderleben als erfolgreiche "Töchter des Patriarchats" zu bezeichnen wären:

beruflich erfolgreiche, handlungsfähige und emotional erlebnisfähige Frauen, die als tüchtig und auch mütterlich-spendend und schwesterlich-hilfreich erlebt werden, denen aber etwas Entscheidendes fehlt: die freundliche Gesinnung sich selbst gegenüber, das Sich-selbst-genießen-Können als eben die Frau, die sie geworden sind. Diese Frauen sind - oft sehr verborgen und leidend unter Scham- und Schuldgefühlen wegen dieses von ihnen selbst erlebten Mangels - beschämt und gehemmt, sich mit ihren eigenen Affekten und Wünschen zu zeigen, ihre emotionalen und beruflichen Ziele unverkrampft zu verfolgen und Niederlagen einzustecken, ohne diese als Zerstörung ihres Selbst erleben zu müssen.

Die Mutterbeziehung dieser Frauen, d.h. eine in früher Kindheit zu erwerbende Fähigkeit, sich - separiert von der Frau/Mutter - in einer Frau fördernd zu spiegeln und entdecken zu können, ist sehr häufig in spezifischer Weise gestört, da schon die Mütter ihre Weiblichkeit unter dem verformenden Einfluß des Patriarchats und ihrer patriarchalen Introjekte und Identifizierungen erfuhren und nur so vermitteln konnten.

So wird die - nicht romantisierende, sondern zur Eigenentwicklung progressiv zu nutzende - "Rückkehr zu den Göttinnen" neben der psychoanalytischen Durcharbeitung der persönlichen Entwicklung als Frau zu einem wichtigen Weg der Rückverbindung zum weiblichen Selbst, dem Zentrum und Archetyp der Ganzheit.

Diese Suche nach der Rückverbindung zur weiblichen Ganzheit ist wohl u.a. nur möglich durch das "Annehmen" depressiven Erlebens, wenn dieses sich von der betreffenden Frau nicht mehr verleugnen läßt und so auf ein Steckenbleiben in der Entwicklung hinweist und durch die aktive Auseinandersetzung mit einer Mutter, die offen oder subtil dem kleinen Mädchen in spezifischer Weise die affektiven und triebhaften Aspekte der Weiblichkeit und Entwicklung weiblicher Geistigkeit verboten hatte.

Was heißt nun "Annehmen" des depressiven Erlebens? Was sucht Inanna, die strahlende Göttin des Himmels, der Zivilisation, des Krieges, der Justiz, der aktiv-fordernden sexuellen Liebe, diese anziehende und unabhängige Frau, die Mutter ist, aber nicht die Mutter-Geliebte ihrer Söhne, bei ihrer dunklen Schwester?

Ereshkigal verkörpert im Mythos nicht das differenzierte Bewußtsein, sondern Paradoxes, Primärprozeßhaftes. Sie zeigt archaische Affekte von Haß, Wut und Gier, sie leistet es sich, mitleidslos und erbarmungslos zu sein ("Es ist so wie es ist"). Sie ist unbezogen, unpersönlich, uninteressiert. Inanna scheint im Mythos unter Todesgefahr die Verbindung zu Eigenschaften und Affekten zu suchen, die im Selbstverständnis unserer Kultur und der meisten Frauen unserer Kultur als zutiefst unweiblich gelten. Interessant und in unserem Zusammenhang wichig ist, daß im Mythos indirekt ein Motiv für Inannas Suche genannt wird: bei aller Pracht und Herrlichkeit ist sie auch die "Frau ohne eigenes Haus", sie ist zwar die Göttin der Kreativität, der Grenzüberschreitungen und der Übergänge zwischen dem Hellen und dem Dunklen, sie ist dies aber notgedrungen, nachdem sie aus ihrer früheren, noch größeren Macht und Ganzheit (vor Abspaltung der Ereshkigal-Seite) von einem Himmelsgott der zweiten Generation entthront und vertrieben wurde.

Auch Ereshkigal ist im Mythos eine Vertriebene. Sie war einmal eine Göttin der Fruchtbarkeit und des Getreides gewesen. Ihr Gatte, der gleiche Gott, der Inanna aus ihrem "Haus" vertrieben hatte, hatte sie vergewaltigt und mißhandelt. Zur Strafe war er in die Unterwelt verbannt worden. Ereshkigal folgt ihm in die Verbannung als "treue (masochistische) Gattin" und wurde dort zur dunklen Göttin, die nun über die Unterwelt herrschen durfte und die den dunklen Teil ihres Gatten bei sich behielt, während der Gott, der sie vergewaltigt hatte, mit seinem hellen Teil in den oberen Götterhimmel zurückkehrte. Wir haben also auf einmal ein kompliziertes Beziehungsmuster vor uns: ein dunkles "unteres Paar" und eine obere Göttin, die gute Beziehungen zu den anderen oberen Göttern pflegt, die aber einen Hirten, einen "Jüngling" liebt, der sie nur unzureichend respektiert, der sich ihr emotional kaum zuwendet, dessen Wichtigkeit, ja dessen lebensnotwendige Wichtigkeit aber darin besteht, daß er im Mythos und im Ritual des Volkes einmal im Jahr zur Erhaltung der Fruchtbarkeit und der Vegetation geopfert, d.h. zerrissen werden muß.

Wenden wir uns wieder Frau M. zu unter dem Aspekt der von ihr lange abgewehrten und hinter Ängsten und Zwangsbefürchtungen und -Haltungen versteckten Depressivität. Affekte (wie Haß, Wut und Gier) und Leidenschaften waren dieser Patientin über lange Zeit nur in Form ihrer Ängste erlebbar gewesen. In der depressiven Verarbeitungsweise von innerpsychischem und äußerlichem Verlusterleben war sie seit dem Tod der leiblichen Mutter im 4. Lebensjahr eine der Ereshkigal Verfallene gewesen; eine Frau, die Ereshkigal nicht hatte aktiv aufsuchen können, um sich von ihr berühren zu lassen und die keine Hilfe zum Trauern bekam. Um den Tod der Mutter wurde in der Familie, vor allem von Seiten des Vaters der Patientin, nicht geklagt und getrauert. Sie schildert den Vater bei Mutters Tod als einen "zu Stein Erstarrten", der sich vorübergehend an der Patientin festhielt (statt sie zu halten) und dann "pragmatisch" eine neue Frau ins Haus holte, die im Gegensatz zur verstorbenen Mutter nicht "lustig und fröhlich", sondern eine "ernsthafte und anständige" Frau gewesen sei. Diese Stiefmutter habe - aus ungeklärten Gründen - keine Kinder haben können. Im Erleben der Patientin trauerte die Stiefmutter nicht um ihre ungeborenen Kinder. Auch die Stiefmutter wehrte also die "in Geburtswehen Klagende und um die zu gebärenden Kinder weinende Ereshkigal" ab. Den Vater schildert Frau M. als weich und eigentlich verführerisch. Verführerisch mit aufgesetzter Tapferkeit und Härte. Im Erleben der Patientin war er ein heimlich in sie verliebter Vater, der in seiner Verliebtheit durch Loyalität zur Stiefmutter gehindert wurde. In ihren unbewußten und vorbewußten Fantasien blieb die Patientin insgeheim die "eigentliche Geliebte" des "eigentlich ja doch weichen Vaters, der seine Liebe hinter Grausamkeit verstecken mußte". Frau M. heiratete dann einen für sie verführerischen, weil oral verwöhnenden (und dadurch von ihr Besitz ergreifenden) Mann, der nie Verantwortung für die Realitätsbewältigung im Alltag übernommen habe. (Er verwöhnte sie mit teuren Geschenken, aber sie mußte seine Kredite abbezahlen helfen). Sie schildert ihren Mann als einen "bezaubernden, ewig jungen Mann", der für sie als Frau nie ein wirkliches Interesse gehabt habe.

Es liegt nahe, zu sagen, daß Frau M. ihr Leben so zu gestalten versuchte, als "sei" sie eine Inanna, die es sich hatte ersparen wollen, in die Unterwelt zu gehen; die meinte, so leben zu können, als sei es möglich, Ereshkigal und die mit ihr verbundene affektive Erfahrung abwehren zu können. Der Preis, den sie bezahlen mußte, war die neurotische Erkrankung, zu der u.a. ein tiefergehendes Gefühl gehörte, sich selbst und der eigenen Entwicklung etwas schuldig geblieben zu sein. Durch die Neurose, durch Ängste und Depressionen wurde Frau M. notgedrungen aufmerksam gemacht auf die Notwendigkeit, sich zu trennen von alten (Inanna-) Identifizierungen, auf die Notwendigkeit, alte Bindungen und Bewußtseinseinstellungen zu opfern: sich zu trennen und zu trauern. Ihre Trennung gab auch erstmals ihrem Mann die Möglichkeit, sich mit seiner Ereshkigal-Seite auseinanderzusetzen. Wie die Inanna im Mythos, mußte Frau M. - nach dem Berührtwerden durch die dunkle Göttin - ihren Jünglingsgeliebten (den Ehemann) nun klarsichtig wahrnehmen und ihn - ebenso wie die alte inzestuöse Gebundenheit an den Vater - opfern. So wie Inanna ihren Geliebten nicht vor den Dämonen der Unterwelt schützen konnte und wohl auch nicht mehr wollte, so wenig konnte die Patientin ihren dann von ihr getrennten Mann vor dem nun bei ihm einsetzenden Zerrissenwerden durch seine aufbrechende eigene neurotische Erkrankung schützen.[6]

Dieses Opfer des "Jünglingsgeliebten", mit dem keine erwachsene und verantwortungsvolle Partnerschaft möglich ist, ist wohl ein notwendiger Entwicklungsschritt auf dem Weg der Individuation der Frau hin zu einer eigenen autonomen Weiblichkeit. Unter eigener autonomer Weiblickeit sei hier verstanden, daß die Frau nicht mehr unter dem Druck steht, ihre Potenz beim Mann unterzubringen, sie von ihm ausleben zu lassen und an ihm dann auch zu bekämpfen. Zur Erlangung dieser intellektuellen, emotionalen und sexuellen Autonomie ist für die Frau auch die Opferung einer bestimmten Art von unbewußt fortbestehender Mutterbeziehung notwendig.

In einer Variante des Inannamythos ist die dunkle Ereshkigal Inannas Großmutter. Übertragen auf die individuelle Frau bedeutet dann der Gang in die Unterwelt zur dunklen Frau auch das Wagnis der Auseinandersetzung mit einer inneren dunklen Mutterfigur. In den Autonomie- und Abgrenzungskämpfen der Kindheit und in der Entdeckung der eigenen sexuellen Identität der analen Entwicklungsphase ist das Mädchen extrem auf die Bewertung durch die Mutter angewiesen. Anders als der Junge hat das kleine Mädchen ja keine sichtbare körperliche Repräsentation seiner sexuellen Bedürfnisse zur Verfügung. Das körperliche Erleben von Erregtsein und Begehren bleibt im Verborgenen. Eine Mutter, die durch Mißachtung und Mißbilligung ("deine Lust und deine Wut, deine Körpersensationen, deine Sexualität sind unerwünscht und schmutzig") das Mädchen daran hindert, Stolz und Selbstachtung in bezug auf das eigene Erleben und die eigenen Produkte zu entwickeln, verhindert die Separation der Tochter. Aus dieser kindlichen Abhängigkeit heraus identifizieren sich Mädchen sehr häufig unbewußt partiell mit dieser "dunklen Mutter", d.h. übernehmen deren Mißachtung ihrer eigenen Leiblichkeit und Geistigkeit.[7] In Ereshkigals Reich einzudringen heißt dann, den inneren Kampf mit dieser dunklen Mutter-Imago aufzunehmen und sich so das im Mythos enthaltene Bild des "unteren dunklen Paares" (s.o.) zu erobern.

Im Zusammenhang mit dieser Auseinandersetzung mit der dunklen, Sexualität nicht hergebenden und sie gleichzeitig verurteilenden Mutter - die ich ja (s.o.) lange Zeit in der Übertragung für die Patientin gewesen war - berichtete Frau M. folgenden Traum:

> "*Ich bin mit Ihnen zusammen in einer Wohnung, die ich nicht kenne. Wir sitzen am Tisch und essen. Wir sprechen miteinander und duzen uns. Auf einmal sehe ich, daß ich ein Scheißhäufchen auf den Boden gemacht habe. Es ist mir peinlich, aber auch wieder nicht. Sie sagen: 'Das macht nichts, das ist mir nicht eklig, das ist doch vollkommen in Ordnung.' Erst glaube ich Ihnen das nicht so richtig. Sie nehmen dann aber Messer und Gabel, nehmen damit den Haufen vom Fußboden, und Sie ekeln sich nicht. Da glaube ich Ihnen.*"

Die Patientin meint dazu: "Meine Stiefmutter, mein Vater und mein Mann haben mich oft dazu gebracht, zu denken, ich bin ein Stück Scheiße, und was ich als Frau zu geben habe ist ein ungeliebter Mist. Aber es ist doch meine Scheiße. Ich lasse mir mein Eigenes nicht mehr wegnehmen, ich will mich nicht mehr schmutzig fühlen, wenn ich Lust auf einen Mann habe oder Spaß im Beruf und wenn ich da erfolgreich bin."

Gelingt diese notwendige Auseinandersetzung der Frau mit der festhaltenden Mutter-Imago, die die Separation der Tochter als Verrat bestraft, d.h. mit der "patriarchalischen Hexe"[8], dann führt dies nicht notwendigerweise zur gründlichen Abkehr vom Männlichen, sondern zur Begegnung der autonomen, lebendigen Frau mit einem Mann, der nicht mehr der Sohn-Geliebte seiner Mutter ist und der die Frau als eine sich selbst Eigene, die bezogen ist, aber es nicht sein muß, lieben kann.

Auf diesem Suchweg der Frau kann es vielleicht hilfreich sein, die alten Geschichten, die noch Bilder weiblicher Ganzheit vermitteln, heute weiterzuerzählen. Der Mythos stirbt im Museum und in Bibliotheken, er lebt im Weitererzählen.

Zur Erweiterung des Verständnisses für spezifische Aspekte von Krisensituationen von Frauen sollte in der Arbeitsgruppe der Mythos vom "Abstieg der Inanna" in die Unterwelt verwendet werden. Ich hatte diesen Mythos ausgewählt , da er mir besonders geeignet erschien, Facetten der weiblichen Selbst- und Identitätsfindung und des Scheiterns von Frauen in diesen Bereichen - das dann die Form von suizidalen Krisen annehmen kann - zu erhellen. Konfrontiert mit der Krisensituation einer Frau sind "Helfer" darauf angewiesen, sich auf ein angemessenes Verständnis ihrer eigenen Weiblichkeit oder ihrer eigenen weiblichen Seite verlassen zu können, um so einen Zugang zum innerpsychischen Geschehen der Frau zu finden. Darüber dürfen natürlich klinischer Blick und klinische Erfahrung keineswegs vernachlässigt werden. In der Gruppe wurden die im Mythos auftretenden Figuren mit Hilfe der persönlichen und professionellen Assoziationen der Teilnehmerinnen einzeln erarbeitet sowie ein Verständnis der Interaktionen dieser Figuren. In dieses Erarbeiten des Mythos flossen praxisorientierte Überlegungen mit ein, ohne daß ausdrücklich fallorientiert gearbeitet wurde. Ich hatte den deutlichen Eindruck, daß die Gruppe überwiegend an Überlegungen zur eigenen Lebens- und Berufsgeschichte interessiert war, so daß sich so etwas wie eine themenzentrierte Selbsterfahrungsgruppe herauskristallisierte. Die Dynamik der Gruppe wurde durch partielle Identifizierungen mit einzelnen Figuren des Mythos bestimmt. Während zu Arbeitsbeginn einzelne Teilnehmerinnen ein - zeitgemäßes - Fremdheitsgefühl gegenüber dieser sehr alten Geschichte empfanden, wurde im Verlauf und zum Ende hin immer klarer, wie deutlich - verfremdet durch den Mythos - hier aktulle Probleme des Weiblichen in fruchtbarer Weise angesprochen werden. Die Gruppe bestand aus 17 Teilnehmer/innen (16 Frauen, 1 Mann). Alle gaben Tätigkeitsbereiche im Rahmen der Krisenintervention bzw. in den Bereichen Beratung und Therapie (auch von Frauen) an oder zeigten für dieses Arbeitsfeld ein besonderes Interesse. Altersunterschiede und die Veschiedenheit der sozialen Herkunft der Gruppenmitglieder sowie die extreme Ungleichgewichtigkeit der Geschlechterverteilung in der Gruppe wirkten sich fruchtbar aus, besonders auf die Dynamik des Diskussionsverlaufes.

LITERATUR

1 KLAMROTH, H.G.: Die Funktion der Klage für die Heilung der Depression. In: Analytische Psychologie 16/1986. S. 239-265

2 RAFFAY, A.v.: Traumbild Unterwelt. Walter, Olten 1986.

RIEDEL, I.: Wandlungen der schwarzen Frau. In: Wendepunkte Erde - Frau - Gott. Hrsg.: P.-M. Pflüger. Walter, Olten 1987. S. 108-128

BAUMGART, U.: Wege zum Frausein heute. Walter, Olten 1985

3 Als Quellen für das myhologische Material wurden verwendet:

KRAHMER, S.N.: Mythologies of the Ancient World. Anchor Books, New York 1961. S. 93-138.

PERERA, S.B.: Der Weg zur Göttin der Tiefe. Ansata 1985.

LAUTER, E. und SCHREIER-RUPPRECHT , C.(Hrsg.): Feminist Archetypical Theory. University of Tennessee Press 1985, insbes.dort: WEHR, S.: 23ff. und PERERA, S. : 137ff.

4 BERRY-HILLMAN, P.: Der Raub der Demeter/Persephone und die Neurose. In: Gorgo 2, 1949. S. 21ff.

5 NEUMANN, E.: Amor und Psyche. Walter, Olten 1983

6 vgl. DIECKMANN, U.: Ein archetypischer Aspekt in der auslösenden Situation von Depressionen. In: Analytische Psychologie 5/1974. S. 97

7 vgl. EICKE-SPENGLER, M.: Über Schuld- und Schamgefühle bei Frauen In: Zeitschrift für psychoanalytische Theorie und Praxis III, 1/1988. S. 77-93.

8 NEUMANN, E.: Die Angst vor dem Weiblichen. In: Die Angst. Studien aus dem C.G. Jung-Institut Zürich, Rascher Zürich, 1958, S. 99ff.

TOD UND WIEDERGEBURT IN DEN JUGENDSUBKULTUREN

GERD WARTENBERG

1966 erschien ein Buch des amerikanischen Analytikers Hillman über "Selbstmord und seelische Wandlung ", zufällig in demselben Jahr, in dem in verschiedenen Ländern jugendliche Protestbewegungen gegen die Phantasielosigkeit der Politik in den kapitalistischen Industrienationen begannen.[1] Ein Jahr später setzte sich Hillman in einem Vortrag auf einer Eranos-Tagung selbst mit der Jugendrevolte auseinander. [2] Er vertrat die These, daß die Protestbewegungen Ausdruck einer gesellschaftlichen Krisensituation seien, von der er schon 1966 meinte, daß angesichts des drohenden Massensuizids durch die Atombombe nicht mehr der heldenhafte Mut zum Tod gefordert sei, "sondern die grundsätzliche Wandlung unserer Seele" (S.56).

Verschiedenartige Phänomene aus modernen Jugendsubkulturen (Interesse an Horror-Videos, Break-Dance, Mülleimer-Look, Motorrad-Totenkult...) zeigen, daß nicht mehr der Streit zwischen Vätern und Söhnen im Vordergrund steht, sondern das Thema von Tod und Wiedergeburt. Dieser Gedanke soll für die 70er und 80er Jahre etwas genauer betrachtet werden.

Hillman-Zitat: "Wenn wir uns fragen, weshalb jede Analyse so oft und in so verschiedener Art auf den Tod stößt, so finden wir in erster Linie, daß der Tod auftritt, um eine Wandlung zu ermöglichen. Die Blüte welkt beim Schwellen der Frucht, die Schlange wirft ihre Haut ab, und der Erwachsene 'legt ab, was kindisch war'. Die schöpferische Kraft tötet, indem sie Neues erzeugt. Der Aufruhr und das Chaos, das man Neurose nennt, kann als ein Kampf zwischen Leben und Tod betrachtet werden, bei dem die Gegenspieler maskiert sind. Was der Neurotiker Tod nennt, nur weil es dunkel und unbekannt ist, kann ein neuer Lebensimpuls sein, der ins Bewußtsein durchzubrechen versucht; was er Leben nennt, weil es vertraut ist, ist vielleicht nur eine absterbende Haltung, die er aufrechtzuerhalten versucht. Das Todeserlebnis vernichtet die alte Ordnung, und insofern, als die Analyse ein verlängerter 'seelischer Zusammenbruch' ist (dem im weiteren Fortschreiten allerdings ein Aufbau folgt), heißt In-Analyse-Sein: sterben. Die Angst davor, eine Analyse zu beginnen, berührt in ihrer Wurzel das tiefe Schaudern vor dem Tod... Die Seele drängt auf Todeserfahrung, weil diese die Wandlung ermöglicht. Von diesem Gesichtspunkt aus ist der Selbstmordimpuls ein Wandlungstrieb", (ebd. S.54/55). Wie im individuellen Leben Selbstmordkrisen oft auf einer Verwechslung von Innen und Außen beruhen und der Analytiker beides erst trennen muß, damit sich "äußere Lebensgeschichte" und "Seelengeschichte" später wieder sinnvoller vereinen können (vgl. S. 63), so läßt sich auch der Jugendprotest der 60er Jahre als gesellschaftliches Krisensymptom verstehen, dessen Früchte die 70er und 80er Jahre erkennen lassen: das Heraufziehen einer No-FutureGeneration, schließlich einer "postmodernen Jugend" [3] und ihres neuen Verhältnisses zur Zukunft und zum Tod.

Wir werden im Folgenden die These vertreten, daß mit diesem Wandel auch ein Wandel in den Initiationsthemen und Krisen der Adoleszenz einherging, daß ein wachsender Erlebnishunger und damit eine anwachsende Beschwörung von Tod und Wiedergeburt in den jugendlichen Lebensformen zu beobachten ist. Für den Betrachter scheinen uns diese Einsichten deshalb wichtig, weil es schwerer geworden ist, diese jugendlichen Wege in die Tiefe mitzugehen. Hören wir noch einmal Hillman : "Wie Ringel ausführt, ist der Griff des Selbstmordimpulses nach der Seele derart stark, daß alle Vorstellungen, die man in das System einzuführen versucht, sich in genausoviel Energie zugunsten des Selbstmords verwandeln. Wir haben keinen 'logischen Trugschluß' vor uns, sondern einen Menschen unter der Macht eines Symbols. Die Seele besteht blind und leidenschaftlich auf ihrem Ziel. Sie will nicht davon abgebracht werden, sie will ihren Tod, wirklich, tatsächlich, jetzt. Sie muß ihren Tod haben, wenn sie wiedergeboren werden will. Wenn der Tod auf irgendeine Weise seiner überwältigenden Realität beraubt wird, dann wird der Keim der Wandlung schlecht empfangen und die Wiedergeburt abortiv." (S.72)

Für den Berater heißt dies vor allem: er kann keine Hoffnungen einflößen, sondern er wird mit dem Klienten, mit dem Leidenden, in die Verzweiflung eintreten und "nichts als das Erlebnis selbst" anbieten (S.75). Dazu gehört aber vor allem ein angemessenes Begreifen des Sterbeprozesses, der da zu seinem Ende kommen will, und dazu gehört nicht zuletzt ein Begreifen der kollektiven Situation, wie sie sich im Bewußtsein der Jugendlichen in archaischer und zugleich erlebnismäßig radikalisierter Form widerspiegelt.

Was heißt es nun, wenn wir meinen, daß sich bei den Jugendlichen überhaupt die Zukunftshoffnungen abgebaut haben (auch die "Jugendlichen" selbst als "Zukunftsträger" der bürgerlichen Gesellschaft "abgebaut" werden), und der Tod (auch der Suizid) damit im Jugendalter seine Rolle verändert? Zunächst müssen wir uns dazu bewußt machen, daß die moderne (bürgerliche), in gewissem Maße auch schon die mittelalterliche (christliche) Gesellschaft die archaische "Einweihung" in die Erwachsenengesellschaft abschaffen wollte, auch wenn "Initiation" dann natürlich unbewußt weiterlebte, sowohl als "tödliche" Bedrohung der einzuweihenden "Neuen", als auch in Form seiner Idealisierung als junger "Mitstreiter". Die bürgerliche Gesellschaft im 20. Jhdt. ist noch weiter gegangen: Adoleszenz wurde jetzt zur Phase einer "experimentierenden Selbstfindung", d.h. einer Selbst-Initiation, bei der der Jugendliche allein seinen Platz in der Gesellschaft finden sollte. Der Jugendliche war - so z.B. in der "Deutschen Jugendbewegung"- zum Symbol des "Neuen Menschen" und der "Neuen Gesellschaft" geworden, ein Identitätsversprechen, das in der Praxis natürlich nie einzulösen war. Schon die Arbeiterjugend lebte ihre Konflikte eher in den traditionellen Parteiorganisationsformen aus, und bis zu den 60er Jahren wurden auch die Inszenierungen gesellschaftlicher Randgruppen und ihrer Jugendlichen immer wichtiger, die wie die Arbeiter-Jugendlichen eine anti-intellektuelle "Action Scene"[4] kultivierten. Deren projektive Inszenierungen erinnern verblüffend an traditionelle Initiationsrituale: der Tod wird z.B. durch schnelles Fahren herausgefordert. Aber der Sieg über mögliche Unfälle oder Defekte der Maschine, Ausfälle des eigenen Körpers, - also das mögliche Opfer des eigenen Körpers -, verspricht seelische Erneuerung, eine *innere* Haltung, mit der der modernen Welt "erwachsen" zu begegnen ist.

Als Problem dieser Entwicklung wurde allerdings in den 60er Jahren schon immer deutlicher: die Mythen, in denen solche Initiationsthemen festgehalten wurden, waren austauschbar und relativ beliebige "Wegwerfmythen", egal, ob man antike oder andere vormoderne Gestalten als Vorbild erfand oder gleich auf neu erfundene Science-Fiction-Gestalten wie Superman oder He-Man zurückgriff. Auch die Spielaktionen und Rituale *imitierten* nur vormodernen Sinn. Damit aber wurde das Problem der Zeichenverwendung und der "Psychologisierung" des Erlebens immer wichtiger, dem in den 70er Jahren bei den Erwachsenen der Boom der humanistischen Psychologien entsprach. In der "regenbogenfarbigen" Vielfalt der neuen Alternativkultur der 70er Jahre wurde der Interaktionismus, das ständige Beziehungsgespräch und die fast zwanghafte, oft getriebene und egoistische Suche nach "Selbstverwirklichung" ein zentrales Motiv. Die Psychokultur führte gesamtgesellschaftlich zu einer ständigen weiteren Subjektivierung aller Lebensformen, eigentlich keiner wirklichen Psychologisierung in dem Sinne, daß sie Seele und Tiefe erhalten hätte, sondern eher umgekehrt in dem Sinne, daß die äußeren Lebensformen sich in eigentümlicher Weise mit der "Seelengeschichte" vermischten.

Sennet[5] sah dies konsequenterweise als einen weiteren Schritt der Verschärfung des Terrors der bürgerlichen "Innerlichkeit" und des Zerfalls des öffentlichen Lebens. Die stabilisierenden Verläßlichkeiten gemeinsamer Rituale und Feiern zerfielen immer mehr. Die *hedonistische* Action-Scene (vgl.z.B. die Fußball-Fans)[6], die neuen Boten des gesellschaftlichen Untergangs, die Punks und Grufties, und die neuen postmoderen Manieristen der 80er Jahre verdeutlichten dies: nicht nur verleiht das kollektive Leben keine Perspektive mehr, auch die individuelle Biographie verliert die Orientierung auf Identität und Einheitlichkeit. Die Seele sucht geradezu nach Tod und Fragmentierung, und es scheint noch gar nicht einmal um neue Themen und Symbole zu gehen, sondern überhaupt um "freien Raum" für Phantasie, um Reflektionsraum, in dem angesichts der Dauerberieselung durch Musik und fremdbestimmende Bilder etwas Neues entstehen kann.

Was aber heißt dies nun für die Jugendphase, für die ja das Eröffnen des inneren Reflektionsraumes (wie gesagt in der bürgerlichen Gesellschaft eher durch Selbst-Initiation und "Identitätssuche") altersspezifisch typisch ist?

Baacke hat schon 1972 in seinem Werk über "Jugend und Subkultur" vertreten - und 1987 noch einmal für die neue Situation der Jugendkultur revidiert dargelegt -, daß der spezielle Beitrag von Jugendsubkulturen darin liege, mit ihren kulturellen Lebensstil-Produktionen "neue Auffassungen von Subjektivität, Individualität und Identität" vorzutragen, die in "Szenen als eigene Raum-

und Atmosphärenkonstellationen" vorgestellt werden. Durch ein stetes Diskursangebot, meinte er, könne die Kultur den Jugendlichen den Weg zu einem akzeptierten Eintritt in die Gesellschaft offenhalten.[7] Gerade darin liegt aber das Problem. Ist nicht diese Einweihung/Bestätigung dann auch wieder Eingemeindung, Kontrollversuch, dem sich die Jugendlichen entziehen müssen? Wird nicht an dieser Schwelle des Übergangs ausgehandelt, wieviel "Tod im Leben" der Jugendliche, wieviel Selbstausbürgerung die Gesellschaft zu ertragen bereit ist? Und muß nicht die gesellschaftliche Antwort auf die "atmosphärische" Herausforderung, die Provokation auf der Handlungsebene, auch eine nicht-diskursive, wenn auch bewußtseinsbildende, phantasievolle Antwort sein?

Das Inszenieren des "Wegwerfmythos"' müßte eine rationale Antwort nicht im Sinne eines abgehobenen Diskurses erhalten, sondern im Sinne eines Geschichten-Erzählens und ausdrucksvollen Handelns, das nicht zuletzt auch wieder bewußt macht, was der Realitätsgehalt der inszenierten Mythen ist. Das Handeln der Erwachsenen müßte also ein "spiegelndes" Eingehen auf den anderen sein, und diese spiegelnde (reflektierende) Antwort müßte aus einem tiefen, inneren Erleben der mythologischen Themen kommen, nicht zuletzt aus einem Verständnis des individuellen Todes und der gesellschaftlichen Todesdrohungen.

Was der "Tod im Leben" nun konkreter für die Jugendkulturen heißt, soll an zwei Beispielen weiter verdeutlicht werden: an dem *Umgang mit Fahrzeugen*, den Medien des Er-fahrens und Erwanderns der äußeren Welt, und am *Umgang mit Drogen,* den Medien der Exploration innerer Welt. Beide Medien sind Zentralsymbole vieler Aktionsszenen mit quasi-rituellem Charakter; in beiden Fällen steht normalerweise die heldische Selbstinitiation im Vordergrund, die Wiedergeburt "im Geiste" - und in beiden Fällen ist der Tod oftmals das traurige Resultat, gleichgültig ob in tödlichem Unfall oder psychotischem Zusammenbruch. In beiden Fällen erfolgt die Initiation nicht im Maskenspiel der Älteren mit den Jüngeren, sondern die Einweihung erfolgt in einer Art Selbstexperiment, dessen Erfolg höchstens nachträglich von Erwachsenen bestätigt wird. Für die meisten Jugendlichen führt dieser Weg aber eher in ein narkotisiertes "Maschinenmenschentum" und ein konsumorientiertes "süchtiges" Leben, wobei die innere Unruhe bleibt, auch im Erwachsenenleben immer von neuem den Tod provozieren zu müssen.

Führen wir uns zunächst einmal die "Biker", die Motorrad-Subkulturen vor Augen, die diese Initiation extremisieren. Für sie ist ihr "Bock", ihre "Karre" fast ein Götterbild geworden, und die empirischen Beschreibungen, die über solche Subkulturen in Fülle vorliegen[8], zeigen (noch einmal) deutlich, daß es hier um quasireligiöse Verschmelzungen mit dem Absoluten geht. Mit imponierenden Fahrzeugen, die die Jugendlichen selbst zu beherrschen und bei Defekten auch zu reparieren wissen, mit schwarzer Lederkleidung und Todesemblemen protestieren sie gegen die gesellschaftliche Verleugnung des Todes, gegen die Heuchelei, daß die Lebensfahrt in der modernen Massengesellschaft eine geruhsame, ungefährliche Sache sei. Mit ihrer rasenden selbstmörderischen Fahrt versuchen sie eine rauschhafte Einheit mit der Natur und der technischen Welt wiederherzustellen und sind bereit, ihr Leben dafür auf's Spiel zu setzen. Das schnelle Fahren sichert eine experimentelle Transzendenzerfahrung, ein symbolisches Gipfelerlebnis, Unsterblichkeit, die zugleich für die Vitalisierung durch die Kraft der Motoren in vielen anderen Lebensbereichen steht.

Das Auf- und Abdrehen der Maschine dient als Körperäquivalent, verlangt ein entsprechendes schnelles und reaktives Verhältnis zur Umwelt. Es liegt auf der Hand, daß dazu eine gewisse Narkotisierung, eine Mechanisierung der Körperlichkeit die Voraussetzung ist. Der Umgang mit der Maschine macht den alltäglichen Trivialmythos überflüssig, weil er selbst gelebter (inkarnierter) Mythos ist, der zum/zur heldenhaften "Steuermann/frau" des eigenen Lebens macht. Die Erfahrung wird symbolisch: auch in anderen Situationen ist der "Biker" der Repräsentant des "großen Bockes", ohne daß er von Pan und anderen kentaurenhaften Helden und Göttern überhaupt gehört haben müßte. Aber sich hierüber nicht bewußt zu sein, ist auch das Problem, es erzeugt eine gewisse Starrheit wie bei einem sektiererischen Rechtgläubigen: die Frage stellt sich nämlich, inwieweit die subkulturelle Ausdrucksform, obwohl sie sicherlich gewisse Lebensformen und ein positiveres Selbstbild (oder nur eine Ego-Akzentuierung?) ermöglicht, auch die Defekte und Narkotisierungen des eigenen Lebensstils in der "Bewußtlosigkeit" läßt, ja sogar festschreibt. Soweit aber Mangelerfahrungen über das Schlüsselsymbol Motorrad nur festgeschrieben werden, soweit kann dieses Symbol nun zur Fremdsteuerung eingesetzt werden, z.B. (großen Konzernen) für Werbezwecke und Waren-Absatz dienen. Die Motorräder bleiben aggressive oder libidinöse Ersatzobjekte, die das eigene Selbst *verbergen* und das Ego vor entwertenden Übergriffen schützen. Jedoch: die Ego-Krücke hält abhängig.

Früher ging mit einem Ritual auch ein Mythos einher, der das Gelebte symbolisch verstehen ließ und dadurch auch das Opfer des Mediums, das ja letztlich für das Opfer des Körpers selbst stand, möglich machte. Dadurch wurde sowohl das krampfhafte (süchtige) Sich-Klammern ans "heilige Objekt" verhindert, wie auch das allzu wörtlich genommene Opfer dessen, wofür es stand: das eigene sinnvolle Leben. Heute kämpft schon der Adoleszente oft um seine Haare (um einen anderen "Fetisch" zu erwähnen), als ginge es um sein Leben selbst. Ein bloßer flexibler Wechsel der Schlüsselsymbole löst die herrschende Erstarrung und Konkretisierung der Zentralsymbole nicht: auch wenn später vielleicht das "Rad" aufgegeben wird und durch ein "Auto" ersetzt wird, so droht dieses doch wieder zum "heiligen Objekt" zu werden und enorme Energien an sich zu binden.

Die Subkulturen kämpfen sogar miteinander auf dieser Ebene der Symbole: wenn z.B."Ökofreaks" mit häuslich eingerichtetem VW-Bus langsam durch die Lande "zockeln", naturbewußte Radfahrer ihre "vegetative Alternative" ins Feld führen, dann ist dies immer auch als ein Argument gegen den "maschinenunterstützten" Größenwahn gemeint. Selbst Klassenkonflikte (vgl. die Machtkämpfe von Hippies und Bikers in den USA der 60er Jahre) lassen sich so austragen. Aber auch hier ist das Problem, daß es zu tatsächlichen Schlachten kommen kann, weil die Fahrzeug-Lebensstil-Argumente so wörtlich genommen werden, daß es gar keine Lösungen gibt. Zwischen "Rad" und "Bus" muß man wählen, während sich damit verbundene Lebensstile - klarer gefaßt - durchaus verbinden ließen. Die Zerstörung des Objektes kommt somit einem Angriff auf seinen Besitzer gleich; Lebenswenden sind nur denkbar als Austausch der Ego-Krücken. Die potentielle Suizidalität liegt in diesem psychotischen Konkretismus.

Vergleichen wir dies mit den Drogenkulten: Handelt es sich hier nicht gerade um einen Angriff auf die Erstarrung der gesellschaftlichen Bilderwelt, um eine Initiation in die "innere Welt" der Bedeutungen? Dies ist zwar richtig, darf uns aber nicht übersehen lassen, daß auch hier wieder im Normalfall eine Abhängigkeit vom Medium besteht, ob es sich dabei um den Gott "Mesqualito" oder den des Opiumschlafes handelt. Das Medium kontrolliert, welche innere Realität "aktiviert" wird, und sein "User" hält daher auch mit großer Verbissenheit an ihm fest; der Entzug bedeutet den Verlust seines Lebenssinns und seiner Kultur.

Luigi Zoga hat deshalb auch von einer "umgekehrten Initiation" gesprochen: "In jedem Fall handelt es sich um eine *Initiation nach unten,* in eine Form niederen Lebens oder Nichtlebens, ins Dunkel - so wie es unserer Zeit auch entspricht. Die alten Götter, mehr verdrängt als verschwunden, kehren als Krankheiten wieder, sagte Jung ." (Zoga 1986, S. 87).[9] Wie diese Form der Unsterblichkeit im Tod des Egos gesucht wird, kann wiederum sehr unterschiedlich sein. Die verschiedenen Drogensubkulturen verachten einander; die Alkoholiker und die Junkies z.B. repräsentieren verschiedene Welten. Auch wenn - wie beim LSD-Kult - das Selbstexperiment im Mittelpunkt steht, also eine reflektierende Dimension deutlich wird, ist das Problem der Medienabhängigkeit nicht aufgehoben und läßt die Initiation "verdreht" erscheinen:

"Der Konsum erlaubt in seiner degenerierten, zwanghaften Form eine gewisse Ersatzbefriedigung der archaischen Bedürfnisse nach Rituellem, die unsere Gesellschaft unterdrückt. Der Drogenkonsument von heute hat das Modell der Initiation umgekehrt: Wiedergeburt in der ersten Euphorie, dann der Tod. Der Verzicht als notwendige psychologische Phase wird übergangen, zeigt sich dann eher als biologische Entzugserscheinung," (ebd. S.89). Auch hier ist das Opfer des Phantasierens, das Aufgeben der Bilder um der objektiven Realität, um des Überlebens willen, eigentlich nicht denkbar: die Seele lebt erst, wenn das Medium die Phantasietätigkeit aktiviert. Ein liebevollerer Umgang mit dem eigenen Leben wird dadurch nicht zu einer festen Einrichtung gemacht, im Gegenteil: das Durchbrechen archaischer seelischer Gestalten, die das seelische Leben in unbegreifbare Abgründe reißen, ist die ständige Gefahr, der körperliche Zerfall das Ergebnis.

Damit ist das Problem deutlicher geworden, um das es uns ging: Der fetischisierende Umgang mit Symbolen, die "umgekehrte Initiation" des modernen Jugendalters ist zwar fast "normal" geworden im Sinne von "allgemein verbreitet", sie erfordert jedoch umso dringender ein Neuverständnis von "Initiation", soll die sie begleitende suizidale Problematik wieder symbolischer gefaßt werden können und nicht zu einem wirklichen Opfer des eigenen Lebens führen. Baacker hat (1984) betont, daß die "phantasierten Handlungsräume" Jugendlicher, von der Shell-Studie "Jugend 1981" thematisiert, *durch die Medien* gelieferte Traummaterialien seien, Jugendmeinung sei heute weitgehend Medienmeinung, jugendliches Gruppenleben durch die Medien erzeugte Fiktion, und sogenannte "postmaterielle Orientierungen" seien daher eher auch ein instabiles Übergangsphänomen. Zu Recht betonte er, daß "Kindheit" und "Jugend" aber auch die "gesellschaftliche Verfaßtheit, in der Kinder aufwachsen" (S.116), widerspiegeln und insofern "Bestandteil einer gesellschaftlichen Konstruktion der Realität sind, in der wir jeweils leben" (S.117).[10] Mit anderen Worten: die Jugendkultur als Ganzes ist nie nur Effekt kurzlebiger Medien-Interventionen, sondern diese sind ihrerseits erst möglich durch seelische Prädispositionen, die kulturspezifisch sind.

Sich die dieser gesellschaftlichen "Verfaßtheit" zugrundeliegenden "Urmotive" der Seele vor Augen zu führen, scheint deshalb auch das einzige Mittel zu sein, um von den Medien entwöhnen zu könnwn, deren symbolische Angebote wieder *als solche* begreifen und damit spielen zu können. Bei der klassischen Initiation wurde dem Einzuweihenden nicht dadurch die Angst genommen, daß er sich dem Grauen stellte, sondern dadurch, daß er erkannte, daß die rituelle Inszenierung ja nur grandioses Medien-Theater der Älteren war, bei dem diese die Götter nur *spielten*. Es war "aufklärende" Begegnung mit dem Tod, um die Wiedergeburt möglich zu machen und zu erkennen, welche Möglichkeiten der Wiedergeburt auch die reale Konfrontation mit dem Tod in zukünftigen Situationen des erwachsenen Lebens enthalten könnte: die Erweiterung des Spielraums von Handlung und Phantasie.

Wenn in den 70er Jahren also die Todesthematik äußerlich gesehen in den Subkulturen an Bedeutung zunahm, der Generationskonflikt zurücktrat, so macht das den Kontakt mit den Älteren nicht notwendig leichter. Denn diese werden häufig sehr konkretistisch als "schon gestorben" abgeschrieben, der eigene Tod wird auf sie projiziert. Wird jedoch die ego-wütige Selbst-Initiation ihrer selbst bewußter, so wird oft der suizidale Impuls wörtlich genommen und führt in gefährliche Krisen. Der Erwachsene muß also in der Lage sein, die endgültige Trennung des Innen vom Außen akzeptieren zu helfen bzw. den Tod *psychologisch* erleben zu helfen.

Wird nämlich "die Wirklichkeit der Psyche nicht unabhängig von ihren Projektionen erfahren, erhalten die konkrete Realität und der physische Tod deren zwanghaften Charakter. Wenn aber einmal der Drang nach dem physischen Tod überwunden ist - da er in der Seele erfahren werden konnte -, dann erhält die psychische Realität eine numinose und unzerstörbare Qualität. Diese Qualität wurde in der östlichen Überlieferung der 'Diamantkörper' genannt, der von festerem Bestand ist als das Leben selbst." (Hillmann 1966, S.74)

Dazu muß der Erwachsene selber einen Begriff vom Unzerstörbaren im Menschen, von der eigenen Seele entwickeln, was auch immer die Transzendenzerfahrungen sind, aus denen dies Bewußtsein entspringt. Eben dieses Bewußtsein ist heute mehr denn je gefordert.

Einen Beitrag dazu stellte die Seminararbeit während der Tagung in Hildesheim (1987) dar.

Das Seminar begann mit einer theoretischen Einführung in das Problem "Verlust der Bilder des Todes" (nach Robert Jay Lifton) in unserer Kultur und einer Darstellung der jugendlichen Suche nach Bildern der Fortdauer des Lebens bzw. der Unsterblichkeit. Die Diskussion richtete sich dann schnell auf die zwei Hauptformen dieser Suche:

- die Suche nach Revitalisierung als dionysischer Form der Transzendenzerfahrung (über Geschwindigkeitsrausch, Musikbetäubung, Meditation und ähnliche Erfahrungsformen)
- die Suche nach Todesinszenierungen in einer eher saturnischen (depressiven) Vertiefung der Todes- und Untergangserfahrung in unserer Kultur (mit Hilfe von apokalyptischer Ideologie und Punker-, Breakdance-Ästhetik).

Einzelne Phänomene wurden im Detail diskutiert und ihre Funk-

tion für die suizidale Situation Jugendlicher erörtert: erhöhen solche Formen das Suizid-Risiko oder sind sie auch Bewältigungsformen desselben? Gegen Ende der spannenden Diskussion wurden noch zwei Fragenkomplexe angeschnitten:
Was ist für den Jugendlichen hilfreich? (Hier ging es um die Intensivierung ihrer Erlebnisse, Raum- und Zeitgestaltung und ihre Offenheit gegenüber dem "glücklichen Zufall"). Warum haben die christlichen Unsterblichkeitsbilder in solchem Maß an Überzeugungskraft verloren, daß sie nur noch eine Phantasie unter anderen von "Fortdauer des Lebens" sind, während die "experimentelle Transzendenz" (Gipfelerfahrung) an Bedeutung zugenommen hat?

In einem spontanen Rollenspiel (Stegreifspiel) stellte jeder der Teilnehmer einen "subkulturellen Jugendlichen, der seine Grenzen erprobt" dar und improvisierte sein Verhalten in Begegnungen mit anderen "Jugendlichen". Die Erfahrungen wurden ausgetauscht und zwei der Phantasie-Jugendlichen ausgewählt, die psychodramatisch genauer exploriert werden sollten.

Erste Psychodrama-Vignette: Die Spielerin beschreibt die Eigenart eines Jugendlichen, der seine Unsicherheiten hinter einer "coolen" Körperfassade und einem stilisierten Habitus verbirgt. Nach einem Streit mit seinem Vater (die Spielerin kam gerade zu Besuch), ergeht der Jugendliche sich in Phantasien, Krähen abzuschießen. Der destruktive Charakter dieser Phantasien beunruhigte die Teilnehmerin. Die Gruppe bot eine Fülle von Anregungen an, die das Verhalten des Jugendlichen sorgfältiger beobachten und genauer verstehen lassen.

Zweite Psychodrama-Vignette: Der Spieler beschreibt einen musikbegeisterten, etwas skurrilen Jugendlichen, der sich seinen Keller eigentümlich eingerichtet hat: eine Spielzeugeisenbahn, ein Plattenspieler, ein eigenes Schlagzeug stehen nebeneinander. Der Jugendliche führt dem Älteren in egozentrischer Weise seine Musik vor, ein ungewöhnliches Rauscherlebnis, dem der Spieler fasziniert und seltsam berührt zuhört. Die Gruppe gab wieder Anregungen zum möglichen Verhalten des passiv-beobachtenden Spielers und des Jugendlichen.

In der abschließenden Feedback-Runde wurden Lernerfahrungen und Einsichten hervorgehoben:
Ein besseres Verständnis wurde gewonnen, für Grenzerfahrungen

von Jugendlichen und ihrer Tendenz, solche Grenzerfahrungen auszutesten.
Das genauere Erleben der Erfahrungen subkultureller Jugendlicher erlaubt, eigene Transzendenzerfahrungen besser zu verstehen.
Das Verhältnis subkultureller Jugendlicher, wird es liebevoll begriffen, hilft, eine Fülle vordergründiger Erfahrungen tiefer zu erschließen.
Die Toleranz gegenüber den verschiedenartigen Typen subkulturellen Verhaltens hat viel damit zu tun, ob wir diese Art der Leidens- und Todesbewältigung nachvollziehen können oder nicht.
Rauschhafte und depressive Erlebnisse sind keine bloßen Extremerfahrungen in der Adoleszenz.

Der Zusammenhang zwischen Kultur und Subkultur wurde durch die Einsicht verständlicher, daß Kultur und Gesellschaft vom einzelnen Jugendlichen ebenso wie die Subkultur in spezifischer Weise angeeignet werden. Die Bilder von Tod und Wiedergeburt, die sich bis zur Adoleszenz in einem langen Entwicklungsprozeß herausgebildet haben, müssen zwar in der pluralen Komplexität gesellschaftlicher Weltbilder der Moderne verortet werden, aber sie werden immer auch individuell rezipiert und ausgestaltet.

LITERATUR

1 JAMES HILLMAN: Selbstmord und seelische Wandlung, Zürich/Stuttgart: Rascher 1966

2 JAMES HILLMAN: Senex and Puer. An aspect of the historical and psychological present, in: Eranos-Jahrbuch 1967, Zürich: Rhein-Verlag 1968

3 Vgl. dazu DIETER BAACKE: Am Ende - postmodern? Next Wave in der Pädagogik. München: Juventa 1985, darin besonders zu empfehlen: G. BITTNER: Der postmoderne Nihilismus. S.106 ff

4 BAACKE beschreibt diese "Action Scene" zusammenfassend in: DIETER BAACKE: Jugend- und Jugendkulturen, Darstellung und Deutung. München: Juventa 1987

5 RICHARD SENNETT: Verfall und Ende des öffentlichen Lebens, Die Tyrannei der Intimität, Frankfurt: Fischer 1983. Zur innengeleiteten Gesellschaft vgl. S. 17

6 DIETER BOTT, GEROLD HARTMANN: Die Fans aus der Kurve. Aus der Welt der Fußballfans. Frankfurt: Brandes u. Apsel 1986

7 s.o. Anm. 4, vgl. zum Wandel der Jugend-Scene ferner: JÖRG BOPP: Vor uns die Sintflut! Streitschriften zur Jugend- und Psycho-Szene. Frankfurt 1982

8 Vgl. z.B. die Beschreibung der englischen Biker in: P.E. WILLIS: Profane Culture. London 1978, Vgl. aber auch A.P. de MANDRIAGUES: Das Motorrad. Reinbek: Rowohlt 1984

9 LUIGI ZOGA: Sehnsucht nach Wiedergeburt, Ein neues Verständnis der Drogensucht, Stuttgart: Kreuz-Verlag 1986

10 DIETER BAACKE: Medienkultur und Jugend, In: Deutsche Jugend 1984, 32. Jg., H.3, S. 113-121

MIT DER KRISE / KRANKHEIT / BEHINDERUNG LEBEN LERNEN

DAS KRISENVERARBEITUNGSMODELL VON ERIKA SCHUCHARDT

REGINA BRENNER, BEATE LINDAU

Spezifisch für den Themenkreis "Mit der Krise/Behinderung/Krankheit leben lernen" ist die persönliche (direkte oder indirekte) Betroffenheit, die als Motiv, sich dieser Arbeitsgruppe anzuschließen, an erster Stelle stand. Ein weiterer Beweggrund zur Teilnahme an dieser Gruppe war die Suche nach der Antwort auf die Frage: "Wie gehe ich mit jemanden um, der an einer unheilbaren Krankheit (Krebs, Aids, Muskeldystrophie, multiple Sklerose) leidet und suizidale Gedanken äußert?" Diese Frage signalisiert den Wunsch nach Hilfe bei der Hilfe. Der Umgang mit Leid verunsichert, "normale" Denkschemen funktionieren nicht mehr angesichts von Ausweglosigkeit. Ein Ansatz, um die Verarbeitung von Lebenskrisen, hier insbesondere Behinderung oder Krankheit, zu verstehen bietet das von Prof. Erika Schuchardt aus der Analyse von Biographien Betroffener entwickelte Modell, das die Verarbeitung von Lebenskrisen als einen "Lernprozeß in acht Spiralphasen" beschreibt (vgl. Abbildung S.71). Wir haben in unserer Arbeitsgruppe dieses Modell zunächst dargestellt und anschließend mit der Gruppe gemeinsam die erworbenen Erkenntnisse exemplarisch auf eine Biographie anzuwenden versucht. Dabei kamen die Teilnehmer immer wieder auf persönliche Erlebnisse zu sprechen, die mittels dieser Interpretationsfolie plötzlich neu verstanden werden konnten.

Krisenverarbeitung vollzieht sich nach diesem Modell in Spiralphasen. Der Begriff Spiralphasen beinhaltet die Prozeßhaftigkeit und die Unabgeschlossenheit wie auch die Überlagerung der einzelnen Phasen. Drei Stadien können dabei unterschieden werden: das Eingangsstadium (1.-3. Phase) - kognitiv fremdgesteuert, das Durchgangsstadium (3.-5. Phase) - emotional ungesteuert und das Zielstadium (5.-8. Phase) - aktional selbstgesteuert.

Wir beziehen uns hier und im Folgenden auf E. Schuchardt, Biographische Erfahrung und wissenschaftliche Theorie. Soziale Integration Behinderter Bd. 1 1987.

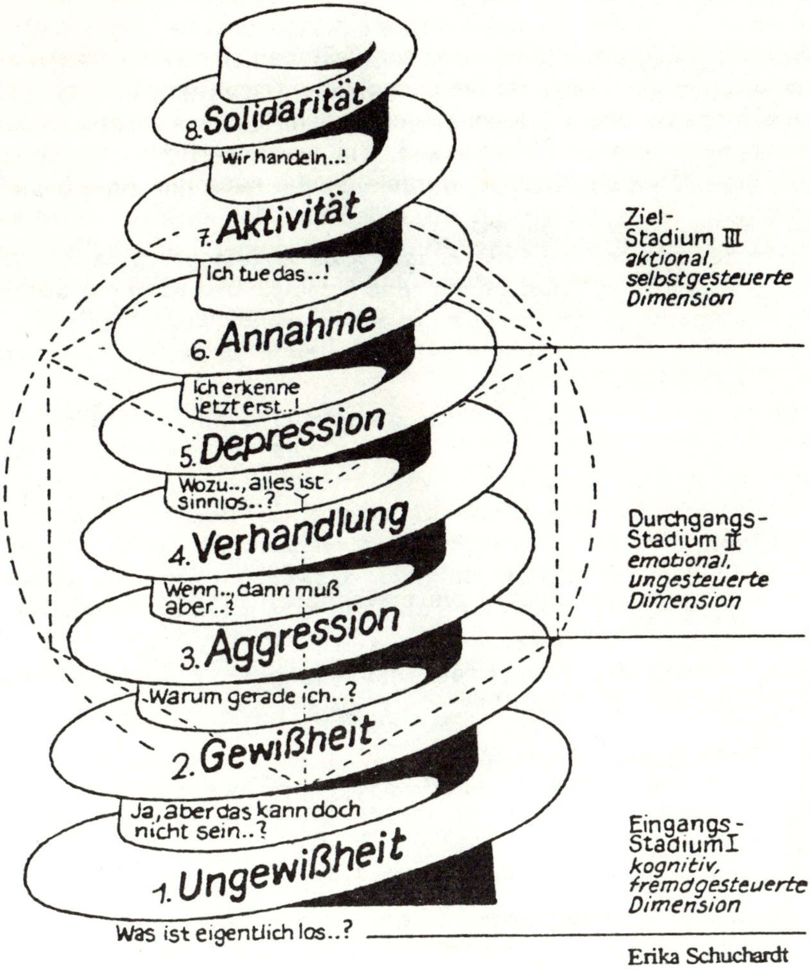

Abbildung 1 : Krisenverarbeitung als Lernprozeß in acht Spiralphasen

Idealtypisch werden nacheinander alle acht Phasen in der Verarbeitung der Krise durchlaufen. Anhand der Auswertung der Biographien lassen sich jedoch drei Arten von Prozeßverläufen unterscheiden: *angemessene* Krisenverarbeitung als lückenloser, vollständiger Lernprozeßverlauf, vom Betroffenen als soziale Integration erfahren; *unangemessene* Krisenverarbeitung als lükkenhafter, unvollständiger Lernprozeßverlauf, vom Betroffenen als soziale Isolation erlitten; *experimentelle* Krisenverarbeitung, als umwegirrender vollständiger Lernprozeßverlauf vom Betroffenen als soziale Integration erkämpft. Die einzelnen Phasen erlebt jedes Individuum unabhängig von der Art der Behinderung/ Krise.

Spiralphase 1: Ungewißheit

"Der Betroffene stellt die Frage: Was ist eigentlich los?"

"Am Anfang steht das Chaos, der Schock. Der Krisenauslöser, eine Nachricht, ein Ereignis, schlägt wie ein Blitz ein, ...die Krise ist ausgelöst, der Betroffene befindet sich in panischer Angst vor dem Unbekannten..." (S.98)

"Es lassen sich drei typische Zwischenphasen feststellen, die naturgemäß sowohl einander ablösen wie neben- und miteinander existieren können und von unterschiedlich langer Dauer sind." (S. 98) Zwischenphase: Unwissenheit *"Was soll das schon bedeuten...?"* (S.99) Das Individuum verharmlost seine Situation. Zwischenphase: Unsicherheit *"Hat das doch etwas zu bedeuten...?"* (S.99) Das Individuum steht in einem ambivalenten Verhältnis zu sich. Ein Außenstehender weiß in der Regel mehr als der Betroffene. Zwischenphase: Unannehmbarkeit *"Das muß doch ein Irrtum sein...?"* (S.100)

Spiralphase 2: Gewißheit

"Ja, aber das kann ja gar nicht...?"

Das Bestimmungsmerkmal dieser Phase ist die Ambivalenz zwischen dem verstandesmäßigen Ja (Gewißheit) und dem gefühlsmäßigen Nein (Ungewißheit). (S.101)

Spiralphase 3: Aggression

"Warum gerade ich...?"

Die Aggression ist so heftig, daß "... der Betroffene entweder an ihnen zu ersticken glaubt oder auch erstickt, indem er sie vernichtend gegen das eigene Selbst richtet, oder aber - im günstigsten Fall - sie überquellend gegen seine Umwelt aus sich herausfließen läßt." (S.103)

Der Suizidgedanke wird von jedem Biographen unabhängig von der Art der Krise ausgesprochen. Erika Schuchardt fand heraus, daß 2/3 der Biographen einen Suizidversuch unternahmen, jedoch noch rechtzeitig entdeckt wurden.

Gerade hier wird deutlich, wie wichtig Hilfe in dieser Situation ist. Bei fehlender Auseinandersetzung richtet der Betroffene die Aggression gegen sich selbst, möchte nicht mehr leben. Wenn dagegen der Interaktionspartner die Aggression des Betroffenen als Ausdruck von dessen Hilflosigkeit verstehen und zulassen kann oder die Aggression so ansprechen kann, daß der Betroffene sie zu äußern wagt und damit nach außen richten kann, dann hilft es dem Betroffenen, in seiner Krisenverarbeitung weiterzukommen.

Spiralphase 4: Verhandlung
"Wenn..., dann muß aber...!"
In dieser Phase werden Abschaffungsversuche aller Art unternommen, um aus der ausweglosen Situation herauszukommen. Der Betroffene versucht, die Endgültigkeit der Wahrheit hinauszuschieben, in dem er Wallfahrten unternimmt und Ärzte "in aller Welt" konsultiert. (S.105)

Spiralphase 5: Depression
"Wozu, alles ist sinnlos...?"
"Der Betroffene erlebt das Scheitern in den vorausgegangenen Phasen als subjektives Versagen, ist hoffnungslos deprimiert..." (S. 105-106)

Jetzt wird rational anerkannt: "...was nicht mehr da ist, es wird ihm abgesagt, es wird verlassen, und es wird das anerkannt, was noch da ist." (S. 106)

Depressionen können sowohl durch die bereits erlittenen Verluste, als auch über die noch künftig drohenden entstehen. Es beginnt die Trauerarbeit.

Spiralphase 6: Annahme
"Ich erkenne erst jetzt...!"
"Ich lebe nicht mehr gegen, sondern mit der Krise."
"Annahme, das bedeutet ebensowenig resigniertes und hoffnungsloses Aufgeben, wie es schon als glücklicher Zustand verstanden werden darf." (S. 107) Annahme bedeutet das Fähig-geworden-Sein zur Annahme.

Spiralphase 7: Aktivität

"Ich tue das...!"

"Es wird erkannt, daß es ja nicht entscheidend ist, was man hat, sondern was man aus dem, was man hat, gestaltet " (S. 108). Der Betroffene vollzieht aufgrund seiner verarbeiteten Erfahrungen eine Umstrukturierung seiner Normen und Werte innerhalb des gültigen gesellschaftlichen Wertesystems. "Bedeutsam ist nur, daß der so Betroffene nicht zuerst das System, sondern primär sich selbst verändert und mittels dieses Selbstlernprozesses zum Anstoß für Systemveränderung als Folge, nicht als Ziel werden kann." (S. 108; 109)

Spiralphase 8: Solidarität

"Wir handeln...!"

"Der individuelle Bereich, die individuelle Eigenart wird in ihrer Relation erkannt, sie reicht in den Hintergrund, das gesunde gesellschaftliche Handlungsfeld wird vorrangig, tritt in den Vordergrund des Bewußtwerdens und fordert zu gemeinsamen Handeln heraus..." (S. 109)

Schlußbemerkung:

Ziel der Vortragenden war es, deutlich zu machen, daß der Prozeß, die Krise/Krankheit/ Behinderung zu verarbeiten, zwar von jedem Betroffenen individuell erlebt und wie das Schicksal bewältigt wird, daß die Krisenverarbeitung jedoch auch von den Interaktionen mit den anderen, von den menschlichen Beziehungen, mitgestaltet wird. Das beinhaltet eine Verantwortlichkeit des Begleiters. Die Hilfe muß dabei nicht unbedingt institutionalisiert sein, sondern sie kann manchmal nur einfaches Zuhören, Mitfühlen, Mitleiden, Erkennen von Trauer und deren Versprachlichung sein. Suizid zu verstehen als eine Verarbeitungsmöglichkeit für die Krise/ Krankheit/ Behinderung in der Phase der Aggression war ein weiteres Anliegen der Vortragenden. Aus dieser Einstellung heraus ist die aktive Sterbehilfe bei Suizidwünschen bei schwerster Behinderung eine Absage an Menschlichkeit, ein Sich-Heraushalten aus der verantwortlichen Sorge für jeden Menschen. Nur ein Ungeliebter will nicht mehr leben.

LITERATUR

Die Literaturhinweise beschränken sich auf die Bücher von Prof. E. Schuchardt, wobei wir insbesondere auf die Bibliographien in den Büchern verweisen, da sie einen Überblick über weiterführende Literatur zum Thema Krisenbearbeitung sowie eine Übersicht über Biographien Betroffener seit 1900 beinhalten.

SCHUCHARDT, E.: Biographische Erfahrung und wissenschaftliche Theorie. Soziale Integration Behinderter. Band 1, Bad Heilbrunn. 3. erw. Aufl. 1987

SCHUCHARDT, E.: Weiterbildung als Krisenverarbeitung. Soziale Integration Behinderter Band 2, Bad Heilbrunn, 3. erw. Aufl. 1987

SCHUCHARDT, E.: Internationale Dekade der Behinderten 1982 - 1993. In: Internationales Jahrbuch der Erwachsenenbildung, Weinheim 1984

SCHUCHARDT, E.: Weiterbildung mit behinderten und nichtbehinderten Menschen. Handbuch der Erwachsenenbildung. Band 7. In: Didaktik der Erwachsenenbildung, Mainz 1985

SCHUCHARDT, E.: Menschen mit Behinderungen - Mitmenschen wie wir. In: Der alte, der behinderte, der kranke Mensch. Unterrichtseinheiten der Bundeszentrale für Gesundheitliche Aufklärung, Köln 1987

SCHUCHARDT, E.: Warum gerade ich...? Leiden und Glaube. Pädagogische Schritte mit Betroffenen und Begleitenden. 4.erw. Aufl. Offenbach 1986

SCHUCHARDT, E.: Jede Krise ist ein neuer Anfang. Aus Lebensgeschichten lernen. 3. Aufl. Düsseldorf 1987

SCHUCHARDT, E.: Krise als Lernchance. Analyse von Lebensgeschichten. Düsseldorf 1985

SCHUCHARDT, E.: Schritte aufeinander zu. Soziale Integration durch Weiterbildung. Zur Situation Behinderter in der Bundesrepublik Deutschland. Bad Heilbrunn 1986

SCHUCHARDT, E.: Darüber habe ich eigentlich noch nie nachgedacht...! Kinder und Jugendliche in schwierigen Lebenssituationen. Bonn 1987

GRENZGÄNGE

IN

BEZIEHUNGEN

SUIZID – LOGIK EINES PERSÖNLICHEN IRRTUMS ?

URSULA GRAEBE

Suizid unter systemischen Gesichtspunkten zu betrachten, kann helfen, die Lebensregeln einer Familie besser zu verstehen.

Diese familiären Regeln werden oft über Generationen weitergegeben. Sie beeinflussen, wie in einer Familie Beziehungen gestaltet werden, welches Verhalten sanktioniert oder gefördert wird und was als Realität interpretiert wird. Familienrekonstruktion sowie das Bewußtwerden familiärer Streßregeln erleichtern den Zugang zum Verständnis dieser nicht hinterfragten Weltbilder.

Das Ziel dieser Arbeitsgruppe war eine Sensibilisierung für diese generationsübergreifenden Strukturen in ihrer Bedeutung im Generationssystem. Die Auswirkungen auf das jeweilige Selbstwerterleben wurden als Angelpunkt gewählt und als Leitsatz die Aussage: "Alles Verhalten macht(e einmal) Sinn".

Am Anfang wurden systemische Begriffe wie Koalition, Grenzen, Regeln, Mythen, Delegation, Umleitung, Streßtypen (nach Satir) u.ä. in ihrer Bedeutung im Generationssystem erläutert und mit Hilfe von Tafelzeichnungen und Fallbeispielen konkretisiert. Der Schwerpunkt lag dabei auf den das Selbstwertgefühl negativ beeinflussenden Interpretationen und den sich daraus entwickelnden persönlichen Strategien. Dabei nutzten wir die Mehrgenerationserfahrungen der Teilnehmer und Teilnehmerinnen. In Stillarbeit trug jede/r für sich auf einer chronologischen Latte ihre/seine Erfahrungen mit Tod, Verlust und Sterben ein: was lernte ich wann, wie, von wem: trösten oder getröstet werden / allein fertig werden oder gemeinsam trauern / Maske oder Schmerz zeigen / verdrängen oder annehmen / schicksalhaft oder verschuldet ... Ähnelten oder unterschieden sich diese Erfahrungen von jenen, die Eltern und Großeltern gemacht hatten als sie heranwuchsen?

In sehr vielen Fällen fühlt sich ein Kind schuldig an dem Sterben einer wichtigen Bezugsperson. Dies trifft ganz besonders bei Selbstmord zu. Die Antworten, die dann von dem Kind gefunden werden, um mit den daraus resultierenden Schuldgefühlen weiterleben zu können, werden oft über Generationen als Familienregeln weitergegeben, haben sie sich doch als Überlebensstrategien bewährt gegen überwältigende Schuldgefühle, gegen das Überflutetwerden von Gefühlen des eigenen Unwertes ("sonst hättest du mich nicht verlassen") und gegen die damalige Sogwirkung, in den Tod zu folgen. Und so werden bestimmte Verhaltensformen und Erlebensweisen in der Folgegeneration gefördert, wie z.B.: "geh nicht fort, sonst geschehen schreckliche Dinge" / "streite nicht, sonst stirbt jemand" / "vertraue niemandem, denn Du wirst verlassen"... Ursprünglich hatten diese Interpretationen auch einen anscheinenden Wahrheitsgehalt wie z.B.: "Mutter starb als ich böse war" - eine typische emotionale Sicht von einem Kind, das in der Trotzphase einen Elternverlust erlebte. Gleiches 'Fehl'-Verhalten der eigenen Kinder löst dann häufig bei der inzwischen erwachsen gewordenen Generation panische Erinnerungsängste und Ohnmachtsgefühle aus. Um diesen zu entgehen, werden die früher entwickelten Überlebensregeln durch Ritualisierung verstärkt und ihre Hinterfragung tabuisiert.

Oft wird diese, aus einem Irrtum entwickelte, nur scheinbar logische Antwort zu einer neuen Quelle der Selbstzerstörung in einer Folgegeneration. Denn die durch Tabuisierung erstarrten Regeln lassen kaum einen flexiblen, neu entdeckenden Umgang mit der Erfahrung von Tod, Trennung, Schuld, Streßbewältigung, Selbstwert, Kommunikation und Weltsicht mehr zu. Dann kann es zu einem inneren Konflikt kommen zwischen den dunkel befürchteten Folgen von Ungehorsam gegenüber den Familienregeln und Ritualen und dem Erahnen, daß aus diesem Gehorsam Selbstverhinderung erwächst, weil man der eigenen Welt nicht auf eine neue, für die jetzige Generation angemessenere Art zu begegnen wagt. Nicht selten ist der Weg aus diesem Dilemma die eigene Selbstzerstörung. Es ist die neue 'logische' Antwort auf die oft als ausweglos erlebte Überforderung. Diese hat mehrere Stränge: "ich lehne mich ab, weil ich meine Erwartungen an mich nicht erfülle" / "ich denke, Du lehnst mich ab, weil ich nicht so bin, wie Du mich brauchst" / "ich lehne Dich ab, wegen der Überforderung, die du vermittelst" etc.

Verstärkt wird diese hier nur skizzenhaft berührte Problematik, wenn zusätzlich eine Delegation zur Schuldtilgung oder Schuldübernahme von Generation zu Generation vermittelt wird. Dies ist häufig der Fall. Die jeweils spezifische Generationslogik einer

Familie und die daraus entstehende Familienkultur wird von Familiengeschichten - dem, was sie erzählen und dem, was sie verschweigen -, - dem, was sie gebieten und dem, was sie verbieten -, - dem,was sie verhindern und dem, was sie ermöglichen sollen -, mitgeprägt.

Familienrekonstruktion kann hilfreich sein, um Fakten, Daten und Geschichten in neuen Zusammenhängen zu sehen, nicht hinterfragte, zur Bürde gewordene Familienregeln in ihrer ursprünglichen Logik zu begreifen und von der Jetzt-Situation bewußter zu trennen. Dies erlaubt neue Interpretations- und Handlungsalternativen. Vorausgegangene Generationen und ihre Beziehungen werwerden neu verstanden, eine innere Versöhnung und ein Lösen aus der Verstrickung wird möglich, klare Grenzen können gezogen werden. Statt sich ausgeliefert zu fühlen, kann sich ein Gefühl von angstfreiem Einlassen auf Eigenverantwortung entwikkeln.

Um einen persönlichen Zugang zu diesen theoretisch und an Fallbeispielen vorgestellten Zusammenhängen zu ermöglichen, lag der praktische Schwerpunkt der Arbeitsgruppe dann auf der Reflexion der persönlichen Biographie, die durch eine einfache eigene Familienrekonstruktion der Teilnehmer und Teilnehmerinnen vertieft wurde. Außerdem wurde versucht, mit Hilfe von kurzen Rollenspielszenen das persönliche Streßverhalten bewußter wahrzunehmen, um die Wechselwirkungen, die sich in der Beratungssituation ergeben, klarer differenzieren zu können. Die so gewonnenen Erkenntnisse wurden am Ende im Plenum diskutiert, und es wurde versucht, sie in Bezug zu Beratungssituationen und zum Kongreßthema - den Wechselwirkungen zwischen Selbstzerstörung und Selbstbewahrung - zu setzen.

Ich danke den Kolleginnen und Kollegen für ihre Offenheit und ihre intensive Mitarbeit.

LITERATUR

PILLARI, V.: Pathways to Family Myths. Brunner/Mazel, New York 1986

SATIR, V.: Selbstwert und Kommunikation. Verlag Pfeiffer, 7. Aufl. München 1987

SPERLING, E., MASSING, A., GEORGI, H., REICH, G., WÖBBE-MÖNKSS, E.: Die Mehrgenerationen-Familientherapie. Vandenhoek & Ruprecht, Göttingen 1982

STUMMER HILFERUF
ZUR PRÄVENTION UND SOZIALPÄDAGOGISCHEN HILFE BEI SUIZIDALEN HANDLUNGEN VON KINDERN UND JUGENDLICHEN

CHRISTA MÖLLER-HÖMMEN
MICHAEL WITTE

Die Gruppe der Kinder, Jugendlichen und jungen Erwachsenen weist im Vergleich zu anderen Altersgruppen keine auffällig hohe Suizidrate auf. Man kann generell sagen, daß die Wahrscheinlichkeit, durch Suizid zu sterben, mit dem Lebensalter zunimmt. Bei jungen Menschen ist die Wahrscheinlichkeit, durch andere Todesursachen zu sterben, ebenfalls gering. So kommt es, daß trotz niedriger Suizidrate der Suizid die dritthäufigste Todesursache bei jungen Menschen darstellt; bei jungen Männern um 20 Jahre steht der Suizid sogar an zweiter Stelle der Todessursachen. Allgemein sterben Männer doppelt so häufig wie Frauen durch Suizid. Dieser geschlechtsspezifische Unterschied kommt auch bei jungen Menschen deutlich zum Ausdruck. (S. 88-89 eine Tabelle der Suizidhäufigkeiten junger Menschen in der Bundesrepublik)

1. Suizidversuche

Über Suizidversuche werden keine amtlichen Statistiken geführt. Eine Erfassung aller Suizidversuchshandlungen ist zudem sehr schwierig, weil nur ein Teil der Handlungen bekannt wird. Viele der Suizidversuchshandlungen werden nur Hausärzten mitgeteilt oder bleiben völlig unbehandelt. So wundert es nicht, daß die Untersuchungen zur Häufigkeit von Suizidversuchen zu sehr unterschiedlichen Ergebnissen kommen. Einigkeit besteht jedoch in der Feststellung, daß die Zahl der Suizidversuche in der Gruppe junger Menschen auffällig hoch ist.

2. Spezielle Hilfsangebote für suizidale Kinder und Jugendliche

Der Artikel ist entstanden aus unserer Arbeit in der Beratungsstelle NEUhland, einer Beratungsstelle für suizidgefährdete Kinder und Jugendliche, die seit 1984 als Modelleinrichtung des Bundesministeriums für Jugend, Familie, Frauen und Gesundheit in Berlin arbeitet. NEUhland bietet sozialpädagogisch-psychologische Hilfen für die suizidgefährdeten Kinder, Jugendlichen und jungen Erwachsenen. Wir beziehen in den Beratungsprozeß möglichst auch die mittelbar Betroffenen (Eltern, Freunde, Lehrer) ein.

3. Suizidale Handlungen als Ausdruck von Beziehungsstörungen

Da sich Suizidalität im Beziehungszusammenhang entwickelt und von uns als Folge von Beziehungsstörungen gesehen wird, betrachten wir im Folgenden den kommunikativen Aspekt von Suizidhandlungen. Suizidhandlungen sehen wir als stummen Kommentar zu einer mißlungenen Kommunikation. An die Stelle der verbalen Kommunikation wird die Handlung des Suizidversuches gesetzt. Die Art dieser Kommunikation ist nonverbal - vergleichbar mit anderen analogen Kommunikationen wie Gestik und Mimik. Unsere kommuniktationstheoretische Sicht verweist auf die Beziehungsebene und in der Hilfe auf eine familientherapeutische Orientierung.

In unserer Arbeit haben sich bestimmte Beziehungskonstellationen im Verhältnis Eltern/Kinder als besonders konfliktträchtig für eine suizidale Gefährdung erwiesen. Wir haben häufig familiäre Konfliktsituationen erlebt, in denen sich die Rollenmuster von Eltern und Kindern verkehrt hatten. So wird bei einer Trennung des Elternpaares das Kind häufig in die Rolle des Ersatzpartners gedrängt. Diese Rolle führt jedoch für das Kind zu erheblichen Überforderungen. Ein neuer Partner wirft das Kind, das die Ersatzpartnerrolle übernommen hat, schnell aus dieser Rolle und hinterläßt beim Kind das Gefühl "früher total geliebt und dann fallengelassen worden zu sein, wie eine heiße Kartoffel" - wie ein Klient formulierte. Die Veränderung von Beziehungsstrukturen schafft häufig eine sehr konfliktträchtige Situation, die zu suizidalen Krisen führen kann. Weiter unten werden wir dies an einem Fall darstellen, in dem sich das Vater-Tochter-Verhältnis durch eine neue Eheschließung und die Geburt eines Halbgeschwisterkindes massiv veränderte.

Die Jugendzeit ist eine Zeit mit auffällig häufigen Suizidhandlungen, da es in dieser Zeit um eine Neustrukturierung der Beziehung zwischen Eltern und Kindern geht. Eine solche Unmstrukturierung der Beziehung interpretieren suizidale Jugendliche in ihrem Erleben und vor dem Hintergrund ihrer persönlichen Geschichte als: "Ich bin nicht mehr wichtig, ich werde nicht mehr geliebt, ich bin hier zuviel". Wir bemerken regelmäßig, daß dieses Erleben mit den Kränkungen in früher Kindheit eng verbunden ist. Häufig hörten wir von Jugendlichen, daß von einem Elternteil geäußert wurde: "Es wäre besser gewesen, du wärst nie geboren worden. Du treibst uns noch in den Tod!"

versuches übersetzt werden konnte. Der Kampf der Tochter auf dem "Neben-Familienkriegsschauplatz": "teure Kleidung" konnte als Ersatzkampf um ihren Anteil an familiären Zuwendungspotentialen aufgeklärt werden. Die Tochter, die vom Vater zunächst als " alt genug, um für sich zu sorgen" angesehen wurde, wurde vom Vater auch in ihrer emotionalen Bedürftigkeit - in ihrem pubertärem Hin und Her zwischen selbständig/anlehnungsbedürftig, Kind/Erwachsene gesehen. In diesem Fall trugen die Familiengespräche dazu bei, die Jugendliche mit den Eltern wieder ins Gespräch zu bringen. Die Enttäuschungen der Jugendlichen, durch die "neue" Frau des Vaters und durch das Baby vom Platz gedrängt worden zu sein, konnten vor allem dem Vater verständlich gemacht werden.

SELBSTMORDE IN DER BUNDESREPUBLIK EINSCHLIESSLICH BERLIN (WEST)

Jahr	Sterbefälle insgesamt		davon im Alter von . . . bis unter . . . Jahren											
			5 - 10		10 - 15		15 - 20		20 - 25		25 - 30		30 - 35	
	männl.	weibl.	m.	w.	m.	w.	m.	w.	m.	w.	m.	w.	m.	w.
1960	6893	3939	-	1	38	8	318	140	540	191	516	180	434	213
1961	6853	4075	-	-	22	12	269	113	540	211	482	173	502	217
1962	6704	3805	1	-	42	9	274	93	586	176	509	195	495	179
1963	7150	3991	-	-	26	15	239	104	603	186	521	183	517	174
1964	7448	4259	3	-	41	5	259	69	597	192	565	190	523	200
1965	7499	4280	1	1	43	11	220	84	521	172	604	200	542	214
1966	7800	4401	1	1	53	8	240	69	462	119	655	235	588	211
1967	8373	4370	1	-	43	6	267	72	484	120	744	231	701	217
1968	7898	4495	1	-	50	11	236	80	458	145	704	229	626	230
1969	8025	4680	1	1	61	14	277	111	432	148	698	231	731	268
1970	8230	4816	-	1	66	20	320	107	468	155	624	211	730	307
1971	8077	4761	-	-	66	8	288	102	535	170	606	189	735	300
1972	7741	4533	1	-	45	12	322	113	550	145	511	175	709	272
1973	8129	4753	-	-	52	14	332	119	586	179	521	174	711	290
1974	8272	4774	-	-	57	19	315	129	592	184	518	193	788	283

SELBSTMORDE IN DER BUNDESREPUBLIK EINSCHLIESSLICH BERLIN (WEST)

Jahr	Sterbefälle insgesamt		davon im Alter von ... bis unter ... Jahren											
			5 - 10		10 - 15		15 - 20		20 - 25		25 - 30		30 - 35	
	männl.	weibl.	m.	w.	m.	w.	m.	w.	m.	w.	m.	w.	m.	w.
1975	8187	4713	1	-	62	16	374	131	599	208	541	198	688	245
1976	8544	4809	-	-	85	18	363	155	618	229	644	202	688	229
1977	8838	5088	-	-	81	15	409	145	752	241	696	247	675	228
1978	8779	4841	-	-	91	17	444	172	686	265	714	226	660	226
1979	8481	4686	2	1	56	20	360	124	729	186	654	220	569	187
1980	8332	4536	1	-	66	12	318	107	651	160	610	224	532	176
1981	8743	4636	1	-	89	16	408	136	699	179	704	223	623	215
1982	8767	4361	1	-	65	20	400	125	709	183	716	210	649	206
1983	8502	4573	1	1	62	21	368	119	659	196	661	220	623	222
1984	8346	4202	-	1	39	14	356	99	672	160	674	205	590	181
1985	8576	4041	1	1	38	19	335	98	694	164	724	184	642	206
1986	7781	3818	-	1	27	12	285	82	621	177	618	218	569	189
1987	7836	3763	-	-	27	7	296	71	567	140	638	167	552	191
1988	7369	3446	1	1	20	4	218	62	546	151	592	183	546	178

Quelle: Statistisches Bundesamt Wiesbaden

ICH WILL, DASS DU MICH LIEBST - ALSO WERDE ICH MICH TÖTEN
DIE SUIZIDALE BEZIEHUNGSDYNAMIK

KARL- HEINZ SCHULDT

Einleitung

Die Überschrift erscheint provokativ, sie ist jedoch eine Aussage, die so oder in abgewandelter Form zwischen Lebenspartnern "ausgetauscht" wird, manchmal in Abschiedsbriefen wiederzufinden ist. Die Teilnehmer und Teilnehmerinnen der gleichnamigen Arbeitsgruppe in Hildesheim (DGS-Tagung 1987) sagten sich diesen Satz gegenseitig in einem entsprechend angeordneten Rollen"spiel". Die Reaktionen waren bei sehr starker Betroffenheit unterschiedlich: Hilflosigkeit, Wut, Macht, Ohnmacht, Angst, sich erpreßt fühlen, sich stark fühlen, verzweifelt sein, auf Veränderung hoffen waren Stichworte der Erlebnisse. Durch diesen gesprochenen Satz erlebten die Beziehungspartner eine große (positive wie negative) Intensität miteinander.

In meiner Arbeit beim Arbeitskreis Leben (AKL) in Tübingen lerne ich immer wieder Menschen in Partnerschaftskrisen kennen, in denen die Möglichkeit des Suizides von einem der Partner ausgesprochen oder unausgesprochen in Erwägung gezogen wird. Nicht immer ist es jedoch die Person, die offen suizidal ist oder sich so äußert, die zu uns in die Beratungsstelle kommt, sondern der andere Partner sucht bei uns Hilfe. Wenn ich nun im Folgenden von der suizidalen Paarbeziehung oder der suizidalen Beziehungsdynamik spreche, so bedeutet dies, daß ich die Partnerschaftkrise als Ganzes betrachte und nicht, wie sehr häufig bei Suizidgefahr, "nur" die suizidale Einzelperson für therapeutische Intervention ins Auge fasse.

Sehe ich die Paarbeziehung als Ganzes vor dem Hintergrund einer suizidalen Dynamik, so kann ich zum Beispiel fragen, wieweit die suizidale Person durch ihr Vorhaben oder Tun auch etwas *für* den Partner "beabsichtigt". Das heißt, wieweit braucht der "nicht-suizidale" Partner wichtige Hilfen und wieweit kann dadurch eine Krise entschärft werden? Oder ich kann fragen, welche Veränderungen in der Beziehung anstehen und wieweit diese Veränderungen durch eine suizidale Krise im Sinne beider Partner vermieden oder durchgesetzt werden sollen.

Den Sinn dieser spezifischen Krisenentwicklung vor dem Hintergrund der Paarbeziehung zu verstehen hilft, Gefahren und Chancen der Beziehung und jedes Einzelnen entsprechend aufgreifen zu können. Die Transaktionsanalyse, die ich im Folgenden in einem sehr verkürzten Rahmen darstellen werde, kann den Zugang zur Problematik von suizidalen Paarbeziehungen erleichtern. Es geht darum, zu verstehen, wie Menschen miteinander interagieren, welche spezifischen Beziehungsmuster immer wieder auftauchen und wieweit die individuelle Geschichten beider Einzelpersonen hiermit zusammenhängen.

Transaktionsanalyse

Eric Berne (1910 -1970), Begründer der Transaktionsanalyse, entwickelte einen psychotherapeutischen Ansatz, der durch die Lehranalyse bei Paul Federn und Erik Erikson sehr stark psychoanalytisch geprägt ist. Durch seine große Fähigkeit der intuitiven Wahrnehmung von innerpsychischen Prozessen beim Klienten im Kontakt mit einem Gegenüber (Therapeut, Partner, Gruppenmitglied usw.) entwickelte Berne das Konzept der Ich-Zustände unter dem Oberbegriff der *Strukturanalyse* (Berne 1977). Die verschiedenen Kategorien von Ich-Zuständen werden in den drei übereinander angeordneten Kreisen symbolisiert (Abb.1).

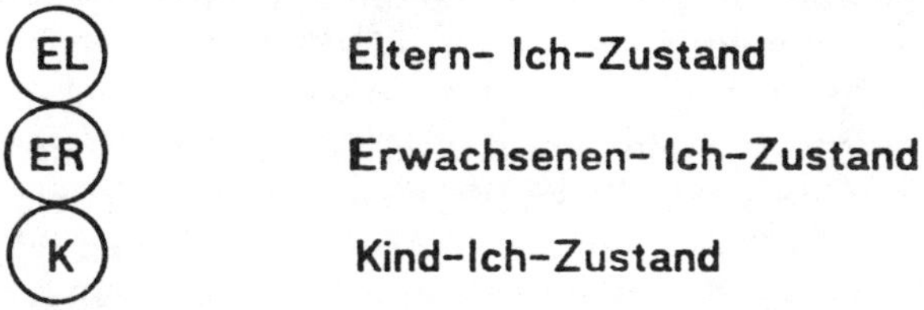

Abbildung 1

Bei einem Ich-Zustand handelt es sich immer um ein kohärentes System von Fühlen, Denken und Handeln, welches zu einem ganz bestimmten Zeitpunkt im Kontakt mit einem anderen Menschen aktualisiert wird. Die drei Kreise sind Symbole für Kategorien sehr unterschiedlicher und sehr vielschichtiger Ich-Zustände. Aus der Praxis weiß man, daß eine Person innerhalb weniger Sekunden sehr verschiedene Ich-Zustände aktivieren kann: Die Frau, die eben noch in einer strengen, fordernden Eltern-Ich-Position war, wird plötzlich wie ein kleines verängstigtes, hilfloses Kind, und kurze Zeit später spricht sie in aufrechter Haltung mit ihrem Gegenüber, wie es der Situation im Hier und Jetzt entspricht.

Eltern-Ich-Zustände sind sogenannte Introjekte. Sie bestehen aus Einstellungen, Wahrnehmungs- und Verhaltensweisen, die von Eltern (oder anderen Vorbildern) in einem früheren Lebensalter übernommen und verinnerlicht wurden. Später können diese introjizierten Elternfiguren in bestimmten Situationen wieder aktiviert werden.

Auch die *Kind-Ich-Zustände* sind entwicklungsgeschichtlich einem früheren Zeitraum (meist dem Alter vor acht Jahren) zuzuordnen. Es sind Persönlichkeitsanteile, die häufig in einer Art innerem Dialog mit den Eltern-Introjekten in Verbindung stehen.

Ein *Erwachsenen-Ich* ist dann erlebbar, wenn sich eine Person aufgrund ihrer eigenen Entscheidung auf die Realität bezieht und ihr Tun, Denken und Fühlen entsprechend entwickelt. Eric Berne war es innerhalb des therapeutischen Settings wichtig, besonders die Erwachsenen-Ich-Anteile so zu stärken, daß dem Patienten eine rasche Symptomkontrolle ermöglich wird. Diese Zielsetzung findet sich auch in der Kurzzeittherapie und bei der Krisenintervention innerhalb des TA-Bezugsrahmen. Denn in Krisen bestimmen - therapeutisch betrachtet - reaktivierte wichtige frühere Eltern-Ich- und Kind-Ich-Zustände die Kommunikation zwischen den Partnern und können dabei die heutige Weiterentwicklung der Partner erheblich stören und blockieren.

Eric Berne arbeitete auch mit Paaren und Gruppen. Aus seinen Beobachtungen hierbei leitete er das Konzept der *Transaktionen* ab (Berne 1967). Beobachtet man zum Beispiel, wie zwei Personen kommunizieren, so lassen sich typische Transaktionen erkennen: Dabei kann es um den Austausch von Informationen zwischen den beiden Erwachsenen-Ich-Zuständen gehen (Abb.2), oder beide Partner teilen sich Rollen zu und nehmen diese an, wie zum Beispiel in der Beziehung: (hilfreicher) Retter - (hilfloses) Opfer (Abb.3), einer Transaktion zwischen Eltern-Ich und Kind-Ich. Oder vielleicht entwickelt sich neben sachlichem Austausch auf der Erwachsenen-Ich-Ebene noch eine zweite Transaktion unterschwellig und "bricht" erst nach einiger Zeit "auf", was bei beiden Partnern mit unguten Gefühlen enden kann (Abb.4).

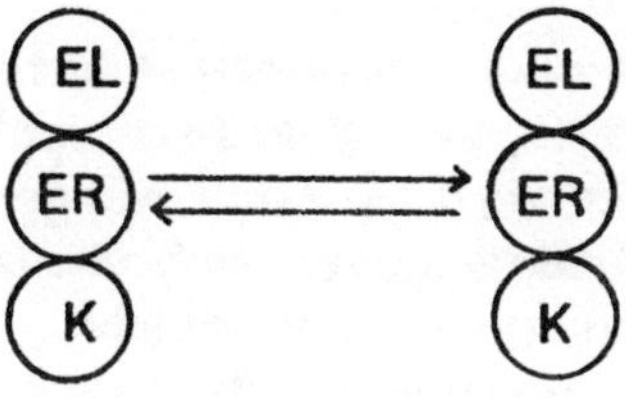

Abbildung 2

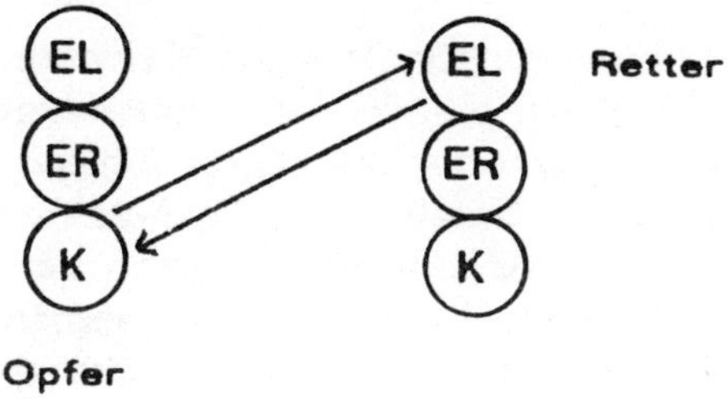

Abbildung 3

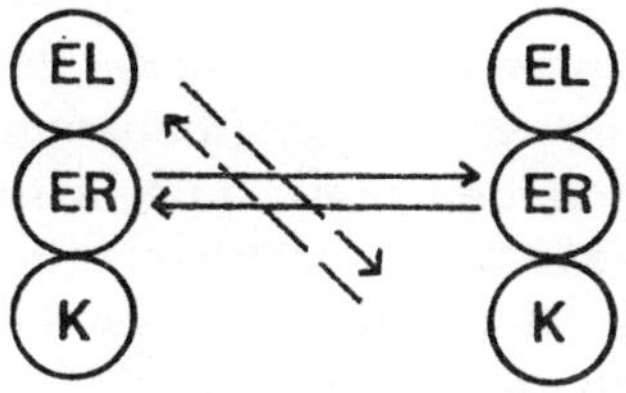

Abbildung 4

Dies zuletzt genannte Muster ist Teil eines nach Berne benannten *psychologischen Spiels*. Spiele lassen sich an ihrem manipulativen Charakter erkennen. Die Kommunikation ist von einer bestimmten (unbewußten) Motivation bestimmt und führt zu einem vorherbestimmbaren negativen Ende. In dieser Serie von Transaktionen spiegelt sich meist ein wesentlicher Teil der unbewußten Lebensplanung wieder, dem *Skript*, wie es Berne nennt. Das heißt, im Ablauf eines Spieles wird ein wesentlicher Teil einer Kind-Situation von früher auf die heutige Situation übertragen und wiederholt, wobei dem Partner die entsprechende Position aus dem damaligen "Familiendrama" zugewiesen und meist unbewußt von ihm auch angenommen wird (Berne 1973). Ungelöste frühkindliche Probleme werden in dieser Interaktionssequenz aktualisiert und ebenso die damals angewandten und der damaligen Situation angemessenen (Überlebens)strategien. Damals wie heute kommt es zu keiner richtigen Lösung, sondern lediglich zu einem der Person längst bekanntem Verhalten und Gefühl "Wie damals zu Hause". Das Endergebnis dieses "Spiels" wird in der

Transaktionsanalyse als *Skriptgewinn* oder *Spielgewinn* bezeichnet. Doch der "Gewinn" ist negativ: z.B. sich gekränkt, isoliert, verlassen oder mißachtet fühlen und er wird, je nach Ausgestaltung des Spiels, dazu "genutzt", destruktiv gegen sich und/oder andere vorzugehen. Je nach der Konsequenz des Spieles, z.B. sich schlecht fühlen (1.), jemanden verlassen oder verlassen werden (2.), sich oder andere töten (3.), spricht man auch von Spielen ersten, zweiten oder dritten Grades. Die Gradeinteilung erinnert an die Klassifizierung von Verbrennunsgraden, in welcher auch das Ausmaß der Lebensbedrohung eine wesentliche Rolle spielt.

Psychologische Spiele werden immer und immer wieder inszeniert. Damit wird deutlich, daß hier ein wichtiges Bedürfnis der Person aktualisiert wird, nicht allein mit dem Ziel, eine bisherige Lebensposition (z.B."Ich bin nicht o.k") zu bestätigen, sondern auch, weil eine wirkliche Erlösung aus dem alten lebenswidrigen Dilemma erhofft wird. Dieser Versuch, die Vergangenheit durch die Gegenwart zu verändern, muß jedoch immer wieder scheitern, denn der eigentlich notwendige Entwicklungsschritt wird vermieden: sich des ursprünglichen Anliegens bewußt zu werden, die Unmöglichkeit einer Änderung der Vergangenheit zu erkennen und sich mit dem Schmerz darüber zu versöhnen.

Eric Bernes erstes Ziel innerhalb der Transaktions-Therapie war es, psychologische Spiele und anderes destruktives Verhalten durch Aktivierung von Erwachsenen-Ich-Anteilen zu kontrollieren, um damit Freiräume für Anliegen aus nicht-integrierten lebens-bejahenden Kind-Ich-Anliegen schaffen zu können. Die Aufarbeitung der frühkindlichen Konflikte, die nicht dauerhaft über Erwachsenen-Ich-Kontrolle zu erreichen sind, erfolgten früher bei Berne in psychoanalytisch ausgerichteten Einzelsitzungen, später in der Skriptanalyse, die auch im gruppentherapeutischen Setting durchgeführt werden kann.

Die Paarbeziehung

Das Märchen vom Froschkönig und dessen Interpretation von Hans Jellouschek (Jellouschek 1985) können dazu beitragen Krisen und Chancen einer Paarbeziehung besser zu verstehen, sie sollen daher in die folgenden Überlegungen einbezogen werden .

Betrachtet man Paarbeziehungen im Bezugsrahmen der Transaktionsanalyse, so ist besonders danach zu fragen: welcher

Partner benutzt überwiegend welche Ich-Zustände? Welche Ich-Zustände werden ausgeblendet? Wieweit übernimmt der/die andere die entsprechende komplementäre Rolle (z.B.im Märchen vom Froschkönig: die weinende Prinzessin am Brunnen und der rettende Frosch, der die Kugel holt)? Welche typischen Spiele werden von beiden Partnern überwiegend gespielt und wie zahlen sie sich am Ende aus? Was ist der tiefere Sinn dieser Interaktionssequenzen? Was können beide Partner in diesem Sinn für eine positive Weiterentwicklung tun ?

Wie schon erwähnt, werden gerade in Streßsituationen Kind-Ich-Anteile und in der komplementären Situation Eltern-Ich-Anteile aktiviert. Die Streßsituation kann durch ein äußeres Ereignis oder z. B. durch ein inneres Entwicklungsbedürfnis eines Partners ausgelöst werden. Ein scheinbar harmonisches Gleichgewicht ändert sich. Plötzlich wandelt sich der sonst so hilfreiche und verständnisvolle Mann (Frosch) zu einem versteckt bedürftigen, manipulativ anklagenden und anklammernden "kleinen Jungen". Vielleicht wechselt auch die Frau ihre Position vom hilfsbedürftigen Mädchen (Prinzessin), die ihr Glück (die goldene Kugel) verloren hat, in die Position der "nachgebenden Mutter". Im Märchen tut sie dies aufgrund der anklagenden Haltung des Frosches und des verinnerlichten Gesetzes: "Was Du versprochen hast, mußt Du auch halten". Beide Partner sind hier mitten in ein psychologisches Spiel verwickelt, wobei spürbar ist, daß zwar der Frosch-Mann an die verständnisvolle und einsichtige Frau-Mutter appelliert, daß aber die Prinzessin sich gar nicht so erlebt, sondern mit ihrem inneren Kind, das sich nach Selbstachtung und Selbstentwicklung sehnt, in Kontakt kommt und eigentlich selbst Verständnis und Schutz braucht. Wir haben es hier also mit zwei bedürftigen Kindern zu tun, die miteinander darum konkurrieren, wer die jeweils komplementäre Eltern-Position einnimmt (Abb.5). Beide scheinen mit einer für sie wesentlichen Skriptposition in Kontakt zu sein, in welcher es kaum eine andere Lösung zu geben scheint. Als Außenstehende haben wir für beide Verständnis: "der sich immer aufopfernde Frosch-Mann könnte doch auch mal was von ihr für sich bekommen", und: "die Prinzessin-Frau muß sich doch von ihm nicht so ausbeuten lassen, nur weil sie einmal hilflos war und aus dieser Position heraus etwas versprochen hat."

Im Märchen wandelt sich die bisher an das väterliche Gebot angepaßte Prinzessin zur Frau, die "nein" sagt und damit den Froschmann ent-täuscht. Sie verabschiedet den bedürftigen Jungen radikal und aktiviert damit gleichzeitig den Mann.

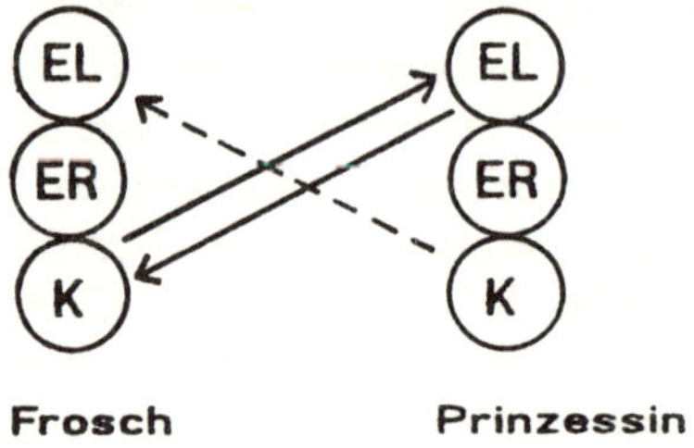

Abbildung 5

In der Realität der Paarbeziehungen ist dies selten so. Wenn im Höhepunkt der Krise die wirklichen Bedürfnisse beider Partner und damit ihre Verletzbarkeit offenbar werden, geht es nicht wie im Märchen radikal weiter, sondern hier setzen alte (Überlebens) strategien ein, wie sie oben als Skript- bzw. Spielgewinn beschrieben wurden: beide Partner können sich z. B. nach der Eskalation zurückziehen, sich anschweigen, schmollen ("die Zeit wird schon heilen"), einer kann anfangen, zu trinken, ausfällig zu werden oder eine suizidale Paarbeziehung beginnt.

Die suizidale Paarbeziehung

Äußert sich oder handelt ein Partner aufgrund eines Paarkonfliktes suizidal, so handelt es sich hier um das Ergebnis eines psychologischen Spiels dritten Grades: ein Partner setzt sein Leben auf's Spiel, um damit ein bestimmtes Anliegen durchzusetzen oder ein tieferliegendes Begehren deutlich zu machen. Aus dem Märchen auf viele Beispiele aus dem Alltag übertragen könnte der "suizidale Frosch" auch sagen: " Ich will, daß du mich liebst, also werde ich mich töten!" Er könnte dies sagen, um seiner Forderung, ins Bett aufgenommen zu werden, Nachdruck zu verleihen. Er hätte dies auch sagen können, als er an die Wand geworfen wurde, anstatt sich zum Prinzen zu wandeln, um sich damit wenigstens im Tod als Frosch "lieben" zu lassen.

Äußert eine Person: "Ich will, daß du mich liebst, also werde ich mich töten!", so lassen sich daraus verschiedene Rückschlüsse ziehen. "Ich will, daß du mich liebst!", beinhaltet den kindlich grandiosen Machtgedanken, daß ein bestimmtes Gefühl allein durch den Willen eines anderen Menschen herbeigeführt werden könne. Liebe wird hier verstanden als eine Ware, die erzeugt und erkauft werden kann, nicht als ein Geschenk, für das man sich öffnen muß oder das man auch selbst entwickeln und zu geben bereit sein kann. Im zweiten Teil des Satzes: "Also werde ich mich töten!", wird die grandiose Ausformung des ersten Teils noch weitergeführt. Es könnte heißen: "Wenigstens im Tod bin ich Dein und Du bist mein". Symbiotische Wünsche nach Einssein, nach Verschmelzung, d.h. Aufhebung der Ich-Grenzen, werden hier spürbar. Dieses Urbedürfnis nach Einssein, das sich in suizidalen Phantasien zeigt, wurde besonders eindrücklich von Henseler (1974) beschrieben und als Teil eines narzißtischen Anliegens interpretiert.

Suizidankündigungen oder -handlungen eines Partners sind Ausdruck einer ernsten Krise und belasten beide Partner. Suizidankündigungen oder -handlungen sind jedoch auch Ausdruck besonders starker Hoffnungen an den Partner und darin liegt meines Erachtens auch die Chance der Partner und einer paarorientierten Beratung oder Therapie. Ich meine nicht, daß möglichst viele Partner erst durch eine suizidale Krise Schritte der Weiterentwicklung gehen können, sondern hoffe eher, daß diese lebensbedrohende und auch sehr stark (unbewußt) gesteuerte Krise anders durchlebt werden kann: früher und positiver (wie im Märchen). Aktiviert jedoch ein Partner in einer Partnerkrise alte Skriptanliegen mit suizidalem Charakter im Kontakt zu seinem Gegenüber, so verbergen sich darin nicht nur bestimmte *Grenzen* des Paares, sondern auch bislang nicht bewußte *Chancen*, die neben der Konfliktverarbeitung beim suizidalen Partner für beide genutzt werden können.

In meiner beruflichen Praxis habe ich oft erfahren, daß bei Partnern von suizidalen Menchen auch deren Elternteile häufig suizidal waren und damit damals das Kind verängstigt und in eine überverantwortliche Stellung hineinmanövriert haben. Hier wird wieder deutlich, wie *beide Seiten des Paares* ein altes Familiendrama neu inszenieren, wobei nicht allein die Wiederholung, sondern auch die Erlösung aus diesem Drama angestrebt wird. Das sollte therapeutisch genutzt werden. Sehe ich das Paar als

Ganzes, in welches sich die Partner mit ihrer jeweiligen Lebensgeschichte verwoben haben, so kann bei entsprechender Berücksichtigung der akuten Suizidgefahr, therapeutisch z.B. auch beim Partner ("Co-Suizidaler") angesetzt werden. Bezogen auf das Märchen könnte dies heißen: der (suizidale) Frosch provoziert durch sein Verhalten (Spiel) eine Szene, durch welche sich die Prinzessin von einem alten, sie einengenden elterlichen Gebot (Skript) trennt, sich wandelt. Diese Wandlung zur Grenzen setzenden *Frau* und nicht das Mitgehen mit der suizidalen Dynamik können das psychologische Spiel und damit die suizidale Dynamik stoppen und zur Wandlung vom Frosch zum *Mann* führen.

Therapeutische Ableitungen

Die Lösung aus dem damaligen und heute aktuell gewordenen Drama liegt nicht in dem Versuch, damals nicht befriedigte Wünsche, die sich z.B. an die Eltern gerichtet hatten, nun durch den Partner zu erfüllen. Das hieße für die Prinzessin, den Frosch ins Bett zu nehmen und damit dem Vater zu gefallen, oder für den Frosch, wieder als Helfer in den Brunnen zurückzukehren und damit nur Anerkennung statt wirkliche Liebe zu erlangen. Die Lösung aus einer suizidalen Dynamik der Paarbeziehung liegt darin, die symbiotischen Wünsche aufzudecken, die in der Suizidalität verborgen sind, so daß beide Partner sie verstehen. Im Weiteren geht es darum, daß die Partner die Unmöglichkeit der Erfüllung dieser Anliegen verstandes- und gefühlsmäßig akzeptieren und sich von ihren alten Kindheitswünschen innerlich verabschieden. Diesen Prozeß nennt Hans Jellouschek die "psychologische Scheidung". Hier geht es darum, selbst Verantwortung für das eigene "verletzte Kind" zu übernehmen und die paradiesischen Vorstellungen einer symbiotischen Paarbeziehung aufzugeben. Dies mündet in einen intensiven Trauerprozeß, wie er auch in der Einzeltherapie stattfindet. In der Arbeit mit Paaren ist es jedoch möglich, daß beide Partner im Kontakt miteinander diesen Prozeß als eine neue Art der Gestaltung ihrer Beziehung erleben und sich darin unterstützen können. Dies ist ein langer Prozeß, der nicht irgendwann abgeschlossen sein wird, und als solcher Sinn einer Paarbeziehung sein kann.

Die therapeutischen Ableitungen sind anwendbar für jede Art von Krisen bei Paaren. Bei einer suizidalen Dynamik sind zwar die existentiellen Anliegen sehr direkt zu erfahren, doch ist auch das

Suizidrisiko besonders groß. Zum Schutze des suizidalen Partners sollte hier darauf geachtet werden, daß als erster Schritt die Verantwortung für das eigene Leben in Form von Erwachsenen-Ich-Kontrolle übernommen wird (Schuldt 1983). Dann ist es möglich, den Satz: "Ich will, daß du mich liebst - also werde ich mich töten!" in seinem tieferen Sinn und nicht nur in seinem manipulativen Charakter ernst zu nehmen.

LITERATUR

BERNE, E. (1977) Sammelband: Intuition. TA-Press, San Francisco

BERNE, E. (1967) Spiele der Erwachsenen. Rowohlt, Reinbek 1967

BERNE, E. (1973) Was sagen Sie, nachdem Sie "guten Tag" gesagt haben? Kindler, München

HENSELER, H. (1974) Narzißtische Krisen. Zur Psychodynamik des Selbstmordes, Rowohlt, Reinbek

JELLOUSCHEK, H. (1985) Der Froschkönig. Ich liebe Dich, weil ich Dich brauche. Kreuz-Verlag, Zürich

SCHULDT, K.H. (1983) Ich werde mich nicht töten. Der Nicht-Suizidvertrag. In: Lebenskrisen, hrsg. von Arbeitskreis Leben/ Schuldt K.H., Selbstverlag, Tübingen

ÜBERSICHT ÜBER DIE FRÜHEN STÖRUNGEN

WOLFGANG SCHERF

Geschichte: Kraepelin 1903/04: psychopathische Persönlichkeiten im Grenzgebiet (engl. borderline) als unentwickelte Fälle von Dementia simplex. Bleuler 1911: latente Schizophrenie. Freud 1914: grenzt narzißtische Neurosen von den Übertragungsneurosen ab. Clark 1919: Borderland-Neurosen und -Psychosen. Reich 1923: triebhafter Charakter. Stern 1938: Borderline-Neurosen ("zu krank für die klassische Psychoanalyse", sind narzißtische "Bluter der Seele"). Zilboorg 1941: ambulatorische Schizophrenie. Deutsch 1942: "Als-ob-Persönlichkeit". Hoch und Polatin 1949: pseudoneurotische Schizophrenie mit pan neurosis, pan anxiety, pan sexuality, "mikropsychotischen" Episoden. Knight 1954, Kety 1968, Rosenthal 1978: Borderline-Schizophrenie. Frosch 1954: psychotischer Charakter. Benedetti 1967: Grenzpsychose. Kernberg 1967: Borderline-Persönlichkeitsorganisation. Spitzer et al. 1979: Trennung von Borderline-Persönlichkeitsstörung und schizotypischer Persönlichkeitsstörung durch Merkmalskataloge.

Genese: Ich-Störungen mit Beeinträchtigung der Ich-Funktion durch eine frühe, tiefgreifende Störung der Mutter-Kind-Beziehung: Störung der ICH-Entwicklung im Verlauf der Separation (Loslösung) und der Individuation (Selbstwerdung) (Kernberg 1975, Mahler et al. 1975, Wolberg 1973, Searles 1958), durch kumulative Traumen, (erebte?) Überempfindlichkeit, mangelnden Reizschutz und fehlendes Urvertrauen (Erikson 1966). Nach Kernberg (1975) Kombination von Überfütterung und pseudogebender Haltung mit dem verborgenen Schwall von Forderung, der im Kind das krankmachende innere Chaos erzeugt, bzw. konstitutionelle oder organisch bedingte massive Aggressivität des Kindes, auf die die Bezugspersonen reagieren.

Struktur: Die (Übertragungs-)Neurosen sind eine *inter*systemische Störung (zwischen ES, ICH und ÜBER-ICH). Die frühen Störungen sind *intra*psychische Störungen im System ICH (zwischen den Selbst- und Objektrepräsentanzen). *Abwehr:* Doppelschicht neurotischer (horizontaler) und archaischer (früher) Abwehrformen: mangelhafte Verdrängung. Bei *Borderline-Persönlichkeitsstörung* vorwiegend Spaltung (Spotlight auf der Bühne, Doppelgänger, Idealisierung bzw. Verteufelung); bei *schizotypischer Persönlichkeitsstörung* vorwiegend Projektion (Suche nach dem Sündenbock) und/oder projektive Identifizierung (Melanie Klein: Hinausverlagerung eigener Persönlichkeitsanteile in den anderen, magisch-aggressive Verflechtung mit dem feindlichen Objekt).

Diagnostische Kriterien des DSM III (1980) 301.22 + 301.83

Schizotypische Persönlichkeitsstörung	*Borderline - Persönlichkeitsstörung*
Gegenwärtige und überdauernde Verhaltensweisen ohne Beschränkung auf Krankheitsepisoden. Entweder deutliche Beeinträchtigungen im sozialen und beruflichen Bereich oder subjektive Beschwerden.	
A) Mindestens 4 der folgenden Merkmale:	A) Mindestens 5 der folgenden Merkmale:
1. magisches Denken, z.B. Aberglaube, Hellseherei, Telepathie, "sechster Sinn", "andere können meine Gefühle spüren" (bei Kindern und Adoleszenten bizarre Phantasien und Befürchtungen);	1. Impulsivität oder Unberechenbarkeit in mindestens zwei Bereichen, die potentiell selbstschädigend sind, z.B. Verschwendung, Sexualität, Glückssspiel, Gebrauch psychotroper Substanzen, Ladendiebstahl, zu viel essen, Selbstbeschädigungshandlungen;
2. Beziehungsideen;	2. ein Muster von instabilen, aber intensiven zwischenmenschlichen Beziehungen, z.B. ausgeprägte Sprünge in den Einstellungen, Idealisierung, Abwertung, Manipulation (Benutzung anderer Menschen für die eigenen Ziele);
3. soziale Isolierung, z.B. keine engen Freunde oder Vertraute, soziale Kontakte be-	3. unangemessener, heftiger Zorn oder unzureichende Kontrolle über den Zorn;

schränken sich auf lebensnotwendige Alltagsaufgaben;	
4. wiederkehrende Illusionen, Spüren der Anwesenheit einer Kraft oder einer Person, die aber nicht real anwesend ist (z.B. "Ich hatte das Gefühl, daß meine verstorbene Mutter bei mir im Zimmer wäre"), Depersonalisation oder Derealisation ohne Verbindung mit Panikattacken;	4. Identitätsunsicherheit, die sich in Schwierigkeiten in verschiedenen Bereichen, die mit der Identität zusammenhängen, äußert, etwa im Selbstbild, in der Geschlechtszugehörigkeit, hinsichtlich langfristiger Ziele, der Berufswahl, Freundschaftsbeziehungen, sowie Werte und Loyalität;
5. seltsame Redeweise (ohne Assoziationslockerung oder Inkohärenz), z.B. ist die Redeweise weitschweifig, vage, übergenau, umständlich, metaphorisch;	5. affektive Instabilität: deutliches Schwanken von normaler Stimmung zu Depression, Reizbarkeit oder Ängstlichkeit, die gewöhnlich einige Stunden lang und nur selten länger als einige Tage andauern, dann normale Stimmung;
6. inadäquater Rapport bei der Interaktion von Angesicht zu Angesicht aufgrund eingeengten oder unangemessenen Affekts, z.B. distanziert, kalt;	6. Alleinsein wird schwer ertragen, z.B. heftige Bemühungen, Alleinsein zu vermeiden, sonst niedergeschlagen;
7. Mißtrauen oder paranoide Vorstellungen;	7. körperliche Selbstbeschädigungshandlungen, z.B. suizidale Gesten, Selbstverstümmelungen, Unfälle, Schlägereien;
8. ungerechtfertigte soziale Befürchtungen oder Überempfindlichkeit gegenüber wirklicher oder eingebildeter Kritik.	8. chronische Gefühle von Leere oder Langeweile.
B) Entspricht nicht den Kriterien der Schizophrenie	B) Unter 18 J. keine Identitätsstörung

Psychogenese der Objektbeziehungen (nach Kernberg):

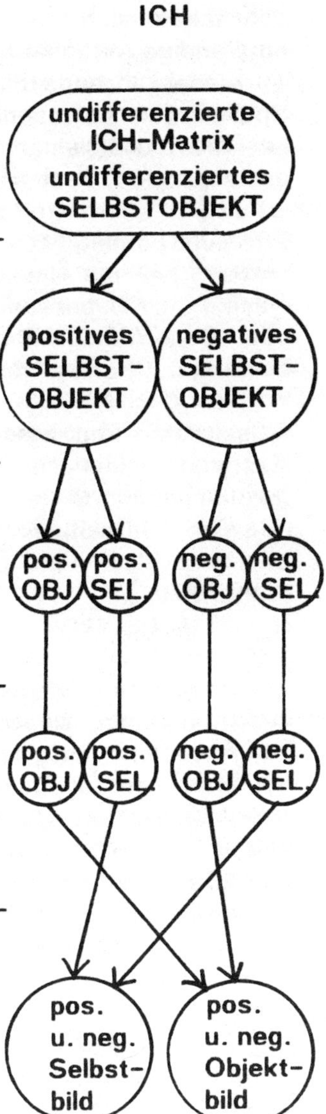

I: Urzustand nach der Geburt

Freud: ozeanische Einheit, Kohut: narzißtischer Primärzustand, Balint: primäre Liebe

---

IIa: symbiotischer (psychotischer) Bereich (2.-6.Lebensmonat)
Trennung von guten und bösen Repräsentanzen, keine Zwischentöne; gute und böse Mutter, Madonna oder Hexe. Symbiotische Psychose

---

IIb: schizotypischer Bereich (16.-18.Lebensmonat)
Langsame Differenzierung der positiven u. negativen Selbstobjekte in positive oder negative Selbst- und Objektrepräsentanzen, Urvertrauen/Urverunsicherung

---

III: Borderline-Bereich (18.-36.LM))
Nur Partialobjektbeziehungen (M.Klein), kein integriertes Selbstbild, kein integriertes Objektbild, Wechsel zwischen kontradiktorischen Ich-Segmenten, Übergangsobjekt wichtig (Winnicott)

IV: Ich-Identität/Objektkonstanz (ab 36. Lebensmonat)
"Angelpunkt der Entwicklung" (Blanck u, Blanck): Integration, Separation, Individuation bis zu einem realistischen Selbst- u. Objektbild; Objektkonstanz (Hartmann 1964): innere Quellen von Liebe u. Selbstwert auch bei Trennung, Ambivalenztoleranz: Ertragen von inneren Widersprüchen, Ambiguitätstoleranz: Ertragen von Doppelsinnigkeit, Zweideutigkeit

Selbst: hier die Totalität des psychophysischen Seins, bei C.G. Jung das Gesamt des Psychischen bei einem Menschen. *Objekt:* bei Freud Person oder Gegenstand, durch die/den die Triebbefriedigung erreicht werden kann (z.B. Mutter, Eßwaren). *Repräsentanz:* psychische Vorstellungen von Wahrnehmungen (aus dem Selbst und der Umwelt).

Symptomatik: sehr bunt, sehr wechselnd, von allem etwas (Melitta Schmideberg 1959: stabile Instabilität), schizotypische Persönlichkeitsstörung - eher schizophrenienahe Symptomatik, Borderline-Persönlichkeitsstörung - eher zyklothyme Symptomatik. Polyphobie: chronische freiflottierende Ängste, multiple Phobien. *Pan-Neurose:* Grundstörung, intentionale Störungen, Verlassenheitsdepressionen, Zwangssymptome, Konversationssymptomatik, hypochondrische Befürchtungen. Keine Ausbildung stabiler neurotischer Symptomatik. *Pan-Sexualität:* abgespaltene polymorph-perverse Sexualität. *ICH-Defekte:* gestörte Realitätswahrnehmung, verminderte Angst- und Frustrationstoleranz, verminderte Triebkonflikte. *Dissoziative Reaktionen:* hysterische Dämmerzustände, mnestische Ausblendungen. *Impulshandlungen:* episodischer Verlust der Impulskontrolle, vorwiegend autoaggressive Impulshandlungen: Suizidversuche, Alkohol- und Medikamentenmißbrauch, Fettsucht, Magersucht, Spielen, Ladendiebstahl. *Mini-Psychosen:* (kontrollierte?) reaktive psychotische Dekompensationen. *Beziehungsverhalten:* bei Borderline-Patienten verletzbar, zerbrechlich, selbstabwertend, klammernd oder unberechenbare irrationale Wutausbrüche. Bei narzißtischen Störungen fast undurchdringlicher Panzer aus Grandiosität, Selbstbezogenheit, Exhibitionismus, Arroganz, Abwertung anderer, darunter: wütende Depression mit unbezogener kalter Wut, Neidgefühle, Hunger nach Huldigung und perfekter Spiegelung.

Therapie bei Borderline-Patienten: (nach Chr. Rohde-Dachser)

Therapieziele: Beseitigung der Ich-Störung durch Integration, Separation, Individuation. Verbesserung der ICH-Funktionen, keine Schwächung der Abwehr sondern Strukturbildung durch Förderung der ICH-Entwicklung (Ermann), keine Förderung der pathologischen Regressionsbereitschaft, Stabilisierung der ICH-Grenzen. Bei narzißtischen Störungen: Entidealisierung, Entteufelung.

Setting: niederfrequente, zeitlich begrenzte Einzeltherapie im Sitzen. Gruppentherapie, wenn einzeltherapeutische Dyade nicht ertragen wird. Bei stationärer Psychotherapie Strukturierung von Tagesablauf und Therapieprogramm. Cave Enttäuschungsaggressionen der Patienten bei zu dichten therapeutischen Kontakten.

Therapeutische Haltung: aktives Vorgehen im Hier und Jetzt, schnelles Unterbrechen von Schweigepausen (Regressionsgefahr!) ausgiebige Information der Patienten über Art der Krankheit, Sinn des Settings, technisches Vorgehen. Konfliktdruck schwächt das ICH.

Deutungsarbeit: zunächst die am wenigsten konflikthaften Persönlichkeitsbereiche des Patienten aufsuchen (Was können Sie gut?) und ausweiten. Keine Trieb- (Impuls-, ES-) Deutungen, sondern Deutungen der Psychodynamik der Abwehr und der ICH-Dekompensation (Ermann). Prinzip (emotionaler) Antwort statt Prinzip Deutung (Heigl-Evers, Heigl). Achtung: Konfrontation wird von narzißtischen Patienten als Angriff erlebt! Zentrales Thema hier: Suche nach dem Objekt (Blanck und Blanck), deshalb Interpretation (der narzißtischen Verwundbarkeit) statt Konfrontation! Wenn überhaupt: Deutung des depressiven Materials vor dem paranoiden, des Masochismus vor dem Sadismus, der Gehemmtheiten vor der Haltung, Widerstand vor Inhalt. Statt genetischer Deutungen (regressive Wirkung) überwiegend realitätsbezogene und konfrontierende Deutungen. Klärung der inneren Realität.

Übertragung: Verbesserung des Arbeitsbündnisses durch Verstärkung der positiven Übertragung (Partei ergreifen). Keine Interpretation der positiven Übertragung. Aufspüren der abgespaltenen und eventuell außerhalb der Therapie ausagierten negativen Übertragung (Balint-Gruppe). Sofortige Richtigstellung verzerrter, oft paranoid getönter Wahrnehmungen der Person des Therapeuten (Therapeut als Hilfs-ICH für die Wahrnehmung) und anderer Beziehungs-Personen. Wirkung des eigenen Verhaltens auf andere "durchphantasieren" (Fürstenau). *Gegenübertragung:* Vorsicht: heftige Gegenübertragungsreaktionen: Gegenübertragungsgefühle freimütig mitteilen (Wechselbad der Gefühle, Situation im Team entspricht oft der inneren Situation des Patienten!). Schneller Abbau der illusionären Erwartungen gegenüber dem Therapeuten (frühgestörte Patienten stimulieren Omnipotenzphantasien im Therapeuten). Wiederkehrende Bestätigungen der grundsätzlichen Liebesfähigkeit des Patienten (Kohut: "Glanz im Auge der Mutter") und seiner frühen Bezugspersonen.

Grenzziehungen: Kontrolle des Agierens, notfalls durch Grenzsetzungen (vorübergehende Klinikeinweisung, in der Klinik: medikamentöse Therapie, Verlegung auf geschlossene Station, Stabilisierung der Selbstgrenzen durch die Grenzen der Institution). Eissler 1953: Einführung von stabilisierenden Parametern: regelmäßige Arbeit, Verbot selbstschädigender Handlungen (Alkoholmißbrauch, Suizidversuche).

Entzerrung von Projektionen: "Entzerrung der Vorstellungen des Patienten von sich selbst und von den Objekten, wobei allmählich reale Personen an die Stelle der durch die Projektion geschaffene Phantome treten." (Rohde-Dachser). Separation von den eigenständigen Objekten. "Wirklichkeit erklären": Bearbeiten der destruktiven Auswirkungen pathologischer Abwehrmechanismen auf den Realitätsbezug: "Wie ist das wirklich? Ich erlebe das so..." Notfalls massive Konfrontation mit hartnäckig verleugneten Inhalten, vor allem verleugneten realen Gefahren. Korrigierende Neuerfahrungen.

Integration: Brückenschlag zwischen den dissozierten ICH-Segmenten (Wechselbad oder Stillstand): "Das kennen Sie also *auch* von sich!" Auch statt Entweder-Oder! Entteufelung, Entidealisierung früher Beziehungspersonen zu realen Menschen mit Vorzügen, Schwächen und grundsätzlicher Liebesfähigkeit.

Separation: Erarbeitung der unbewußten Delegation der Eltern und der Identifikationsphantasien des Patienten. Weniger Fremdbestimmung durch sichere eigene Identität. Keine Schicksalsneurose! Mehr Selbstannahme und Annahme des anderen: "Du sollst deinen Nächsten lieben, wie dich selbst!"

Narzißmus: Freud: normales Durchgangsstadium in der Entwicklung prägenitaler Objektbeziehungen. Primärer Narzißmus: früher "objektloser" Urzustand, in dem das Kind das Selbstobjekt mit seiner ganzen Libido besetzt (u.a. bei Schizophrenie, Homosexualität, Hypochondrie, Orgasmus, Schlaf). Sekundärer Narzißmus: Rückwendung der von den Objektbesetzungen zurückgezogenen Libido (z.B. bei psychotischer Regression). Zwischen Narzißmus und Objektlibido besteht reziprokes Verhältnis. Kohut:

narzißtische Libido und Objektlibido entwickeln sich parallel. Narzißtische Störung ist eine Entwicklungsstörung. Kernberg: pathologischer Narzißmus ist eine Fehlentwicklung. Das pathologische "Größen-Selbst" verdeckt eine darunterliegende Borderline-Störung. Blanck und Blanck: narzißtische Kränkung vor dem "Angelpunkt der Entwicklung" (IV.Phase des Loslösungs- und Individuationsprozesses) führt zur Aufgabe der Auseinandersetzung mit dem realen Objekt und zur Bildung einer Selbst-Objekt-Einheit, die der Realitätsprüfung entzogen bleibt.

NARZIßTISCHE LIBIDO ↙	NARZIßTISCHE LIBIDO ↘	OBJEKTLIBIDO
archaische Elternimago, besetzt mit idealisierender Libido: "Ich bin nichts, du bist vollkommen!" "Er ist herrlich, ich bin ein Teil von ihm!" (Deutsch)	archaisches Größen-Selbst, besetzt mit grandios-exhibistischer Libido:"Ihr werdet sein wie Gott!" Alles Negative ist bei den anderen!	(konflikthafte Dreierbeziehung, narzißtische Triade, narzißtische Dreieinigkeit) ↓ orale Phase ↓
idealisierende Übertragung: Therapeut als Selbstobjekt.	Spiegelübertragung: kaum Objektbeziehung. Der Therapeut als Spiegel.	anale Phase ↓ phallische Phase ↓
↓	↓	
Wiederverinnerlichung (Entidealisierung)	schrittweise Abbau (Neutralisierung)	ödipale Phase ↓
↙ Reales Objekt ↘ Über-Ich-Ideal	↙ Ideal-Selbst ↘ Reales Selbst	Latenzphase
reife Bewunderung anderer	Selbstachtung Selbstvertrauen	(psychische Gesundheit)

LITERATUR

BENEDETTI, G.: Psychopathologie und Psychotherapie der Grenzpsychose. Praxis Psychoter. 1967. XII: 1, 1–15

BLANCK, G.; BLANCK, R.: Angewandte Ich-Psychologie. Stuttgart 1978.

BLANCK, G.; BLANCK, R.: Ich-Psychologie II. Stuttgart 1980.

BLEULER, E.: Dementia praecox oder Gruppe der Schizophrenien. In: Aschaffenburg, G. (Hrsg.).: Handbuch der Psychiatrie. Leipzig, Wien 1911.

DEUTSCH, H.: Neuroses and character types. New York 1965.

DUNAIF, S.; HOCH, P.H.: Pseudopsychopathic schizophrenia. In: Hoch, P. H.; Zubin, J.(Eds): Psychiatry and the law. New York 1955. 169–195.

EISSLER, K.: The effect of the structure of the ego on psychoanalytic technique. J Amer Pschychoanal Assoc 1953. 1, 104.

ERIKSON, D.H.: Das Problem der Ich-Identität. In: Identität und Lebenszyklus. Frankfurt 1966.

FREUD, S.: Zur Einführung des Narzißmus. Frankfurt 1914.

FROSCH, J.: The psychotic character: clinical psychiatric considerations. Psychiatr Q 1964. 38: 81–96

FÜRSTENAU, P.: Die beiden Dimensionen des psychoanalytischen Umgangs mit strukturell ich-gestörten Patienten. Psyche 1977. 31: 197.

GRINKER, R.R.; WERBLE, B.; DRY, R.: The borderline syndrome: a behavioral study of ego functions. New York 1968.

GUNDERSON, J.G.; CARPENTER, W.T.; STRAUSS, J. S.: Borderline and schizoprenic patients: a comparative study. Amer J Psychiatry 1975. 132: 1257–1264.

GUNDERSON, J.G.; ELLIOT, G.R.:The interface between borderline personality disorder and affective disorder. Amer J Psychiatry 1985. 3: 277–278.

HARTMANN, H.: Ich-Psychologie. Stuttgart 1972.

HEIGL, F.: Indikation und Prognose in Psychoanalyse und Psychotherapie. Göttingen 1972.

HEIGL-EVERS, A.: Aggressivität als Abwehrmechanismus: Die Identifizierung mit dem Angreifer. Zschr. Psychosom. Med. 1965. 11: 91.

HOCH, P.; CATELL, J.P.: The diagnosis of pseudoneurotic schizophrenia. Psychiatr Q 1959. 33.

HOCH, P.; POLATIN, R.: Pseudoneurotic forms of schizophrenia. Psychiatr Q 1949. 23: 248-276.
KERNBERG, O.F.: Borderline Personality organization. J Amer Psychoanal Assoc 1967. 15: 641-685.
KERNBERG, O.F.: Borderlinestörungen und pathologischer Narzißmus. Frankfurt/M. 1975.
KLEIN, M.: Über das Seelenleben des Kleinkindes. Psyche 14: 1960/61. 284-314.
KLEIN, M.: Das Seelenleben des Kleinkindes und andere Beiträge zur Psychoanalyse. Reinbek 1972.
KNIGHT, R.P.: Borderline states. Bull Menninger Clin 1953. 17: 1-12
KOEHLER, K.; SASS, H.: Diagnostisches und statistisches Manual psychiatrischer Störungen: DSM-III. Weinheim, Basel 1984.
KOHUT, H.: Narzißmus. Frankfurt 1973.
KRAEPELIN, E.: Psychiatrie. Ein Lehrbuch für Studierende und Ärzte. Leipzig 1903/1909.
MAHLER, M. S. : Symbiose und Individuation. Psychosen im frühen Kindesalter. Stuttgart 1972.
MAHLER, M. S.: Die Bedeutng des Loslösungs- und Individuationsprozesses für die Beurteilung von Borderline-Patienten. Psyche 1975. 29: 1078.
ROHDE-DACHSER, C.: Das Borderline-Syndrom. Bern, Stuttgart, Wien 1983.
SCHMIDEBERG, M.: The borderline Patient. In: Arieti, S.(Ed): American Handbook of Psychiatry, Vol. I. New York 1959.
SEARLES, H. F. : Positive feelings in the relationship between the psychophrenic and his mother. Int J Psycho-Anal 1958.39: 569.
SPITZER, R. L.; ENDICOTT, J. ; GIBBON, M.: Crossing the border into borderline personality and borderline schizophrenia. Arch gen Pschiatry 1979. 36 : 17-24.
STERN, A.: Psychoanalytic investigation of and therapy in the borderline group of neuroses. Psychoanal Q 1938. 7: 467-489.
WINNICOTT, D.W.: The use of an Object and Relating through Identifications. In: Vom Spiel zur Kreativität. Stuttgart 1974.
WOLBERG, A.R.: The borderline patient. New York: Intercontinental Medical Book Corporation 1973.

DEPRESSION UND SUIZIDALITÄT

MANFRED WOLFERSDORF

1. Einleitung

Depressiv kranken Menschen wird seit jeher eine besonders hohe suizidale Gefährdung zugeschrieben. In Literatur und klinischer Erfahrung besteht weitgehend Übereinstimmung, daß die depressiven Erkrankungen diejenige Gruppe psychischer Störungen darstellen, die mit der *höchsten Suizidmortalität* einhergehen. Aus zahlreichen Studien kann als gesichert abgeleitet werden, daß bis zu 15 % der depressiv kranken Menschen im Verlauf ihres Lebens gefährdet sind, durch Suizid zu sterben; dabei scheint es keinen Unterschied zwischen verschiedenen nosologischen Depressionsgruppen hinsichtlich des Suizidrisikos zu geben (Tab.1).

Diagnosen	geschätzter Anteil Suizidmortalität (%) an der Gesamtkrankengruppe
Primäre (endogene) Depression	15 %
Reaktive (neurotische) Depression	15 %
Alkoholismus	15 %
Schizophrenie	10 %
Psychopathische Persönlichkeit	5 %
Opiatabhängigkeit	10 %

Tabelle 1: Suizidmortalität nach Miles (1977) in verschiedenen Diagnosegruppen

Fragt man statt nach der Krankheitsgruppe Depression nach dem Vorliegen einer depressiven Verstimmung (Symptomatik), so scheint es nahezu keine suizidale Handlung zu geben, bei der nicht Depressivität bzw. Gefühle von starker Traurigkeit und Hoffnungslosigkeit aufzeigbar sind. Dies gilt z.B. nach Untersuchungen von Drake et al. (1984) für schizophrene Patienten mit Suizid

(Depressivität trennt signifikant von solchen ohne Suizid) genauso wie für die Charakterisierung sogenannter High-Risk-Anrufer für suizidales Verhalten im Suicide Prevention Center in Los Angeles (Farberow 1972). Hinsichtlich der Häufigkeit der Diagnosegruppe Depression bei Suiziden in der Allgemeinbevölkerung liegen in den klassischen Untersuchungen von z.B. Robins et al. (1959), Sainsbury (1955), Dorpat and Ripley (1960) oder auch Barraclough et al. (1974), unterschiedliche Angaben von z.B. 13 % (Sainsbury 1955) bis zu 24 % (Barraclough et al. 1974) vor (Tab.2); nach der Literatur liegen die Anteile im Mittel bei ca 50 %. In einer eigenen Untersuchung (Moser 1982) im Einzugsbereich Ravensburg wurde bei 67 % der Suizide Depressivität i.S. eines Syndroms gefunden, die Diagnose der neurotischen Depression bei 23 %, die einer endogenen bei 17 % von insgesamt 133 Suiziden. Pöldinger (1968) berichtete von 48 % depressiven Erkrankungen bei 440 stationären Patienten nach Suizidversuchen in der psychiatrischen Universitätsklinik Basel, Linden (1969) nannte die Diagnose reaktive Depression bei 56 % seiner suizidalen Patienten. Damit zählen depressive Menschen neben Alkohol-, Medikamenten- und Drogenabhängigen , neben alten und vereinsamten Menschen, neben solchen mit Suizidankündigungen und solchen, die bereits einen Suizidversuch als Problemlösungsstrategie in der Vorgeschichte aufweisen, neben stationären psychiatrischen Patienten zu den Gruppen für hohes suizidales Risiko i.S. von Beck et al. (1974), welche hohes Risiko als Suizidrate von 100 bis 10.000 auf 100.000 der untersuchten Population in der Zeiteinheit definierten.

Der depressive Mensch gilt somit als ein Prototyp des Suizidgefährdeten, die Suizidhandlung wird psychodynamisch als letzter Schritt depressiver Dynamik beschrieben, die Autoaggression nimmt einen wesentlichen Abschnitt des präsuizidalen Symptoms nach Ringel ein, wobei von kognitiv-verhaltenstherapeutischer Seite in Anlehnung an die Gruppe um Beck und Seligman Zusammenhänge zwischen Hoffnungslosigkeit, Hilflosigkeit, Depressivität und Suizidalität betont wurden. Andere Autoren (Hole 1973) verknüpfen Suizidalität bei depressiven Patienten mit Wertlosig-

Autoren	Suizide N	Depression N	%	Anmerkung
Sainsbury (1955)	390	50	13	Schwer depressiv
Stengel und Cook (1958)	117	36	31	MDP, Involutions-depression
Robins et al (1959)	134	60	45	MDP
Capstick (1960)	881	341	48	Depressiv
Dorpat und Ripley (1960)	108	32	30	Endogene und neurotische Depression
Krupinski et al (1965)	96	7 ED 15 ND	23	ED 7 % ND 16 %
Seager and Flood (1965)	325	kA	75	Psychisch Kranke
Edwards and Whitlock (1968)	163	22 ED 61 ND	51	ED 14 % ND 37 %
Flood and Seager (1968)	73	45 ED 14 ND	81	ED 62 % ND 19 %
Jacobsen and Jacobsen (1972)	170	86	51	Psychisch krank
Rossman (1973)	46	26	57	Affektive Krankheit
Barraclough et al.(1974)	100	64	64	Depression
Eastwood and Peacocke (1975)	108	32	32	Depressiv
Chynoweth et al (1976)	135	20 ED 108 ND	95	ED 15 % ND 80 %
Whitlock (1976)	1034	598	58	Depressiv
Chynoweth et al	135	44	33	Depression als Hauptdiagnose; bei weiteren 10 % als Nebendiagnose
Moser (1982)	133	89	67	Depressivität ED 17 % ND 23 %

ED = endogene, ND = neurotische Depression
MDP = manisch-depressive Krankheit

Tabelle 2: Depression bei Suiziden in der Allgemeinbevölkerung
Übersicht nach Whitlock (1977), mod. und ergänzt

keits- und Schuldgefühlen. In eigenen Untersuchungen (z.B. Wolfersdorf und Keller 1987) haben wir bei stationären depressiven Patienten Anteile von 42 % Suizidalität im weitesten Sinne, von Wunsch nach Pause bis zu konkreten Suizidplänen, berichtet. Von der eigenen depressiven Klientel haben sich stationär 13 Patienten suizidiert (von insgesamt 2055 Patienten im Zeitraum von 1976-1987). Damit wird die Auseinandersetzung mit dem Problem der Suizidalität gerade beim depressiven Menschen existentiell notwendig. Im vorgelegten Beitrag (verkürztes Manuskript zum Seminar) wird versucht, das Phänomen der Suizidalität bei depressiv Erkrankten zu beschreiben. Die Ausführungen orientieren sich an der Psychiatrie/klinischen Psychologie, womit Sichtweise und Schwerpunkt des Referenten gekennzeichnet sind. Dabei werden Erscheinungsformen depressiver Zustände, ausgehend von Selbstbeschreibungen, dargestellt, gefolgt von der objektivierenden Zusammenfassung mit der Schilderung des depressiven Syndroms, woran sich psychodynamische Aspekte der Depression und der Suizidalität anschließen; in einem letzten Abschnitt werden Hinweise zum Umgang mit suizidalen Depressiven, Kriterien zur Einschätzung von Suizidalität und zur Einweisungsnotwendigkeit in eine psychiatrische Klinik überlegt.

2. Erscheinungsformen von Depressionen

2.1 Selbstbeschreibung

Bedrücktheit, Niedergeschlagenheit, Traurigkeit, Erschöpfung, Apathie u.a. sind notwendige und ureigene menschliche Ausdrucksmöglichkeiten des Erlebens, wozu auch die Fähigkeit zu Trauerarbeit, die Fähigkeit, Abschied zu nehmen von anderen Menschen, von Zielen, Objekten, Lebensentwürfen, Idealen gehört. Während Trauerarbeit zu psychohygienisch notwendigen Vorgängen gehört, stellt die Depressivität in einer qualitativ und quantitativ übersteigerten Weise ein Verhaften in der affektiv-emotionalen Herabgestimmtheit, ein Verbleiben in den kognitiven Einstellungen von Hilflosigkeit und in der Unfähigleit zum Vollzug von Lebensbezügen dar. Depressivität läßt sich so als "lähmende Traurigkeit" beschreiben, die bis in den körperlichen Bereich hineinreicht. In *Selbstschilderungen depressiver Patienten* "Wie fühle ich mich, wenn ich depressiv bin", wird dies deutlich:

"Ich fühle mich arg deprimiert, lustlos und gar nicht wohl und ich kann gar nichts leisten - Ich fühle mich immer müde, zurückgezogen, habe große Angst vor der Zukunft - Ich fühle mich sehr oft durch die vielen seelischen Konflikte, welche mich bewegen, geistig und körperlich völlig erschöpft. Dies hat zur Folge, daß ich so in einem dem Weinen nahegelegenen und trostlosen inneren Zustand bin - Ich fühle mich freudlos, ängstlich und unverstanden, müde und überempfindlich, oft niedergeschlagen. Ich frage mich, ob das Leben überhaupt noch einen Sinn hat - Ich fühle mich z.Zt. sehr bedrückt und ängstlich, die Beine tun mir weh, nichts macht mir Spaß, alles ist mir zu viel, bin mit mir selber nicht mehr zufrieden, denke immer, ich muß mehr bringen, aber schaffe es nicht - Ich habe keine Freunde mehr, keinen Hunger, denke immer, ob ich das noch schaffe und : Du hast ja doch keinen Wert mehr."

Das Gedicht einer depressiven Patientin, die später durch Suizid verstarb, drückt ähnlich das Darniederliegen affektiv-emotionaler, kognitiver und intentionaler Fähigkeiten aus:

"In der Depression lebe ich ohne Sinn und Bewußtsein.
Ich sehe ohne wahrzunehmen,
Ich fühle ohne Empfindung und Gefühl.
Ich schmecke ohne Genuß.
Ich rieche ohne Empfindung.
Ich denke ohne Geist und Sinn und Phantasie und Kombinationsfähigkeit.
Ich lache ohne Freude.
Ich weine ohne Schmerzensstachel.
Ich bewege mich ohne motorische Harmonie und Ausdrucksvermögen.
Ich kenne weder Hoffnung, noch Maß, noch Ziel.
Schlaf und Tod sind mir das Erstrebenswerteste.
Ich freue mich nicht, ich begeistere mich nicht,
ich liebe nicht, ich trauere nicht.
ich male nicht, ich spreche nicht, ich dichte nicht.
Ich singe nicht, ich tanze nicht
und wenn ich es doch tue,
dann ohne Ausdruck und Phantasie
und ohne dabei zu sein (Engagement), ohne Leben."

Der Abschiedsbrief einer 30-jährigen depressiven Patientin soll die Verknüpfung zwischen Depression und Suizidalität weiter vertiefen:

"Totales Desinteresse an allen Geschehnissen. Das Gefühl, ein Versager auf der ganzen Linie zu sein. Sein Leben total verpfuscht zu haben, die geringsten Kleinigkeiten erscheinen einem als schier unlösbares Problem. Man ist total stumpf, nahestehenden Menschen begegnet man gleichgültig, man empfindet für keinen Menschen mehr Zuneigung. Man ist kontaktarm und es quälen einen starke Hoffnungslosigkeit und Trauer. Das Leben ist nur noch eine Qual, eine psychische Folter, man sieht überhaupt keinen Ausweg. Empfindet das Leben als die größte Strafe Gottes überhaupt. Man beneidet Menschen, die Krebs haben, die müssen zwar auch leiden, aber werden doch wenigstens durch den Tod erlöst. Man hat nur noch einen Gedanken, nur Selbstmord erscheint einem als Rettung, man hält es für undenkbar. daß dieses "Dahinvegetieren" sich wieder in einen anderen Zustand verwandelt. Man lebt nicht mehr, man funktioniert nur noch. Der Tod ist die einzige Alternative. Wäre es nicht so schwierig, sich umzubringen, gäbe es keinen "Depressiven" mehr, denn die hätten sich alle schon umgebracht. Man lebt in einem Ghetto, man kann nicht mehr mit den Menschen leben, aber auch nicht ohne sie. Es ist ein Teufelskreis ! Dieses Leben ist menschenunwürdig !"

Und als letztes einen kurzen Abschiedsbrief einer 28-jährigen Patientin, Mutter zweier Kinder, mit einer schweren depressiven Verstimmung, vor einem erweiterten Suizidversuch: "Verzeih mir, es gibt für mich kein gemeinsames Leben, doch wir werden uns im Tod wiedersehen. Die Kinder nehme ich mit, versuche, mich zu verstehen . Es tut mir so leid, doch lebe Du für mich, für uns."

Aus diesen Selbstbeschreibungen wird verstehbar, daß die *frühen Überlegungen der Psychodynamik der Suizidalität aus der Psychodynamik der Depression abgeleitet wurden:* Suizidalität wird Endpunkt der Depression. Deutlich wird, daß und wie Vereinsamung, Hoffnungslosigkeit, Rückzug, Gekränktheit, Hilferufen den suizidalen Depressiven kennzeichnen. Mit dem Entschluß, sich das Leben zu nehmen, hat der Depressive jede Beziehung aufgekündigt, andererseits aber auch ein Zeichen seiner Not und des Bedürfnisses nach Beziehung gesetzt (Rose 1982).

2.2 Das klinische Bild der Depression: Depressives Syndrom

Auf die Problematik der nosologischen Diagnostik und die Unterscheidung von eher biologisch bedingten, sogenannten endogenen, und eher psychosozial erklärbaren, sogenannten psychoreaktiven Depressionsformen soll an dieser Stelle nicht eingegangen werden, zumal eine derartige Unterscheidung nur von beschränkter Bedeutung für die Problematik Suizidalität ist. Wichtiger erscheinen uns die *phänomenologischen Aspekte*, wie sie in der Symptomatik deutlich werden, sowie die *Psychodynamik des depressiven Geschehens*, um zu einem besseren Verständnis des suizidalen depressiven Patienten zu kommen.

Die *Symptomatik* depressiv Kranker umfaßt vegetativ-somatische, kognitive, affektive und intentional-motivationale Störungen In Tab. 3 haben wir die häufigste Symptomatik bei 564 stationären Patienten zusammengefaßt, wobei an erster Stelle Schlafstörungen stehen, gefolgt von Appetitstörungen, Angstzuständen, Gefühlen innerer Unruhe, Merk- und Konzentrationsstörungen. Danach folgen eher affektiv-emotionale Störungen wie Freudlosigkeit, Grübelneigung sowie Suizidgedanken bei 42 % der untersuchten Klientel. Weitere 27 % hatten angegeben, nicht mehr leben zu wollen, jeder vierte litt unter der Unfähigkeit, sich freuen zu können, klagte über Schwung- und Antriebslosigkeit, über Niedergeschlagenheit und Kraftlosigkeit, ein mangelndes Selbstwertgefühl und jeder fünfte litt unter Schuldgefühlen und körperlichen Beschwerden. 32 % dieser Gruppe (damit 223 Patienten) hatten in der Vorgeschichte bereits einen oder mehrere Suizidversuche, nahezu zwei Drittel dieser waren in den letzten vier Wochen vor Indexaufnahme durchgeführt worden. Bei 2o % der Gruppe war ein Suizidversuch Aufnahmegrund und 40 % wurden vom Hausarzt wegen Suizidalität eingewiesen.

Das *aktuelle Querschnittsbild* eines depressiv Kranken, die von ihm geschilderten Beschwerden und Klagen sowie die beobachteten Symptome und Verhaltensweisen, läßt sich als *"depressives Syndrom"* (Tabelle 4) idealtypisch zusammenfassen. Ein derartiges depressives Syndrom ist gekennzeichnet im Bereich der psychischen Symptome durch depressive Verstimmung bis durchgehende Herabgestimmtheit, Unfähigkeit, Gefühle auszudrücken, überhaupt noch zu empfinden, manchmal einhergehend mit Weinen, Verzweiflung, sodann durch situationsbezogene oder diffuse

	N	%
Schlafstörungen allgemein	428	76
Appetitstörungen	293	52
Angstzustände	288	51
Innere Unruhe	273	48
Merk- und Konzentrationsstörungen (ohne organische Ursache)	252	45
Freudlosigkeit	243	43
Neigung zum Grübeln	242	43
Suizidgedanken	238	42
Leises Vorsichhinweinen	203	36
Gedanken immer um die gleichen Denkinhalte	175	31
Gewichtsverlust	175	31
Nicht mehr leben wollen	152	27
Kopfschmerz	146	26
Unfähigkeit sich zu freuen	140	25
Schwung- und Antriebslosigkeit	137	24
Niedergeschlagenheit	136	24
Kraftlosigkeit	136	24
Mangelndes Selbstwertgefühl	137	24
Einschlafstörung	135	24
Durchschlafstörungen	116	21
Unklare Magen-, Darmbeschwerden (Druckgefühle ohne organische Ursache)	116	21
Schuldgefühle	119	21
Fixierung auf körperliche Beschwerden	114	20

Tabelle 3: Häufigste Symptomatik bei einer stationären depressiven Stichprobe: N = 564 depressive Patienten ("häufig"= vorhanden bei mindestens 20% der Patienten)

generalisierte Angst, durch spezifische phobische Ängste, durch quälendes Gedankenkreisen immer um die gleiche Thematik. Inhaltlich geht es dabei um die Thematik von Insuffizienz und Versagen, welches oftmals schuldhaft verarbeitet wird (Aussage eines depressiven Bauern: "Wenn ich nicht mehr schaffen kann, bin ich nichts mehr wert, und das beste ist, ich tue mich weg"), einhergehend mit Resignation, Verzweiflung, mit negativer Bewertung der eigenen Person, der Vergangenheit, der eigenen Leistungsfähigkeit, der Zukunft, die als nicht mehr veränderbar erlebt wird, mit Selbstvorwürfen, Selbstanklagen, Schuldgefühlen und -gedanken. Bei 12 bis 15 % der klinisch behandlungsbedürftigen Depressiven hat sich dies zu den klassisch wahnhaften Erlebnisweisen i.S. von Schuld-, Verarmungs-, Krankheits-, Versündigungs- und Untergangswahn gesteigert. Verlust von Interesse, von Initiative und Kreativität, oft mit Apathie und Rückzugstendenz einhergehend, imponieren als motivational-intentionale Symptomatik; im körperlichen Bereich stehen im Vordergrund insgesamt reduzierte Vitalität mit allgemeiner Energieminderung, rasche Ermüdbarkeit, Kraftlosigkeit, sodann nahezu obligat Schlaf-, Appetit- und Libidostörungen, wobei bio - rhythmische Schwankungen i.S. eines Morgentiefs oftmals ebenso vorliegen. Der agitiert Depressive fällt eher durch innere und äußere Getriebenheit, durch Hin- und Herlaufen, durch unruhiges, gequältes Wachliegen auf, während der eher psychomotorisch gehemmte Patient kaum Mimik und Gestik, einen verlangsamten Bewegungsablauf, eine monotone Sprache, Denkhemmung zeigt.

Psychische Phänomene
Grundstörung: Reduziertes Lebensgefühl (affektiv-emotionale, kognitive und motivational-intentionale Symptomatik)

Depressive Herabgestimmtheit, Freudlosigkeit, Traurigkeit bzw. Nichttraurigseinkönnen, Weinkrämpfe bzw. Nichtweinenkönnen, Gefühl innerer Erstarrung, situationsbezogene oder/ und unbestimmte Angst, Hilflosigkeits- und Hoffnungslosigkeitseinstellung, Resignation oder Verzweiflung, negative Selbstbewertung, negative Bewertung der Vergangenheit und Zukunft, Selbstvorwürfe, Schuldgedanken, wahnhafte Schuld-, Verarmungs-, Krankheitsüberzeugung, fehlende Krankheitseinsicht, fehlendes Krankheitsgefühl, Suizidgedanken, Zwangsgedanken, Grübel- und Gedankenkreisen, Denkhemmung,

Leeregefühl im Kopf, Verlust von Interesse, Aufmerksamkeit, Kreativität, Rückzug, Antriebslosigkeit u.a.

Psychomotorische Phänomene

Grundstörung: Antriebstörung in Richtung psychomotorischer Agitiertheit oder Hemmung

Agitiertheit: Körperlich erlebte Unruhe, innere Getriebenheit, Spielen mit Fingern, Händen, Unruhe in den Beinen und Füßen, sich Hin- und Herwälzen im Bett, nicht ruhen können, viele Dinge beginnen ohne sie zu vollenden, leeres Hin- und Herlaufen.

Hemmung: Verlangsamung im Bewegungsablauf mit schleppendem Gang, verminderter Mimik und Gestik, gebundener Haltung bis zum depressiven Stupor, Erstarrtheit mit stundenlangem Sitzen oder Stehen an einer Stelle.

Vegetativ-somatische Phänomene

Grundstörung: Reduzierte Vitalität

Allgemeine Verminderung von Energie, Kraft- und Schwunglosigkeit, rasche Ermüdbarkeit, krankhaftes Aussehen mit schlaffer Haut, Voralterung,
Leibgefühlsstörungen wie Kopfdruck, Engegefühle, diffus wandernde Schmerz-, Spannungs- und Schweregefühle,
organbezogene Beschwerden wie Herzschmerzen, Tachykardie, Herzklopfen, Druck auf der Brust, hypotone Kreislaufregulationsstörungen, gastrointestinale Beschwerden wie Obstipation, Magendruck und dabei Appetitstörung und Gewichtsverlust, sodann Verspannungen der Muskulatur an Rücken, Schultern und Nacken,
Schlafstörungen, morgendliches Früherwachen mit Morgentief oder Abendtief (Biorhythmik); im sexuellen Bereich Libidoverlust mit Frigidität und Impotenz, Zyklusstörungen u.a.

Tabelle 4: Depressives Syndrom

Suizidgedanken sind bei *depressiven* Menschen häufig, wenngleich es auch Depressive geben kann, die glaubwürdig jegliche Suizidalität verneinen und auch keine indirekten selbstdestruktiven Züge aufweisen. Nach eigenen Untersuchungen scheinen etwa

60% der depressiven Patienten im stationären Bereich Suizidalität in einem weiteren Sinn aufzuweisen. Am häufigsten wurde der Wunsch nach Ruhe und Pause, Unterbrechung im Leben des Patienten geäußert (23 % in obiger Untersuchung), was eher als eine passive Form von Suizidalität mit wenig Wahrscheinlichkeit einer aktiven Handlung verstanden wird. Den Wunsch, nicht mehr leben zu wollen, ohne jedoch aktive Intention zur Beendigung des Lebens, hatte jeder achte Patient (13 %) geäußert, Suizidgedanken mit Planung, konkreten Suizidabsichten und -plänen 14 %. Dabei gehörten nicht nur das Vorhandensein bzw. die Angabe von Suizidgedanken, Todeswünschen zur Beurteilung von suizidaler Gefährdung, sondern auch die Einschätzung der Wahrscheinlichkeit, daß ein derartiges Ereignis eintreten wird.

Depressive Menschen verhalten sich gegenüber ihrer Umwelt entweder i.S. einer *Rückzugstendenz* oder i.S. *appellativ-klagsamer* Gebärden. Der sich zurückziehende depressive Patient, der immer stiller wird, plötzlich nicht mehr auffällt, ist oftmals auch in seiner Suizidalität ruhig und zurückgezogen und fällt plötzlich nicht mehr auf, weil er nicht mehr da ist. Der appellativ-klagsame Patient läuft Gefahr, daß er anfänglich viel Zuwendung, dann aber viel Ablehnung erfährt, so daß er letztlich in seiner Klagsamkeit und in seiner Suizidalität nicht mehr ernst genommen wird. Vor allem bei chronisch depressiven Patienten, die über Jahre hinweg auch ihre Familienstruktur depressionsspezifisch mitgestaltet haben, imponiert eher eine moros-vorwurfsvolle, mehr oder minder verdeckt aggressiv- anklagende Haltung, die oftmals auch mit Suizidankündigungen und -drohungen einhergeht. Daß nach zahlreichen Suizidankündigungen auch die nächsten Partner in einer eher aggressiv-abwehrenden Reaktion diese Äußerungen nicht mehr "ernst nehmen" bzw. in der aggressiv-abwehrenden inneren Haltung (s. Kommunikationsproblematik bei chronisch Depressiven) sich im Inneren oftmals das Eintreten des angekündigten suizidalen Verhaltens wünschen, damit endlich die gesamte Situation gelöst wird, ist verständlich, spiegelt aber eine tragische Entwicklung wieder.

2.3 Psychodynamische Aspekte bei Depressiven und Suizidalität

Die Annahme frühkindlicher Verluste von wichtigen Bezugspersonen bzw. die Annahme inadäquater und unzuverlässiger Betreuung durch diese frühen Bezugspersonen gilt als die bekannteste Hypothese über depressionsbewirkende Faktoren. Dabei erscheint es offensichtlich, daß der frühe Verlust einer wichtigen Bezugsperson den betreffenden Menschen für spätere Verlusterlebnisse, z.B. Verlust eines Liebespartners, sensibilisiert und verletzbar macht. Es erscheint auch einleuchtend, daß früher Beziehungsverlust i.S. einer Verunsicherung und Desorientierung zu Gefühlen von Hilflosigkeit und existentieller Gefährdung führt, die dann in einer aktuellen depressiven Dekompensation reaktiviert werden. Neben dieser *Verlust-Hypothese* steht auch die z.B. von Erikson (1971) angeführte Überlegung, daß aus einer inadäquaten mütterlichen Betreuung ein *"Urmißtrauen"* resultiert, welches mit übermäßiger oraler Bedürftigkeit, mit Pessimismus, mit einem labilen Selbstwertgefühl und mit einer passiv-abhängigen Grundhaltung einhergehen kann (Baker 1987).

Die Grunderfahrung des späteren depressiven Menschen in der frühen Dyade ist (Wolfersdorf und Kopittke 1987): "Ich bekomme nichts, also bin ich niemandem etwas wert, also bin ich wertlos" und/oder: "Mich liebt keiner, ich bin keinem etwas wert, also bin ich nichts", womit die vereinfachte Formulierung einer Zuwendungs- und Selbstwertproblematik dargestellt ist. Die orale Bedürftigkeit, der überstarke Wunsch nach Zuwendung, nach Liebe, nach symbiotisch enger Beziehung, die übermäßig erlebten oralen Ansprüche des Depressiven (bei einem zutiefst erlebten inneren Defizit) werden ableit- und verstehbar. Die *Zentralangst* des Depressiven ist somit die eines Verlustes der Liebe eines übermächtigen und wichtig erlebten Partners, die des Herausfallens aus der Geborgenheit, was als Bedrohung der existentiellen Sicherheit erlebt wird. Drohung, Notwendigkeit und Eintreten von Distanz und Trennung, von Verlust von Objekten, Idealen, von Partnern, die als existentiell wichtig erlebt werden, führen dann zu Gefühlen von Ohnmacht. Hilflosigkeit, Ausgeliefertsein, drohenden existentiellen Untergangs. Suizidales Verhalten, aus einer Hoffnungslosigkeits- und Hilflosigkeitseinstellung bezüglich der Abwehr der existentiellen Bedrohung stellt dann die Vorwegnahme des existentiellen Untergangs dar. Zur Vermeidung von Angst, von Individuation, von Unlust entwickeln Depressive Strategien, indem sie enge symbiotische Beziehungen ("Zum-Fressen-Liebhaben") partnerschaftlichen vorziehen, indem sie sich absolut einordnen in soziale Strukturen, sich überanpassen, aggressive Bedürfnisse verleugnen, sich entweder schwach an andere anlehnen oder in dominanter Überfürsorge für den Partner diesen inaktivieren und passiv machen.

Auslösende Faktoren depressiv-suizidaler Krisen sind dann sämtliche angedrohten, zu erwartenden oder auch bereits eingetretenen Verlustereignisse, die mit einer Aktualisierung frühkindlicher Ohnmachts- und Hilflosigkeitkeitsgefühle einhergehen. Eine der aktiven Bewältigungsformen bzw. Umgehensweisen mit diesen Ohnmachtsgefühlen, mit der existentiellen Bedrohtheit, kann dann auch die eigene Herausnahme oder eher der Vollzug des bereits emotional eingetretenen Verlorenheitsgefühls aus dem belastenden Feld durch eine suizidale Handlung sein, die, wenn überlebt, oftmals gerade beim Depressiven und in der depressiv-strukturierten Partnerbeziehung zu Veränderungen führen kann.

Für einen kurzen *Abriß zur Suizidalität* sei auf die grundlegenden Ausführungen bei Henseler (z.B.1974) und bei Chr. Reimer (z.B. 1987) verwiesen. In frühen Arbeiten wurde Suizidalität immer als Melancholie-Symptom beschrieben bzw. im Zusammenhang mit Geisteskrankheit gesehen. Esquirol (1838) stellte fest: "Der Selbstmord bietet alle Merkmale der Geisteskrankheit", wobei er andererseits jedoch sehr naiv-psychodynamische Therapieansätze entwickelte. Die wesentlichen psychodynamisch-tiefenpsychologischen Gesichtspunkte zum Verständnis suizidalen Verhaltens stammen von Freud (z.B. 1916) und von Abraham (z.B. 1912, 1924), welche suizidales Verhalten als Abschluß einer depressiven Dynamik und als Lösung eines Aggressionskonfliktes sahen.

Ch. Reimer (1988) schildert dies wie folgt: Auf einen Objektverlust reagiert ein aggressiv-gehemmter Mensch mit depressiven Gefühlen, aber auch intensiven Haßgefühlen. Da das Objekt, der kränkende andere, jedoch als unverzichtbar erlebt wird, kann dieser Haß nicht offen geäußert werden. Die Unmöglichkeit, die Aggression zu äußern, führt dann zu der beim Suizidenten immer wieder von vielen Autoren beschriebenen Wendung der Aggression nach innen gegen die eigene Person und als Ausdruck dessen zum Suizidversuch bzw. Suizid. Konsequenzen aus dieser Theorie waren Therapiestrategien, die Aggression aufzugreifen, zu fokussieren, sozusagen wieder nach außen zu wenden. Dieses Vorgehen führt jedoch nach eigener und Erfahrungen anderer gerade bei depressiven Patienten eher zu Unverständnis, löst eine Beziehungsstörung zwischen Patient und Therapeut und weitere Schuldgefühle aus. Therapeutisch relevanter erscheint der Ansatz von Henseler (1974, 1980), welcher die *suizidale Handlung als Ausdruck einer narzißtischen Krise* interpretiert hat. Damit wird die Beziehung in den Vordergrund der Betrachtung suizidaler Dynamik gestellt. Henseler hatte bei den von ihm untersuchten Suizidenten vor allem eine starke Störung des Selbstwertgefühles gefunden.

Dies bedeutet nach Ch. Reimer (1987): Eine hohe narzißtische Verletzlichkeit ist zentrales Symptom bei selbstunsicheren Menschen. Daraus resultiert eine besondere Anfälligkeit gegenüber Enttäuschungen, Kränkungen, Mißerfolgen in der unmittelbaren persönlichen Umgebung. Sind Kränkungen, z.B. Trennung oder Trennungsandrohung des Partners, so schwer, daß sie nicht mehr sinnvoll bewältigt werden können, entsteht Suizidalität als Ausdruck einer Regression, die den Sinn hat, die kränkende Außenrealität auszuschalten und dadurch das eigene Selbstwertgefühl wieder zu stabilisieren.

In der Psychotherapie solcher Suizidenten richtet sich die Aufmerksamkeit dann vor allem auf die Bearbeitung des gestörten Selbstwertgefühls. Die Aufgabe des Therapeuten in der akuten Situation besteht darin, sich als narzißtisches Objekt (zeitweise, vorübergehend, diese Objektbeziehung bearbeitend, aber ihre stabilisierende Wirkung benutzend) anzubieten, wobei Ziel die Entwicklung der Fähigkeit zu reifen Partnerschaften ist.

Ein labiles Selbstwertgefühl, eine starke Verunsicherbarkeit, eine erhöhte Kränkbarkeit sowie eine spezifische Partnerwahl kennzeichnen den narzißtisch gestörten Menschen, wobei die Übereinstimmung mit der Grundproblematik depressiver Patienten deutlich wird. Verluste, drohende Verluste, phantasierter Verlust von Liebespartnern, wichtigen Personen, Objekten, Idealen, dem eigenen Selbstbild u.ä. führen zum Gefühl existentieller Bedrohung, zu Ohnmacht, zu Hilflosigkeit, aber auch zu Kränkung und Wut, welche über die Mechanismen von Verleugnung und Verdrängung abgewehrt werden müssen und in letzter Konsequenz dieser depressiven Symptomatik bei unzureichender Wirksamkeit der Abwehrmechanismen in suizidales Verhalten führen.

Auf der eher *psychiatrisch-phänomenologischen* Seite ging das Phänomen der Aggressionsumkehr in die Beschreibung des *"präsuizidalen Syndroms"* nach Ringel (1953) ein, welches in seinen zentralen Inhalten Begriffe wie *Einengung* und *Aggressionsumkehr gegen das eigene Ich* verwendet und damit eine depressive Dynamik beschreibt. Durchgehende depressive Herabgestimmtheit, damit affektive Bestimmung des kognitiven Erlebens (s. auch Beck) und kognitive Einengung auf depressive Denkinhalte können i.S. der "Einengung" nach Ringel verstanden werden. Der Mechanismus der Aggressionsumkehr ist psychodynamischen Vorstellungen entlehnt. Der "Einengung" kommt ein hoher Stellenwert zu, sie beschreibt den Vorgang der zunehmenden, aktiv herbeigeführten und passiv erlittenen affektiven, kognitiven und psychosozialen Einschränkung mit Verlust äußerer und innerer Ressourcen; hier werden auch psychische Erkrankungen im engeren Sinn mit ihren qualitativ-quantitativen Veränderungen affektiv-kognitiven Erlebens integrierbar. Auch läßt sich das Konzept der Einengung nach Ringel mit dem der Hilflosigkeit nach Seligman (1975) und der Hoffnungslosigkeit nach Beck (z.B. 1967) als kognitiven Einstellungsmustern bei Depressiven zur Deckung bringen.

3. Zur Diagnostik von Suizidalität

Diagnostik von Suizidalität zielt auf die *Identifikation* (Erkennen) suizidaler Menschen sowie auf die *Beurteilung des suizidalen Risikos* ("Art" von Suizidalität sowie Ereigniswahrscheinlichkeit hinsichtlich des Eintretens suizidaler Handlungen) in der aktuellen Lebens-(Krisen-)situation ab. Ziel der "Diagnose" ist das Erstellen einer Kurzzeitprognose, damit die Klärung der aktuellen Situation sowie die Entwicklung von Handlungsanweisungen für das weitere Vorgehen. Längerfristige Prognosen sind nicht erstellbar, auch wenn Mortalitätsstudien und Risikolisten Gruppen mit besonderer Suizidgefährdung nennen. In der Praxis stützt sich das Vorgehen zum einen auf die Kennntnis von Risikogruppen und -konstellationen, zum anderen auf die Kenntnis der suizidalen Entwicklung und des präsuizidalen Syndroms (Ringel). Zu letzterem sei auf die einschlägige Literatur verwiesen, zum Thema der Risikokonstellationen seien hier einige Ausführungen gemacht.

3.1 Risikokonstellationen

Psychopathische Syndrome mit erhöhtem Suizidrisiko können dabei sein: agitiert-ängstliche depressive oder paranoide Zustandsbilder; Depressivität mit quälenden Schlafstörungen, Grübelzuständen; depressive Syndrome mit ausgeprägter Hoffnungslosigkeit und Perspektivlosigkeit, mit Schuldgefühlen, mit Selbstanklagen, mit Selbstbestrafungstendenzen (Schuldwahn, Untergangsgewißheit, Versündigungsideen, insbesondere wenn Selbstbestrafungstendenzen dabei sind); Angstzustände mit Gefühlen von Bedrohtheit, Gefährdung, mit Hilflosigkeit: depressive oder schizophrene Zustandsbilder mit imperativen Stimmen (akustische Halluzinationen) mit Anklagen, Beschimpfungen, Suizidaufforderungen; ausgeprägte depressive Hemmung oder extreme Agitiertheit mit quälender innerer Unruhe, mit Panik; chronische Depressivität mit ungünstiger psychosozialer Perspektive, mit Resignation, Rückzug, Erleben von Isolation und Ungeliebtheit, etc.

Zur *Gruppe der suizidfördernden Situationen* zählen Überforderungs- und Kränkungssituationen, Entbergungstraumen, der Verlust von Bezugspersonen als Trennungsdrohung oder eingetretene Trennung, chronische Arbeitslosigkeit, Rehabilitations- und Wiedereingliederungsproblematik bei Krankheit etc. Grundsätzlich sind alle Krisen (Ereignisse und Erlebnisse, die nicht mehr sinnvoll verarbeitet und bewältigt werden können und damit die Gefahr pathologischer Entwicklung in sich bergen) auch Zustände, die in suizidales Verhalten einmünden können.

3.2 Einige konkrete Empfehlungen zur Diagnostik und Einschätzung von Suizidalität

Zur Beurteilung von Suizidalität wurden eine Reihe von Risikolisten (Tab. 5) entwickelt, die im Sinne von "daran denken" hilfreich sein können. Sie ersetzen jedoch nicht das persönliche Gespräch mit dem Patienten. Bei der Betrachtung dieser Risikolisten fällt auf, daß die meisten einen Schwerpunkt im Bereich depressiver Zustände aufweisen und Aspekte der Suizidalität bei anderen psychischen Erkrankungen vernachlässigen. Insgesamt ist festzuhalten, daß testpsychologische Untersuchungen und Risikolisten einen begrenzten Charakter von Hinweisen haben, die theorie-geleitet diagnostisch hilfreich sein können, aber die Frage nach der Suizidalität nicht ersetzen.

I. *Selbstmordhinweise*
1. Direkte oder indirekte Suizidankündigungen
2. Äußerungen konkreter Vorstellungen über Art, Vorbereitung und Durchführung des Suizids
3. "Unheimliche Ruhe"
4. Frühere Suizidversuche
5. Vorkommen eines Suizids in der näheren Umgebung innerhalb der letzten Zeit
6. Selbstvernichtungs- und Katastrophenträume
7. Verlust jeglicher Zukunftsplanung
8. Familienanamnese

II. *Krankheitsgepräge*
1. Endogene Depression, besonders
a) Beginn und Abklingen depressiver Phasen
b) Vorbehandlung mit stark antriebssteigernden Thymoleptika
c) Schuld- und Verarmungsgedanken, hypochondrische Befürchtungen
d) Langdauernde Schlafstörungen
2. Schwere und unheilbare körperliche Krankheiten
3. Alkoholismus

III. *Umweltbeziehungen*
1. Verlust oder primäres Fehlen mitmenschlicher Kontakte
2. Gefühl der Vereinsamung
3. Mitmenschliche Konflikte
4. Verlust der Arbeit, Fehlen eines Aufgabenkreises, finanzielle Sorgen

IV. *Arzt-Patienten-Beziehung*
1. Keine tragfähige, kontinuierliche Beziehung zum behandelnden Arzt
2. Keine völlige Offenheit beim Gespräch zwischen Notdienstarzt und Patienten
3. Keine Möglichkeit eines kurzfristigen "Vertrags"

Tabelle 5: Beurteilung der Suizidalität (nach Lauter 1980)

3.3 Einige konkrete Hinweise zu Diagnostik und Einschätzung

Grundsätzlich und auch unabhängig vom Vorliegen einer depressiven Erkrankung empfiehlt sich beim Verdacht auf Suizidalität *folgendes Vorgehen:*

1. Offenes und direktes Ansprechen.
2. Erheben einer Suizidanamnese (z.B. Suizid in der Vorgeschichte, Suizide in der Familie) und der aktuellen Psychopathologie, Psychodynamik und Lebenssituation.
3. Klärung der akuten aktuellen Gefährdung (z.B. Erwägung oder Plan, passiver Wunsch nach Ruhe oder aktive Durchführung geplant etc.).
4. Bindende, im Leben haltende Faktoren; intra- und extrapsychische Ressourcen.
5. Nicht-Suizid-Absprachen (je nach therapeutischem Hintergrund umstritten; manchmal Gefahr von Agieren des Patienten), wobei Verläßlichkeit und Ambivalenz zu beachten sind.
6. Besprechen von stützender Medikation, von Einbeziehung von Angehörigen, von stationärer oder ambulanter Behandlung; von engmaschigen Kontakten.

Einige *Stichpunkte* seien *speziell für depressive Patienten* herausgegriffen: Aus einem Vergleich von nicht-suizidalen und suizidalen stationären depressiven Patienten fanden wir als signifikant trennende Variabeln folgende: *Suizidale Patienten* weisen signifikant häufiger Einschlafstörungen auf, sodann Suizidversuche in der Vorgeschichte, sie werden hochsignifikant häufiger wegen Suizidalität auch eingewiesen, sie haben signifikant häufiger Suizidversuche bereits in der Verwandtschaft und sie weisen in ihrer eigenen Biographie frühkindliche Entwicklungsstörungen auf. Damit wird die alte klinische Erfahrung gestützt, daß Schlafstörungen suizidfördernd sein können, daß bereits stattgehabtes suizidales Verhalten in der eigenen Vorgeschichte einen hohen Risikofaktor darstellt und daß suizidales Verhalten in der Herkunftsfamilie und Verwandtschaft als gelernte Verhaltensweise nachgeahmt werden kann. In einer anderen Untersuchung (Wolfersdorf et al. 1987) fanden wir, daß in einer Katamnese zwar wahnhaft depressive Patienten nicht häufiger durch Suizid verstarben als nicht-wahnhafte Depressive, jedoch ein 2,3fach erhöhtes Risiko für suizidales Verhalten aufwiesen. Gerade wahnhaft Depressive mit Selbstbestrafungstendenzen (z.B. Schuldwahn mit Selbstbestrafungstendenz), mit psychotischer Hoffnungslosigkeit und der Gewißheit des eigenen Untergangs in Qual und Leiden, das dann in der suizidalen Handlung vorweggenommen wird, sind hoch gefährdete Patienten. Dem Kliniker ist die Suizidgefährdung des wahnhaft depressiven Patienten nach Abklingen der wahnhaften kognitiven Symptomatik bekannt, wobei möglicherweise hier auch ein Kommunikationsphänomen vorliegt. Der akut wahnhaft depressive Patient erhält i.S. von Kommunikation und "Kontrolle" ein hohes Maß an Zuwendung, welches bei Abklingen der wahnhaften Symptomatik erleichtert verringert wird, wodurch wieder Entbergungstraumen, Verlusterleben u.ä. aktualisiert werden können. Auch auf das Phänomen des plötzlich gebesserten chronisch depressiven Patienten (der eigentlich gar keinen "Grund" zu einer Besserung hat) sowie die Gefahr bei vorzeitiger Auflösung einer psychomotorischen Hemmung z.B. durch pharmakologische Maßnahmen bei hoher innerer Ängstlichkeit, bei wahnhafter Symptomatik, bei Vorliegen von Suizidimpulsen sei hingewiesen. Die Bedeutung imperativer Stimmen (z.B. Stimme des Gewissens) wird zahlenmäßig sicher überschätzt, ist im individuellen Fall jedoch durchaus als ein Motiv zur suizidalen Handlung zu verstehen, stellt damit einen Hinweis auf hohe suizidale Gefährdung dar.

Grundsätzlich erscheinen folgende Stichpunkte wichtig für die Einschätzung von Suizidalität:

1. Liegt eine *akute* (auf die aktuelle Situation bezogene) oder eine *chronische* (seit langem bzw. in der Lebensgeschichte immer wieder auftretende und Teil der Lebensgeschichte gewordene) Suizidalität vor ?
2. Ist es eher ein *passiver Wunsch* nach Ruhe, ein Todeswunsch, oder ist eine *aktive Handlung* intendiert ?
3. Sind es *Suizidgedanken oder Suizidabsichten* oder *-pläne?*
4. Kommt in der Beziehung des Patienten der Suizididalität eher eine *appellative* oder eher eine *aggressive Bedeutung* zu ?
5. Ist der *Wunsch, tot zu sein,* stark ausgeprägt oder gering?
6. Ist ein *Suizidversuch begonnen, unterbrochen*, (z.B. von außen oder selbst) oder *bereits (früher oder jetzt) durchgeführt* worden?
7. Liegt *Hoffnungslosigkeit* für die Zukunft oder die Veränderung der Situation, psychotische Hoffnungslosigkeit, liegen Gefühle von Hilflosigkeit und Ohnmacht vor?

8. Empfindet sich der *Patient als Täter oder Opfer* seiner Lebenssituation?
9. Liegt ein *existentielles Bedrohtheitsgefühl* vor?
10. Weist der Patient *paranoide Ängste* bzw. Gewißheit z.B. von Verfolgung, Bedrohung, von Vergiftetsein etc. auf? Liegen imperative akustische *Halluzinationen* zum Suizid vor? Ist der Patient *wahnhaft* oder ist er *nicht wahnhaft?*
11. Liegen *Selbstbestrafungstendenzen* und Selbstbestrafungsabsichten *oder ein passives Erdulden* und Erwarten der Situation vor?
12. Wie wird vom Therapeuten die *Prognose kurz- oder langfristig eingeschätzt,* sowohl die Suizid- als auch die Krankheitsprognose?
13. Wie wird die Wahrscheinlichkeit eingeschätzt, daß eine suizidale Handlung jetzt, z.B. innerhalb der nächsten 24 Stunden oder innerhalb der nächsten 7 Tage eintritt? *Hohe oder geringe Erwartungswahrscheinlichkeit?*

---

akute - chronische Suizidalität
Suizidgedanken - Suizidabsichten
passiv - aktive Handlung
appellative - aggressive Suizidalität
bereits abgelaufener oder unterbrochener Suizidversuch
geringe oder hohe Todesintensität
Hoffnungslosigkeit, Hilflosigkeit, Ohnmacht
Opfer oder Täter
existentielles Bedrohtheitsgefühl
paranoide Ängste bzw. Gewißheiten
imperative akustische Halluzinationen zum Suizid
wahnhaft - nicht wahnhaft
Selbstbestrafungstendenz oder passives Erdulden
von Untergang
hohe - geringe Ereigniswahrscheinlichkeit
kurz- und langfristige Prognose

Tabelle 6: Wichtige Stichpunkte für die Einschätzung von Suizidalität

Psychopathologie
Angst und Verzweiflung, Panik
Hoffnunglosigkeit, Resignation und Hilflosigkeit
Innere Unruhe, Getriebenheit
Fremdaggressivität, rascher Wechsel zwischen Fremd- und Selbstaggression
Paranoide Verfolgungs- und Bedrohtheitsgefühle
Depressiver Wahn, vor allem mit Schuld und Selbstbestrafungstendenzen
Imperative Stimmen
Schlafstörungen mit nächtlichem Wachliegen und Grübeln

aktuelles offensichtliches Suizidrisiko
Suizidäußerungen, Suizidankündigungen (bes. aktive Planung)
zwanghaft sich aufdrängende Suizidgedanken, -impulse und fremdaggressive Impulse
Suizidversuche in der Vorgeschichte, insbesondere während des stationären Aufenthaltes

suizidalitätsfördernde bzw. auslösende Situationen, Konstellationen
Überforderungssituationen, Kränkungen, Unzufriedenheit-Abhängigkeit
Entbergungstraumen (Therapie-, Therapeuten- Stationswechsel, Verlegungen u.ä.)
Verlust langjähriger Bezugspersonen
Probleme in primärer Bezugsgruppe (Ehepartner, Familie, Angehörige)
fehlende Reintegration in die Familie, Einsamkeit, Alleinsein
Trennung, Trennungsdrohung von Partnern infolge Krankheit des Patienten
Arbeitsplatzverlust, Arbeitslosigkeit, fehlende Angabe

Krankheitsverlauf, Diagnose, Beziehung
Kurzfristige Wiederaufnahmen
Gescheiterte Rehabilitation bei subjektiver bzw. objektiver Überforderung
Schlechte Prognose und therapeutischer Nihilismus

Diagnostische und therapeutisch-fürsorgliche Fehleinschätzung
Geheime Suizidpakte therapeutisch-pflegerisches Personal/Patient
Vorzeitige Entlassung, ungeklärte soziale Situation

Tabelle 7 : Einige Warnsignale und Risikosituationen (Wolfersdorf et al. 1987)

Diese Stichpunkte (Tab. 6, 7) entstanden aufgrund der jahrelangen Erfahrungen der stationären Behandlung depressiv Kranker.

Abschließend sollen noch einige *Empfehlungen und Kriterien für eine stationäre Einweisung in eine psychiatrische Klinik* angeführt werden.

Die meisten depressiv Kranken werden ambulant bei niedergelassenen Allgemeinärzten und Nervenärzten behandelt. Ein kleiner Teil depressiver Patienten, insbesondere solche mit einer weniger stark ausgeprägten Symptomatik, bei denen die aktuelle Beziehungsproblematik im Vordergrund steht oder die auch aufgrund ihres Bildungsniveaus eher zu nicht-ärztlichen Versorgungsstrukturen neigen, werden in Beratungsstellen und ähnlichen Einrichtungen psychotherapeutisch betreut. Auch in Einrichtungen wie Telefonseelsorge, Kriseninterventionszentren, "Offene Tür" werden depressive Patienten gesehen. Daß Depressivität öfters Anlaß des Beginns einer therapeutischen Beziehung oder Beratung oder überhaupt Grund darstellt, Hilfe aufzusuchen, ist offensichtlich. In stationär psychiatrischer Behandlung befindet sich nur ein kleiner Teil der primär Depressiven (etwa 10 bis 12 %). Hierbei ist akute Suizidalität eines der Einweisungskriterien.

Für den Umgang mit suizidalen depressiven Patienten sind eine eigene antisuizidale Einstellung, das Kennen, Akzeptieren und positiv Umgehenkönnen mit eigenen suizidalen und depressiven Anteilen, das Vermitteln von stellvertretender Hoffnung, empathisches Einfühlen und Verstehen, das vorbehaltlose Akzeptieren des Patienten im Sinne der Stützung des Selbstwertgefühls und der Einbringung der eigenen Person des Therapeuten notwendig. Besprechung der akuten Therapie und Hilfemöglichkeiten im aktuellen Umfeld unter Einbeziehung und Benennung persönlicher Bezugspersonen (Zusammenarbeit, Bindung an Partner) sowie die

Festlegung der kommenden Zeitstrecke (so kurz wie möglich, Wiedereinbestellung) mit erneuter Kontaktvereinbarung und Absprachen für Krisen bzw. Verhalten in Krisen (z.B. Anrufen des Therapeuten, des Beraters) gehören hinzu.

Kriterien für eine stationäre Einweisung in eine psychiatrische Klinik :

1. Notwendigkeit der *akuten somatischen Versorgung*, wenn ein Suizidversuch begonnen wurde bzw. bereits geschehen ist (Medikation, Versorgung von Schnittverletzungen, Überwachung bei Intoxikationen)
2. Nach *psychiatrischen Kriterien:* Vorliegen einer psychischen Erkrankung im engeren Sinne und in schwerer Ausprägung, z.B. akut erkrankte schwer Depressive, wahnhaft Depressive, schwere Depressivität, die im Gespräch nicht aufhellbar ist, imperative Stimmen zum Suizid, ausgeprägtes Selbstbestrafungsbedürfnis, starke Agitiertheit und panikartige Angstzustände, Gefühle des Bedrohtseins, Wunsch nach Flucht, Hinweise auf nicht kontrollierbares Fortfahren und Weglaufen, Hinweise auf Sichbegeben in selbstgefährdende Situationen (z.B. am Fluß oder Bahndamm entlangwandern), Alkohol- und Tabletteneinfluß u.ä.)
3. Unter dem Aspekt der *Arzt-Patient-Beziehung:* Wenn kein Kontakt zum Patienten zustande kommt, die Konfliktsituation und die Einbettung der suizidalen Handlung in das psychosoziale Umfeld nicht/noch nicht ausreichend verstanden werden können, wenn eindeutig ablehnendes, bagatellisierendes Verhalten vorliegt und gleichzeitg der Eindruck einer primären psychischen Erkrankung gegeben ist. Die entscheidende Frage ist dabei, ob ein tragend erscheinender Kontakt, der das Gefühl von Sicherheit (die letztlich nie hundertprozentig sein kann) vermittelt, hergestellt werden und die Suizidalität des Patienten von ihm selbst und vom Therapeuten einfühlend verstanden werden kann. Ist dies nicht möglich, spricht dies eher für eine stationäre Einweisung.
4. Unter Aspekten des *Verlaufs in den letzten Tagen:* Akute Verschlechterung von Symptomatik, krisenhafte Zuspitzung von Lebenssituationen, Einengung mit massivem Rückzug, sich abschließen und unzugänglich sein für die Umgebung, akute Verschlechterung der Beziehung zu anderen mit zunehmender Angst, mit Unsicherheit; eigene Angst des Patienten vor der Suizidaliät im Verlaufe der Therapie, aber auch zunehmende Gefühle von

Verschlechterung, von Angst und Unsicherheit auf Therapeutenseite, wenn dies nicht geklärt werden kann. Ebenfalls spricht für eine stationäre Einweisung, wenn unter therapeutischer Intervention keine Veränderung in den letzten Tagen eingetreten ist, wenn für die nächste Zukunft die Perspektive fehlt, wenn Interventionen im Umfeld nötig sind, aber nicht möglich waren.
5. *Frühere Suizidversuche* bzw. weiterbestehende chronische *offensichtliche Suizidalität mit hoher Ereigniswahrscheinlichkeit;* Wahl von harten Suizidmethoden bei früheren Suizidversuchen, hohe Todesintensität.
6. Desolate *soziale Situation*, Isolierung und Vereinsamung, Fehlen von äußeren Ressourcen, chronische Arbeitslosigkeit, Wohnsitzlosigkeit, Fehlen von Angehörgen u.ä.
7. Hohes *Alter* und Altersdepression, *Vereinsamung* und Isolation, insbesondere wenn der lebenswichtige Partner erst vor kurzem gestorben ist.
8. *Ausdrücklicher Wunsch des Patienten*, insbesondere wenn er Angst vor seiner Suizidalität hat, diese ihm nicht mehr beherrschbar erscheint. Hierher gehören auch zwanghaft sich aufdrängende Suizidgedanken, bei denen keine Ablenkung mehr möglich ist, die mit der Vorstellung von sehr harten Suizidmethoden einhergehen, die der Patient angsterregend erlebt, von denen er träumt.

4. Abschlußbemerkungen

In den obigen Ausführungen erschien es mir wichtig, vor dem Hintergrund derzeitigen Wissens sowie der eigenen Erfahrungen Überlegungen zum Phänomen Depression, zum Phänomen suizidales Verhalten und den Zusammenhängen festzuhalten. Daraus sind einige Empfehlungen zur Diagnostik und zum Umgang mit depressiven Patienten abgeleitet. Daß damit eine absolute Abschätzung von suizidalem Risiko, eine absolute Verhütung suizidalen Verhaltens möglich wird, ist illusorisch. Das Wissen, daß es eine absolute Suizidverhütung nicht gibt, darf jedoch nicht zu einer Haltung von Gleichgültigkeit, "hier kann man sowieso nichts machen", führen, sondern zu einem verstärkten Bemühen, die verbleibenden Möglichkeiten (und deren sind viele) sowohl im diagnostischen wie auch therapeutischen Bereich voll zu nutzen.

LITERATUR

ABRAHAM, K.: Versuch einer Entwicklungsgeschichte der Libido. Inter. Psychoanal. Verlag Wien 1924 und Psychoanalytische Studien Bd. I. Fischer Frankfurt 1969

BARRACLOUGH, B., BUNCH, J., NELSON, B., SAINSBURY, P.: A hundred cases of suicide: clinical aspects. Brit. J. Psychiat. 125, 355–373 (1974)

BECK, A.T.: Depression, Clinical, experimental and theoretical aspects. Harper & Row, New York 1967

BECK, A.T., RESNIK, H.L.P., LETTIERI, D. J. (Eds): The Prediction of Suicide. Charles Press Publishers, Bowie, Maryland 1974

BECKER, P.: Psychologie der Depression. Saarländisches Ärzteblatt 8, 506–511 (1987)

DORPAT, TH. L., RIPLEY, H. S.: A Study of suicide in the Seattle Area. Compreh. Psychiat. 1, 349–359 (1960)

DRAKE, R. E., GATES, CH., COTTON, P.G., WHITAKER, A.: Suicide among schizophrenics. Who is at risk? The Journal of Nervous and Mental disease 1972, 10, 613–617 (1984)

ERIKSON, E.: Kindheit und Gesellschaft. Klett, Stuttgart 1971

ESQUIROL, J. E. D.: Von den Geisteskrankheiten. Erschienen in der Reihe: Hubers Klassiker der Medizin und der Naturwissenschaften Band XI. Hrsg. E. H. Ackerknecht und H. Buess, dtsch. Übersetzung W. Bernhard, Voß Verlag, Berlin 1938. Verlag Hans Huber. Bern, Stuttgart 1968

FARBEROW, N.L.: Prevention and Therapy in Crisis. In: Skandia International Symposia: Suicide and Attempted Suicide. Symposium September 29–30, 1971, Nordiska Bokhandelens Förlag, Stockholm 1972, 303–316

FREUD, S.: Trauer und Melancholie. Ges. W. Bd. X. Imago, London 1916, 427–448

HENSELER, H.: Narzißtische Krisen – Zur Psychodynamik des Selbstmordes. Rowohlt, Reinbek 1974

HENSELER, H.: Die Suizidhandlung unter dem Aspekt der psychoanalytischen Narzißmustheorie. Psyche 3, 191–207 (1975)

HOLE, G.: Suizidalität und Selbstwertverlust im Erleben depressiver Patienten. Grenzen der phänomenologischen Erfaßbarkeit. Z. Psychother. med. Psychol. 23, 233–238 (1978)

LAUTER, H.: Akute psychiatrische Notfälle. Internis 21 (1980), 40–49

LINDEN, K. J.: Der Suizidversuch. Versuch einer Situationsanalyse. Enke, Stuttgart 1969

MILES, C.: Conditions Predisposing to Suicide: A review. J. Nerv. Men. Dis 164, 231-246 (1977)

PÖLDINGER, W.: Die Abschätzung der Suizidalität. Huber, Bern, Stuttgart 1968

REIMER, CH.:, Psychotherapie der Suizidalität. In: W. Pöldinger, Ch. Reimer (Hrsg.): Psychiatrische Aspekte suizidalen Verhaltens. Das ärztliche Gespräch 37, Tropon, Köln, pmi-Verlag, Frankfurt/Main 1985, 84-92

REIMER, CH.: Der psychotherapeutische Umgang mit suizidalen Patienten. In: M. Wolfersdorf und R. Vogel (Hrsg.): Suizidalität bei stationären psychiatrischen Patienten. Weissenhof-Verlag Dr. Jens Kunow, Weinsberg 1987, 15-48

RINGEL, E.: Der Selbstmord. Abschluß einer krankhaften psychischen Entwicklung. Mandrich, Wien 1953

ROBINS, E., GASSNER, S., KAYES, J. et al.: The communication of suicidal intent: a study of 134 consecutive cases of successful suicide. Am. J. Psychiatry: 115 (1959) 724-733

ROSE, H. K.: Zum psychotherapeutischen Umgang mit suizidal Depressiven. In: H. Helmchen, M. Linden, U. Rüger (Hrsg.): Psychotherapie in der Psychiatrie. S. 199-205. Springer, Berlin, Heidelberg, New York 1982

SAINSBURY, P.: Suicide in London. Mandsky Monographs No 1, Chapman & Hall, London 1955

SELIGMAN, M. E. P.: Helplessness. Freeman, San Francisco 1975

SELIGMAN, M. E. P.: Erlernte Hilflosigkeit. Urban & Schwarzenberg, München 1979

WHITLOCK, F. A.: Depression and suicide. In: Burrows (ed): Handbook of studies on depression. Excerpta Medica 1977, 379-403

WOLFERSDORF, M., KELLER, F.: Suizidzahlen auf einer Station für depressiv Kranke im Vergleich zum Gesamtkrankenhaus. Führt die stationäre Zusammenfassung depressiv Kranker zur Erhöhung der Suizidzahl eines psychiatrischen Krankenhauses? Suizidprophylaxe 13, 201-208 (1986)

WOLFERSDORF, M., KELLER, F., STEINER, B.: Delusional Depression and Suicide. Acta psychiatr. scand. 76, 359-363 (1987)

WOLFERSDORF, M., KOPITTKE, W.: Psychotherapie bei Depression – unter besonderer Berücksichtigung endogener Depressionsformen. Vortrag bei "Klinisches Wochenende" der Ärztekammer des Saarlandes zum Thema "Diagnose und Therapie der Depression", Leitung Prof. Dr. W. Werner, Saarbrücken 24.01.87

WOLFERSDORF, M., VOGEL, R., BENDER, ST., FREEMAN, G., HEYDT, G., LEXOW, U., NEEF, J., NEHER, F., POTSCHIGMANN, B., RÖSCH, CH., STOPPA, H., VOGEL, W.-D., WEISKITTEL, CH., WIESSLER, M., ZALTNIKOVA, J., HOLE, G.: Kliniksuizide stationärer Patienten. Eine Übersicht zu Personen- und Krankheitsdaten, Symptomatik und Suizidraten sowie diagnostischen Untergruppen. In: M. Wolfersdorf, R. Vogel (Hrsg.): Suizidalität bei stationären psychiatrischen Patienten. Weissenhof-Verlag Dr. Jens Kunow, Weinsberg 1987

WOLFERSDORF, M., WITZNICK, G.: Therapie mit Antidepressiva. Ein Leitfaden für die Praxis. Gustav Fischer Verlag, Stuttgart, New York 1985

DER EHRENAMTLICHE KRISENHELFER, DER SUIZIDGEFÄHRDETE UND DAS TELEFON

"ICH RUF NOCH MAL AN - ABER SIE KÖNNEN MIR JA DOCH NICHT HELFEN"

DIETER KLAGES

Ausgeschrieben war die Arbeitsgruppe für ehrenamtliche Krisenhelfer, an die sich Suizidgefährdete über das Medium Telefon wenden. Je weniger ausgebildet der ehrenamtliche Krisenhelfer ist oder sich fühlt, desto größer wird die Angst vor dem suizidgefährdeten Anrufer. Ehrenamtliche Krisenhelfer haben in der Regel weniger Möglichkeiten als die beraterisch oder therapeutisch ausgebildeten und tätigen "Psychoprofis", sich emotional und kognitiv auf die Differenzierung eigener oder fremder Suizidgefährdung einzulassen. Ein Ziel der Gruppenarbeit war es deshalb, eigene Lebenskrise und mögliche Suizidgefährung klarer in den Blick zu bekommen. Denn nur, wer die Suizidalität für sich enttabuiisiert hat und seine eigenen Suizidgedanken kennt, wird offen sein können für die Gefährdung anderer.

Auffällig war, wie wenig Grundkenntnisse ehrenamtliche Krisenhelfer über Suizid, Suizidgefährung und suizidale Verläufe hatten. So war Ringels "präsuizidales Syndrom" größtenteils unbekannt. In der Arbeitsgruppe ist der Versuch unternommen worden, ausgehend von Fallbeispielen und mittels Rollenspielen Selbsterfahrung, Gesprächsführung und Informationsvermittlung zu integrieren.

Telefongespräche mit Suizidgefährdeten sind Gratwanderungen. Denn wenn es um Fragen des Sterbens oder "So-nicht-mehr-leben-Wollens" geht, erscheint der Kontakt über das Medium Telefon mangelhaft und brüchig. Wer als Ehrenamtlicher über das spröde Medium Telefon in eine suizidale Krise eingeführt wird, steht meist unter besonders großer psychischer Belastung. Es fehlen im Telefongespräch wichtige Orientierungspunkte, die in anderen Gesprächssituationen Sicherheit bieten. Man kennt den Gefährdeten nicht persönlich, man hat keine Vorkenntnisse über ihn, man sieht ihn nicht, fühlt sich unter Zeitdruck und meist ist das Gespräch ein Erst- und Einzelkontakt. Der Anrufer ist geschützt vor dem Zugriff des Krisenhelfers, der Anrufer ist fast immer anonym, er kann sich einlassen oder sich verweigern. Und: er kann jederzeit auflegen. Der Krisenhelfer spürt oft, wie ohnmächtig er ist. Ihm ist bewußt, daß er den Suizid über das Medium Telefon nicht verhindern kann. Er bietet sich als Gesprächspartner an und oft wissen weder Krisenberater noch Anrufer zu Beginn des Gesprächs, welche Hilfe gewünscht, nötig oder möglich ist.

Pöldingers Differenzierung der drei Stadien einer suizidalen Entwicklung läßt sich gut auf die Telefonsituation beziehen. Das kann es erleichtern, den Auftrag des Anrufenden zu verstehen:

- Es kann sein, daß der Suizidgefährdete anruft, weil er sich schon seit langem mit Suzidgedanken beschäftigte, aber mit niemanden darüber zu reden wagte. Es ist von entscheidender Bedeutung, daß der Anrufer endlich einmal oder wieder einmal seine Todeswünsche und -phantasien ausdrücken kann. Denn das Aussprechen-Können entkrampft.
- Es kann sein, daß der Suizidgefährdete anruft, weil er sich zunehmend hin- und hergerissen fühlt zwischen beiden starken Kräften: dem Wunsch zu sterben, endlich Ruhe zu haben und dem Wunsch, doch noch weiter zu leben in der vagen Hoffnung, es gäbe noch einen anderen Weg, als zu sterben.
- Es kann sein, daß der Suizidgefährdete anruft, weil er dazu entschlossen ist, zu sterben. Und manchmal hat er schon konkrete Maßnahmen getroffen. Diese Situation ist die Belastendste für den Krisenhelfer, sie ängstigt am meisten. Denn es bleibt offen, ob der Anrufer in dieser letzten Phase sich noch helfen lassen will und seine Anonymität aufgibt. Noch schwerer ist: Auszuhalten, wenn der Anrufer nichts anderes will, als in der Stunde des Sterbens nicht allein zu sein.

Das Interesse der Gruppe macht deutlich, wie wichtig es ist, die besonderen Bedingungen des Telefongesprächs mit Suizidgefährdeten zu reflektieren und den Krisenhelfern ausreichend Unterstützung zu geben durch Ausbildung und kontinuierliche Supervision. Mir scheint, daß die Ängste und Belastungen der ehrenamtlichen Krisenhelfer am Telefon oft nicht annähernd so ernst genommen werden wie die Belange der "Psycho-Profis".

LITERATUR

PÖLDINGER, W,: Vereinsamung und Selbstmord. In: Wiener Med. Wochenschrift 12/1969 S. 225 ff

ERSTBERATUNG VON SUIZIDENTEN

EBERHARD RUMPF

Die Teilnehmer der Arbeitsgruppe sind vorwiegend Angehörige psychosozialer Berufe, ehrenamtliche Mitarbeiter der Telefonseelsorge und Laienhelfer, überwiegend in Krankenhäusern und Beratungseinrichtungen tätig. Insgesamt ein gemischtes und vielfältiges Teilnehmer-Spektrum.

Zu Beginn äußerten vor allem die ehrenamtlichen, nicht primär professionell ausgebildeten Teilnehmer ihre Schwierigkeit, dem Druck bzw. dem Wunsch des Aktiv-helfen-Wollens/-Sollens zu widerstehen. Das führte zu der Frage nach den a*usgesprochenen oder unausgesprochenen Aufträgen* an den Berater, wenn er das Gespräch mit einem Suizidalen oder Suizidenten aufnimmt:

- von ihm selbst als so gewordener Person: er hat sich diese Arbeit selbst gewählt und möchte sie auf zufriedenstellende Weise tun. Aber trotz aller Selbsterfahrung hat er vielleicht den Wunsch, auf irgend eine Art "heilen" zu wollen;
- von seinem Arbeitgeber: die Institution, aus der er kommt und in der er eine bestimmte Position hat, erwartet von ihm, daß er seine Aufgabe gut macht;
- von seinem unmittelbaren Auftraggeber: z.B. der Stationsarzt, der ihn ruft, will sich absichern und entlasten und ihm eventuell Verantwortung für den weiteren Verlauf zuschieben;
- von seinem Gesprächspartner im Laufe des Gesprächs;
- von Angehörigen (in der Regel erst nach der Erstberatung);
- von der (kommunalpolitischen) Öffentlichkeit.

Die Aufgabe zur sozialen Kontrolle, nämlich, dafür zu sorgen, daß sich solche Unruhe auslösenden Ereignisse nicht wiederholen, ist besonders schwierig zu erfüllen. Beherrscht dieser Auftrag den Berater, ist die Beratung in der Regel wenig hilfreich. Dieser Öffentlichkeitsauftrag kann sich in der Frage des behandelnden Stationsarztes widerspiegeln, ob der Patient noch suizidal sei und was im gegebenen Fall zur Sicherung zu tun sei.

Die Umgebung des Suizidalen fühlt sich häufig für sein weiteres Ergehen verantwortlich. Sie übernimmt die Verantwortung und der Suizidale scheint sie abzugeben. Tatsächlich war und ist er jedoch weiterhin Herr des Geschehens, und ein Beratungsthema ist u.a., ihm die Anerkennung und möglichst offene Übernahme der Eigenverantwortung wieder zu ermöglichen bzw. sie ihm ausdrücklich zurückzugeben.

Diskussion:

TEILNEHMER: Eine merkwürdige Situation: Wenn jemand nicht mehr leben will, dann stürzt sich eine ganze Schar von Helfern auf den Betreffenden und kein Mensch fragt, ob er das wirklich will. Gibt er auch einen Auftrag an uns ?

TEILNEHMERIN: Nicht über den Patienten zu verfügen, ihm nicht seine eigenen Vorstellungen überzustülpen, sondern ihn in seiner Eigenständigkeit zu akzeptieren und darüber mit ihm ins Gespräch zu kommen: das ist wahnsinnig schwer.

TEILNEHMER: Die Verantwortung liegt beim Patienten, es sei denn, dieser ist schwer psychisch krank. Man wird dem Patienten diese Verantwortung nicht abnehmen können, und man sollte es auch nicht versuchen. Wenn man es versucht, bringt man ihn vielleicht gerade wieder in eine solche Abhängigkeitssituation, die ein Motiv für sein suizidales Handeln liefert. Auch der Jugendliche, z.B. der 16- bis 17-Jährige, hat seine Verantwortung, die man ihm nicht einfach abnehmen kann.

TEILNEHMERIN: Ich spüre bei der Beratung von Kindern und Jugendlichen einen ganz starken Druck zu diagnostizieren, zu entscheiden und "richtige", d.h. hilfreiche und weiterführende Dinge zu tun. Ich spüre den Druck vor allen Dingen von Seiten der Angehörigen, die von mir Rettung und grundlegende Änderung erwarten. Ich trage Verantwortung und kann diese nicht allein beim Kind oder bei den Eltern lassen bzw. nur unter ganz besonderen Umständen. Meistens flüchtet man sich dann dahin, die nächste Institution einzuschalten. Das ergibt sich einmal aus meinem eigenen Sicherheitsbedürfnis und zum andern als Folge entsprechender Arbeitsvorschriften. Denn falls man solche solche Vorschriften nicht beachtet, drohen einem formell begründete Vorwürfe.

Eine Schwierigkeit der Beratung besteht darin, nicht nur für sich selbst klarer und verstehbar zu machen, was sich in der suizidalen Krise ereignet hat, sondern es mit dem Patienten für ihn klarer und verstehbarer zu machen, damit sich daraus Zukunftsaussichten entwickeln können, vor allem im Hinblick auf die bewußtere Übernahme eigener Verantwortung. Die Verantwortung für das eigene Tun trägt jeder selbst. Wenn sich jemand in den Kopf gesetzt hat, was er versuchen oder wie er sich verhalten will, dann wird er das immer durchsetzen. Das lehrt immer wieder der psychiatrische Alltag. Die Frage ist, mit wieviel Bewußtheit und Offenheit trifft der Handelnde diese Entscheidungen oder delegiert er die Verantwortung, indem er den Interaktionspartner zwingt, etwas zu tun? Wünschenswert ist, daß der Betreffende sich in einem solchen Gespräch klarer wird über das, was er will, Entschlüsse faßt und damit offener und direkter Verantwortung für sich selbst übernimmt.

Die nächste Schwierigkeit ist dann, daß das betreuende Personal von internistischen und Intensivstationen häufig nicht auf die psychologische Situation der Suizidpatienten eingestellt ist. In der Regel fühlt es sich hilflos und will den Suizidanten bald wieder loswerden. Wenn der Stationsarzt als primärer Auftraggeber stark an Sicherheit orientiert ist und eine Beurteilung der Suizidalität oder Entlassungsfähigkeit haben möchte, dann steht die diagnostische Aufgabe im Vordergrund und die Beratungsaufgabe im Hintergrund. Das kann die Ausgangsbasis des Gespräches erschweren. Deshalb gehört zur Beratung des Suizidenten im Krankenhaus immer auch die Beratung des Stationsarztes und/oder des Stationspersonals.

Diskussion:

TEILNEHMERIN: Ist die genannte Offenheit im allgemeinen Krankenhaus überhaupt möglich? Häufig wird der Patient vom Stationsarzt zu dem Gespräch mit dem Psychiater gezwungen, und er hat Angst vor dem Gesprächsergebnis (z.B. Einweisung in die psychiatrische Klinik). Es ist fraglich, wie weit der Patient diese Gespräche nicht als Zwang erlebt. Als Beraterin kann ich nicht leicht darüber hinweggehen, daß mich der Stationsarzt hinterher nach meiner Einschätzung zur Entlassungsfähigkeit fragen wird.

TEILNEHMERIN: Im allgemeinen will der Patient selbst rasch gehen. Eher hält es der Konsiliararzt für nötig, daß er zur weiteren Behandlung bleibt oder verlegt wird. Ich erlebe immer wieder, daß dem Patienten bei Widerspruch mit Zwangseinweisung gedroht wird. Das geschieht nach meinem Eindruck zum Selbstschutz des Arztes.

Ziel und Aufgabe der Berater im Krankenhaus ist also auch, solche Situationen zu vermeiden. Laienhelfer und Berater haben jedoch die Schwierigkeit der Anerkennung im Krankenhaus, sie stehen oftmals in Konkurrenz bezüglich inhaltlicher Autorität mit dem behandelnden Arzt, wodurch sich zusätzlich Konflikte ergeben.

Der Druck der verschiedenen Aufträge mit ihren jeweiligen scheinbaren Verantwortlichkeiten, zusammen mit dem Druck durch das affektive Gewicht dieser schwersten existenziellen menschlichen Krise, wird generell als starke Belastung erlebt. Daher ist die eigene psychohygienische Entlastung des Beraters in Form von kollegialen Gesprächen, Balint-Gruppen, Supervision etc. unverzichtbar.

Über *das generelle Vorgehen bei Erstberatungen* herrscht weitgehende Übereinstimmung unter den Teilnehmern. Danach sollte die Erstberatung im Ansatz ein Verständnis zu vier Fragen ermöglichen und zwar sowohl für den Berater als auch für den Suizidalen selbst:

1. Wie ist das Geschehen psychologisch bzw. psychodynamisch zu verstehen? Dazu ist eine genaue Schilderung bzw. ein Erfragen des Ablaufs der suizidalen Handlung und der Ereignisse davor notwendig. Dabei wird erkennbar, in welchem Lebensbereich die auslösende Kränkung (ausgehend von der Annahme, daß der Suizidalität in der Regel eine Selbstwertkränkung zugrunde liegt) stattgefunden hat, ob in Partnerschaft, familiären Beziehungen, Arbeitsbeziehungen, materiellen Lebensumständen oder in Krankheit; ferner wird meist deutlich, wer der sogenannte "relevante andere" ist, dem die im Suizidversuch enthaltene Mitteilung eigentlich gilt. Zum Bereich dieser Frage gehört die Konflikt- und teilweise die Persönlichkeitsdiagnose.

2. Die Art und Weise, wie das Gespräch abläuft läßt erkennen, ob der Suizidant noch in seiner Kränkung und den damit verbundenen Gefühlen von Wut und Enttäuschung gefangen ist, ob er die suizidale Reaktion samt der zugrundeliegenden Probleme von sich wegzuschieben und zu verleugnen sucht, oder ob er sich auf eine konstruktive Weise von seinem Suizidimpuls distanzieren kann und dabei für seine Probleme offen und ansprechbar bleibt; bzw. ob es gelingt, aus der ersten oder zweiten Position heraus sich zur dritten zu bewegen. Dieser Bereich beinhaltet die Diagno-

se des aktuellen psychischen Zustandes und eine Ergänzung der Persönlichkeitsdiagnose.

3 . Die Frage nach dem aktuellen sozialen Beziehungsnetz. Das bedeutet: in welche Situation geht der Suizidant nach der Krankenhausentlassung zurück? Wo und bei wem kann er anknüpfen? Wichtige Hinweise gibt hier die Frage, wer ihn im Krankenhaus besucht hat und wo der im Suizidversuch enthaltene Appell auf Resonanz gestoßen ist im Sinne einer Beziehungsaktivierung. Dieser Fragenbereich bezieht sich auf die soziale Diagnose und den prognostisch wichtigen Grad der sozialen Einbettung.

4. Die Frage, wie es für ihn weitergehen kann. Wichtig dabei ist, ob er eigene Pläne/Gedanken/Vorstellungen entwickelt, wie er weiter machen kann, unabhängig von deren subjektiven Wertung durch den Interviewer. Dieser sollte der Versuchung widerstehen, den Gesprächspartner zu einer Realitätseinsicht zu bringen, wenn dessen Vorstellungen einen unrealistischen Eindruck machen. Wichtig ist, daß der Suizident sich überhaupt mit aktiven Zukunftsmöglichkeiten beschäftigt. Zuletzt Hinweise und Empfehlungen für weitere Beratungs- oder Hilfsmöglichkeiten geben.

Einige *psychologische und psychodynamische Besonderheiten* des Erstgespräches sollten beachtet werden, da sie das Gespräch sehr erschweren und die angestrebte Öffnung verhindern können, wenn sich der Berater ihrer nicht bewußt ist:
- die selbstzerstörerischen Anteile suizidalen Handelns mit der Folge der Selbstentwertung, der scheinbaren Unzugänglichkeit im Gespräch und der induzierten Aggression und Abwertungstendenz beim Berater;
- die häufige Doppelbindungsfalle zwischen den meist nonverbal signalisierten Wünschen nach Versorgt-und-geliebt-werden-Wollen einerseits und den verbalen, als selbständig und erwachsen respektiert werden zu wollen andererseits;
- die im Berater induzierten Gefühle von Fürsorglichkeit, Mitleid, Ohnmacht, Hilflosigkeit, Wut oder auch die Identifikation mit der scheinbaren Alternativ- und Ausweglosigkeit des Suizidenten.

Die induzierten Gefühlsregungen sind Ausdruck der im Suizidalen aufgestauten und intensiven, manchmal heftig tobenden Gefühle, die aber seit langem abgewehrt werden müssen, da sie als verboten und beziehungszerstörend phantasiert werden. Wichtig ist zu erkennen, daß es sich hier um eine Beziehungsprüfung im

Beratungsgespräch handelt: Ob trotz gegenteiliger Versicherung der Berater nicht doch genauso zurückweisend reagiert wie frühere Bezugspersonen. Das ist ein wichtiger Grund dafür, sich in einem solchen Gespräch Zeit zu lassen zum Überlegen, zum inneren Wahrnehmen und zum Antworten und Entscheiden. Der Impuls z. B.: "Jetzt aber Nägel mit Köpfen zu machen", wäre Ausdruck einer solchen aggressiven Gegenreaktion.

Viele Teilnehmer sind in der Arbeit mit *Suizidalität vor einer Suizidhandlung* konfrontiert. Das Gespräch in dieser Situation enthält die Chance zur Öffnung und Aktivierung von eigenen Ressourcen vor dem Rückzug in die suzidale Handlung. Mit seinem Beziehungsangebot fungiert der Berater dabei unter Umständen als verläßliche Ersatz-Person für die enttäuschende Person. Im Rahmen einer "haltenden Beziehung" ist die Besprechung von nächsten Handlungsschritten, ggf. Verträgen, wie z.B. dem Anti-Suizidpakt wichtig. Hier besteht die Gefahr einer Überforderung des Suizidalen durch Schuldgefühle bei Nichteinhalten der Vereinbarung. Wichtig ist, die eventuelle Suizidhandlung nicht zu bewerten und damit den Suizidanten zu verurteilen, sondern sie als mögliche und vestehbare Reaktion zu besprechen.

Der selbstzerstörerische Aspekt zeigt sich zum Beispiel in anhaltender Abwehr gegenüber dem Gespräch selbst bzw. dem Gesprächspartner, oder in der Selbstentwertung des Suizidalen, der damit im Gesprächspartner Ungeduld und Ärger provoziert als ein nach außen projiziertes Mit-sich-selber-böse-Sein. Darin steckt für den Berater die Gefahr, sich selbst zu heftig zu engagieren und die innere Distanz und damit Handlungsfreiheit zu verlieren.

Diskussion:

TEILNEHMERIN: Eine Weise, wie Suizidenten in mir Ärger und Wut auslösen, ist ihr 'Ja, aber...', mit dem sie alle Vorschläge, Gedanken und Angebote ablehnten.

TEILNEHMERIN: Ich nehme zwei Signale wahr: zum einen, selbständig sein zu wollen, zum anderen, kleinkindlich versorgt/geliebt/gehalten werden zu wollen. Das zweite Signal stellt eine Versuchung dar, das erste nicht genügend wahrzunehmen.
Bei Kindern/Jugendlichen finde ich häufig die Haltung: 'Mir kann keiner helfen, ich mache doch, was ich will'. Darin sehe ich die verzweiflungsvolle Abwehr gegenüber einem als übermächtig erlebten Angehörigen. Bei solchen Konstellationen verschließen

Angehörige sich häufig gegenüber dem Gesprächsangebot: ein Ausdruck des Machtkampfes.
TEILNEHMER: Bei Suizidwiederholung höre ich sehr oft von den Kindern oder Jugendlichen, daß sie bereits beim ersten Selbstmordversuch das Gesprächsangebot gern aufgegriffen hätten und daß sie sich jedoch durch das Verbot der Eltern, über die familiäre Situation zu sprechen, gehindert fühlten, so daß sie auf eine rasche Entlassung bestanden.
TEILNEHMERIN: Ich erlebe den Widerspruch in solchen Gefühlen und habe häufig den Eindruck, daß der Betreffende sich zeigt, als könne er gar nicht wütend oder aggressiv sein.

Wichtigste Leitlinie für alle Möglichkeiten des Umgangs mit den emotionalen Anforderungen des Gesprächs ist: sich durch die Gesprächsdynamik nicht fangen und in der Handlungs- und Denkfreiheit einengen zu lassen, sondern das Gespräch so zu führen, daß Spannung vermindert wird und ein größtmöglicher Entscheidungsspielraum für beide Gesprächspartner erhalten bleibt. Die Grenzerfahrung, daß ein solches Gespräch nicht immer in unmittelbar konstruktivem Sinn gelingt, muß akzeptiert werden.

Wichtig und am ehesten hilfreich wäre es, über solche wahrgenommenen Gefühle zu sprechen und nicht, sie zu überspielen oder über sie hinwegzureden. Geschieht dies nicht moralisierend oder vorwurfsvoll, kann sich unter Umständen überraschend ergeben, daß über solche Affekte und "Störungen" ohne Gefährdung der Beziehung gesprochen und dadurch sogar die Klarheit und Offenheit und damit Entlastung gefördert werden kann. Die Schwierigkeit besteht jedoch gerade in der Wahrnehmung solcher Gefühle und in der Angst, diese dann auch zu äußern: im Berater wird derselbe Abwehrmechanismus gegenüber den als zerstörerisch phantasierten Gefühlen aktiviert wie beim Suizidanten. Die Fähigkeit, mit eigenen aggressiven Gefühlen besser umgehen zu können, kann durch Selbsterfahrung verstärkt werden.

Die Gefahr solcher affektiv eskalierender Gespräche besteht darin, daß der Berater sich einengen läßt und seinen Entscheidungsspielraum einbüßt. Eine Möglichkeit ist, sich zu entlasten durch offenes Aussprechen des Druckes und der Empfindungen. Wenn dies in geeigneter, d.h. vorwurfsfreier Form gewagt wird, hat es oft überraschende Wirkungen und Nachdenken auf beiden

Seiten zur Folge. Eine andere Möglichkeit ist, das "nein" nicht hinzunehmen sondern gemeinsam auszumalen, welche Personen wie reagieren würden, wenn der Klient das Verneinte tun würde. Eine dritte Möglichkeit könnte sein, aus der Eskalation auszusteigen und ohne weitere Diskussion das Thema zu wechseln.

In der Diskussion beschäftigten sich die Teilnehmer mit der Schwierigkeit, das Thema ohne Erklärung, Begründung oder "Erlaubnis" des Gesprächspartners zu wechseln. Sie erlebten dies teilweise als unerlaubte Manipulation, als ein Über-den-Betroffenen-Hinweggehen und sie erörterten weitere Möglichkeiten, sich aus einer festgefahrenen Gesprächssituation zu lösen. Es gibt jedoch keine Rezepte, was in welcher Gesprächssituation wie gemacht werden soll. Das hängt von der augenblicklichen Beziehung und den Wahrnehmungen des Beraters ab. Bei einiger Erfahrung wird er aufgrund der unterschwelligen Wahrnehmungen häufig intuitiv das Richtige tun. Berater sollten dieser Intuition vertrauen! Wichtig ist, daß der Berater die Initiative behält und etwas zur Lösung der gespannten Gesprächssituation tut, da es der Klient in der Regel nicht kann und beide aber die Situation als unangenehm empfinden.

Weitere Möglichkeiten zur Lockerung und Erweiterung der Gesprächssituation: bildliche Darstellung des Problems/Konfliktes, Einführung von Metaphern oder Geschichten oder symbolischen Darstellungen, die in der Phantasie des Beraters entstanden sind. Oder bei festgefahrener Verweigerungsposition: diese Haltung anzuerkennen und zu bestätigen durch die Mitteilung, daß dem Klienten jetzt offensichtlich wichtig sei darzustellen, daß ihm niemand helfen könne, und daß er das jetzt auch dem Berater zeigen wolle.

Es gehört zur Realität, daß Suizidversuche als Suizide gelingen und daß Suizidale/Suizidenten in der Enttäuschung bzw. Kränkung sozusagen untröstlich verharren und im Moment einen konstruktiven Kontakt nicht zulassen. Berater können hier an eine Grenze stoßen, die sie hinnehmen und annehmen müssen. Dies kann u.U. ein Anlaß für eine Zwangseinweisung sein.

Zu der Schwierigkeit, *das erste Beratungsgespräch in eine weitere, längere Beratung überzuführen:* die direkte oder indirekte Ablehnung durch den Klienten ist in der Regel Ausdruck des Bemühens, sich von der Ausnahmesituation des suizidalen Selbst-

erlebens zu distanzieren und im Sinne einer gesunden Abwehr die eigenen Angelegenheiten wieder in gewohnter Weise in die Hand zu nehmen. Bei einer infragekommenden Weiterberatung stellt es eine künstliche Erschwernis dar, wenn die Beratung vom Erstinterviewer an eine andere Person übergeht, da der Patient zu jenem ja bereits eine Beziehung aufgenommen hat, die dann abgebrochen würde. Auf die Frage: 'Was bedeutet Hilfe?' im Rahmen einer solchen (Weiter)beratung scheint die entscheidende Antwort zu sein: die Tatsache, daß ein solches Gespräch mit einem mitfühlenden und verständnisvollen Gesprächspartner stattfindet.

Der sinngemäße Hinweis auf die Aussage eines angesehenen Analytikers: daß kein Mensch sich umbringe, der die Anteilnahme eines anderen spüre, der sich um ihn sorge und ihn am Leben wissen wolle, das sei die beste Suizidprophylaxe; wird von einigen Teilnehmern als Aufforderung mißverstanden, sich nun gewissermaßen mit Haut und Haar um den Klienten zu kümmern. "Was soll ich denn noch alles für ihn tun?" Dieses Mißverständnis weist noch einmal auf die geheimen, unbewußten Größenphantasien der Helfenden hin: daß er/sie es schaffen könne, jemanden vom Suizid abzuhalten und auf den rechten Lebensweg zu bringen, wenn er/sie nur 'gut' und hilfreich genug sei. Der Kern der oben zitierten Aussage besteht in einem "liebenden" Angebot der Sorge, nicht der Versorgung. Es bleibt in der Entscheidung des Suizidalen, ob und wie er dies Angebot annehmen will.

Damit schließt sich der Kreis zur Anfangsfrage: "Was ist eigentlich mein Auftrag als Berater und wofür trage ich und wofür der Klient die Verantwortung ?" ...

KEIN ANSCHLUSS UNTER DIESER NUMMER

WOLFGANG SZILLAT

Die nachfolgenden Ausführungen stellen kein Protokoll dieser Arbeitsgruppe dar, sondern sind Erinnerungen, Annahmen und Schlußfolgerungen des, den Arbeitsprozeß begleitenden Supervisors. Auf die allgemein übliche Vorstellungsrunde und Frage nach der Motivation der Teilnehmerinnen und Teilnehmer wurde verzichtet.

Ein ungewöhnlicher Anfang: Was geschieht, wenn wir eine Alltagssituation verfremden? Am Anfang unserer Arbeit steht eine akustische Sequenz. Wir hören: Ein Telefonhörer wird abgenommen - Freizeichen - eine Nummer wird angewählt. *"di-da-dü-... kein Anschluß unter dieser Nummer ... di-da-dü-... kein Anschluß unter dieser Nummer ..."* Zwei Minuten lang.

Und der Arbeitsvorschlag: "Laßt in dieser Zeit die Gefühle, Bilder, Erinnerungen und Einfälle, die da kommen, an Euch vorbei ziehen. Vielleicht gibt es auch Verbindungen zu Eurer Arbeit. Sprecht anschließend zu zweit 10 Minuten darüber." Dieser direkte Kontakt ermöglicht in der relativ großen Arbeitsgruppe allen Teilnehmern und Teilnehmerinnen eine sofortige Kommunikation und einen Austausch möglicher Themen für den Arbeitstag. In der anschließenden gemeinsamen Runde kristallisieren sich die ersten Themen für die Arbeitsgruppe heraus: Kontaktwünsche, Kontaktstörungen, Kontaktabbrüche. Erinnerungen an Situationen aus der Beratungsarbeit und der eigenen Biografie. Wie gehen wir z.B. als Telefonberater mit der eigenen Enttäuschung um, wenn sich ein Kontakt nicht entwickelt oder abrupt wieder abgebrochen wird? Andererseits entstehen Schuldgefühle, wenn von Seiten der Berater Kontakte zu früh beendet werden. Auch im Hier und Jetzt der Arbeitsgruppe stellt sich die Frage nach dem Sinn unserer Kontaktaufnahme. Trauen wir uns, an Fällen zu arbeiten oder machen wir die Gruppe lediglich zu einem Medium der Selbsterfahrung? Ein Fall taucht auf. Ein Kollege beschreibt die autoaggressiven und selbstzerstörerischen Aktionen einer Klientin. Noch aus verschiedenen anderen Gründen wird die Rückverlegung aus einem betreuten Wohnprojekt in die Psychiatrie erforderlich. Die Schuldgefühle des Beraters, seine institutionelle Eingebundenheit,

seine Versuche einer neuen Beziehungsaufnahme werden thematisiert. Die Teilnehmerinnen und Teilnehmer der Arbeitsgruppe identifizieren sich unterschiedlich. Verständnis für die Situation des Beraters, Mitfühlen mit der Klientin, Ärger über die institutionellen Begrenzungen. Auch Abwehr und aggressive Fantasien tauchen auf, sie werden unter der Regel "wir äußern unsere verbotenen Gedanken" verbalisiert.

Zum Ende dieses Arbeitsabschnittes wird deutlicher: Im Berater (hier in der Gruppe als Beraterpotential) tauchen die Gefühle und Wahrnehmungen auf, die der Klientin "verloren-gegangen" sind, die ihr im Beratungsprozeß quasi zurückzugeben sind. Auch das "Stop" einer Teilnehmerin, die die detaillierte Schilderung der Symptomatik nicht länger erträgt ist ein "Stop", welches der Klientin als schützendes Regulativ abhanden gekommen ist.

Eine Abbildung soll dies noch einmal verdeutlichen helfen.

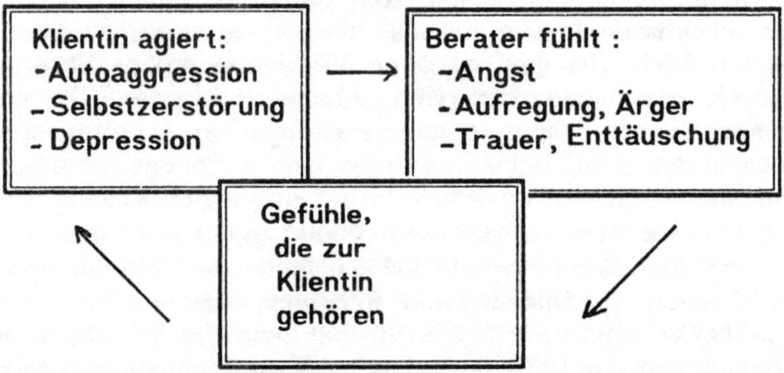

In der Klärung der Fallsituation entsteht eine andere Unklarheit. Fantasien von Kompetenz versus Inkompetenz lösen Fragen nach der gegenseitigen Bewertung der Arbeit aus. Die Gruppe tendiert zur Fraktionsbildung: Laienberater versus professionelle Berater, Telefonberater versus face-to-face-Berater. Nun wird Interesse an den Rollen der Teilnehmerinnen und Teilnehmer artikuliert: "Wer bist du, was machst du dort?". So kommen wir zu einer Vorstellungsrunde, die aus der Dynamik der Gruppe entstanden ist.

Die Arbeitseinheiten des Nachmittags werden durch eine musikalische Sequenz eingeleitet. Für einige Minuten erklingt ein Chor aus "Orpheus und Eurydike" von C.W. Gluck: "Komm ins Reich der sel'gen Schatten..." Eine Telefonberaterin erinnert sich an eine für sie unangenehme Situation. Eine depressive Klientin hörte während ihres Gesprächs am Telefon eine ähnlich ("schöne, traurige") Musik im Hintergrund. Die Beraterin fühlte sich einerseits gestört, weil sie sich nicht auf das Gespräch konzentrieren konnte, andererseits von der Musik stark angezogen. Obwohl die Abwehr der Beraterin gegen diese doppelte Botschaft immer größer wurde, wagte sie es nicht, die Klientin zu bitten, die Musik abzustellen. Auch diese Fallsituation löst unterschiedliche Fantasien und Erinnerungen in der Gruppe aus. In der Identifikation mit der Klientin wird die Bedeutung der Musik als ein den Beratungsprozeß begleitendes Medium klarer. Die Musik übernimmt symbolisch den Part der Gefühle, der Bewegtheit, dem die Depression der Klientin als "schwarzes Loch", nicht Fühlenkönnen, nicht Lebenwollen gegenübergestellt ist. Es wird auch verstehbar, warum die Beraterin von der Musik so angezogen wurde. Sie stellt die andere, emotionale, stimmungsvolle und verführerische Seite der Klientin dar. Diesem Sog versucht die Beraterin zu widerstehen. Auch in der Gruppe wird der sogenannte "Sog in die Depression" spürbar. Fantasien vom "schönen Tod", harmonischer Auflösung und All-Eins-Sein auf der einen Seite, Gegenwehr über Rationalität und Realitätsanspruch auf der anderen Seite spiegeln sehr anschaulich das Dilemma der Beraterin wieder.

In dieser Arbeit am Fall wird noch eine andere Ebene deutlich. Wenn wir in der Beratungsarbeit diesen "depressiven Sog" spüren, handelt es sich stets um *unsere Gefühle,* die in der Regel aus der Gegenübertragung zur Klientin entstehen. Sie sind alles andere als depressiv! Wir fühlen die Traurigkeit, Sehnsucht, Verzweiflung oder Angst: Alles Gefühle, die dem Menschen, der sich in einer wirklichen Depression befindet, nicht verfügbar sind. Gerade die Abwesenheit der Gefühle entleert die Sinnhaftigkeit des Gelebten. Und die nicht gefühlten und nicht nach außen gerichteten Aggressionen wenden sich in destruktive Selbstzerstörung. Deshalb sind die Gefühle, die im Berater auftauchen auch ein wichtiges diagnostisches Instrument im Beratungsprozeß. Der Berater

stellt in aller Regel ein Hilfs-Ich des Klienten dar, ihm ist neben anderem aufgegeben, den Klienten zu seinen verlorenen Gefühlen zurückfinden zu lassen. Nur wenn der Klient seine Lebenswelt wieder mit Sinn füllen kann, läßt sich die Lebenskrise meistern. Die Gefühle sind dabei ein grundlegendes Fundament.

Auch an dieser Stelle werden noch einmal die Unterschiede des Beratungssettings reflektiert. So stellt das Telefon ein verfremdendes Medium im Beratungsgeschehen dar, das Nur-Hören wird bisweilen als Defizit gegenüber einer face-to-face-Beratung erlebt. Dies wird kompensiert durch eine äußerst sensibilisierte akustische Wahrnehmung der Telefonberater. Die Anonymität der Klienten stellt einen wesentlichen Schutz dar, der in der direkten Beratung zunächst aufgegeben werden muß und erst in der Beziehungsaufnahme durch Vertrauen ersetzt wird.

Am Ende dieses Arbeitstages schließt die Gruppe mit einem positiven Resümee:

Trotz der Größe der Gruppe war es möglich, intensiv an Fällen zu arbeiten. Es war faszinierend, wieviel Deutungspotential die Gruppe entwickelte und so zu einem tieferen Verstehen des Beratungsgeschehens beitrug.

Ein mehr an Bewußtheit ist nicht nur im Kopf erworben, sondern war auch im Gruppenprozeß erfahrbar.

Es sollte mehr Gelegenheit geben, die eigene Arbeit unter Supervision zu reflektieren.

Auch der Supervisor kann sich diesem Votum der Gruppe anschließen. Seine Hoffnungen und Wünsche für diesen Arbeitstag, daß ein "Anschluß unter dieser Nummer" zustandekommen möge, sind nicht enttäuscht worden.

GRENZGÄNGE INSTITUTIONELLER HILFE

SUIZID IM JUSTIZVOLLZUG

KATHARINA BENNEFELD-KERSTEN
GEORG GÖTTINGER

Ein Suizid im Vollzug zieht mehr noch als in anderen Einrichtungen das Interesse der Öffentlichkeit auf sich. Mit Erleichterung wird festgestellt, daß der Inhaftierte "freiwillig" aus dem Leben gegangen ist und Fremdverschulden ausscheidet. Daraus könnte man folgern, daß er auch möglicherweise draußen seinem Leben ein Ende gesetzt hätte. Nach einem erfolgten Suizid kann man darüber spekulieren, welchen Anteil die Inhaftierung zu der Entscheidung des Insassen beigetragen hat. Eine Gewißheit darüber wird man nicht erlangen. Auch die Entscheidung im Vorfeld einer suizidalen Handlung ist außerordentlich schwierig, da der Insasse mit der Ankündigung eines Suizids eines der wenigen ihm zur Verfügung stehenden Druckmittel benutzen kann, die für seine körperliche und geistige Gesundheit Verantwortlchen in die Pflicht zu nehmen.

Es bleibt also die Frage zu stellen, ob Suizide in Vollzugsanstalten häufiger vorkommen, als außerhalb dieser Einrichtungen. In der Bundesrepublik Deutschland haben sich bis 1979 durchschnittlich 14,4 Inhaftierte von 10.000 Inhaftierten pro Jahr das Leben genommen. In Relation zu dem Ergebnis von 3,4 Suiziden aus einer Vergleichsgruppe in Freiheit befindlicher Bürger liegt die Anzahl der Suizide in Vollzugsanstalten viereinhalbfach höher. Diese Zahlen lassen vermuten, daß die Inhaftierung von Menschen eine Bereitschaft zu suizidalem Handeln zumindest begünstigt. Dabei ist jedoch zu bedenken, daß das Dunkelfeld bezüglich der Suizide in Vollzugsanstalten außerordentlich gering ist. Jeder Todesfall zieht Ermittlungen der Kriminalpolizei nach sich. Die Todesursache und die Frage evtl. Fremdverschuldens werden genauestens untersucht. Jeder Inhaftierte steht im Grunde Tag und Nacht unter Beobachtung sowohl von Bediensteten als auch von Mitgefangenen. Wenn auch nicht immer bekannt ist, wie sein Befinden ist, so weiß man doch zumindest, wo er sich gerade befindet. Das heißt auch, daß die Wahl der Suizidmittel im Vergleich zu draußen erheblich reduziert ist.

Eine Auswertung der Suizide im Nds. Justizvollzug aus der Zeit vom 01.01.1979 bis 20.08.1987 hat ergeben, daß von 80 Suiziden aus diesem Zeitraum 67 durch Erhängen erfolgten. Der größte Teil der Insassen befand sich noch in Untersuchungshaft. Dem entspricht, daß 50 Prozent der Suizide innerhalb der ersten 3 Monate (14 am ersten Tag) vollzogen wurden. Die größte Gruppe von 28 Suiziden gehörte in die Altersgruppe von 21 bis 30 Jahren. Der Anteil von 12 Inhaftierten im Alter von 14 bis 20 Jahren ist jedoch relativ hoch. Aufgeschlüsselt nach Delikten läßt sich die Tendenz ablesen, daß Menschen, die gegen andere mit Gewalt vorgegangen sind (z.B. Totschlag, Vergewaltigung u.a.) offenbar eher dazu neigen, auch ihr Leben "gewaltsam" zu beenden.

Insgesamt ist festzustellen, daß sich quantitativ die Suizide in Vollzugsanstalten nicht in dem häufig zitierten Ausmaß (5-8 fach erhöht) von den Suiziden außerhalb der Mauern unterscheiden. Werden die Daten jedoch nach Untersuchungs- und Strafhaft getrennt erhoben, zeigt sich eine um vielfach erhöhte Suizidrate während der Untersuchungshaft. Abgesehen von der individuellen Situation der Inhaftierten dürfte sich auch der qualitative Unterschied zwischen Untersuchungs- und Strafhaft auswirken. Der - noch als unschuldig geltende - Untersuchungshäftling ist in seinen Freiräumen und Kontakten zu anderen weitaus beschränkter als der Strafhäftling. Ein französisches Zitat besagt, Suizid sei "das Fehlen des anderen". Gerade mit "anderen" hat der Untersuchungshäftling wahrscheinlich mehr zu tun als ihm wahrscheinlich lieb ist, er kann sich dem Zugriff in seine Intimsphäre und ggfs. auch der Beratung durch Fachleute nicht in dem Maße entziehen wie ein Bürger in Freiheit. Das mag ihm zwar die Suche nach einem Gesprächspartner erleichtern, jedoch handelt es sich bei dem möglichen Gesprächspartner gerade um den Personenkreis, der ihn in seiner persönlichen Freiheit massiv beschränkt. Auch für Bedienstete in Vollzugsanstalten ist die Aufgabe, für Sicherheit und Ordnung zu sorgen, den Inhaftierten gegen seinen Willen in der Anstalt festzuhalten und gleichzeitig als vertrauensvoller Gesprächspartner zur Verfügung zu stehen, nicht einfach. Hier können sicherlich Fortbildungsveranstaltungen - wie sie im Nds. Justizvollzug angeboten werden - ein wenig dazu beitragen, Bedienstete für Probleme ihrer Klientel immer wieder zu sensibilisieren und sie im Umgang mit ihr sicherer zu machen.

Der folgende Artikel in der Gefangenenzeitschrift "Der Lichtblick" (10/86) macht deutlich, daß auch die Insassen darüber nachdenken, daß das Fehlen "des anderen" auch sie betrifft.

"Beide Todesfälle in unserer Justizvollzugsanstalt haben uns sehr betroffen gemacht und wieder einmal sehr deutlich aufgezeigt, wie einsam und alleine Menschen in diesem engen Zusammenleben doch sein können. Die Einsamkeit und das tägliche Einerlei stumpfen uns alle ab und lassen uns schwerhörig werden gegen die Sorgen und Nöte unserer Mitgefangenen. Die früher so oft beschriebene Knastsolidarität existiert zumindest hier in Tegel nicht mehr. Hier ist jeder Einzelkämpfer und auf seinen eigenen Vorteil bedacht. Der Mitmensch interessiert nicht mehr. Sicherlich liegt das auch an den vielen schlechten Erfahrungen, die wir Gefangenen untereinander gemacht haben. Der eine mißtraut dem anderen, weil anscheißen und "Lampenbauen" hier an der Tagesordnung sind. Laßt uns aufeinander zugehen und einander mehr über unsere Sorgen und Nöte sprechen. Jeder sollte dem Nachbarn und Mitgefangenen helfen und auch darauf achten, daß er nicht allein ist. Jeder sollte seine Mitgefangenen erkennen lassen, daß er zu Hilfe und Gesprächen bereit ist. Vielleicht sind dann unsere beiden Mitgefangenen nicht unnötig gestorben. Irgendwie sind sie doch auch für uns gestorben."

SUIZIDDETERMINIERTE SYSTEME
SYSTEMTHEORETISCHE SICHTWEISEN DES PATIENTENSUIZIDS

MATTHIAS LAUTERBACH

Systemtheoretische Denkansätze sind in viele Wissensbereiche eingeflossen und haben zu erweiterten Handlungsmöglichkeiten geführt (z.B. Familientherapie). "Im Gegensatz zu den traditionellen Naturwissenschaften untersuchen die Systemwissenschaften nicht die materiellen und dinglichen Eigenschaften einzelner Erkenntnisobjekte, sondern Organisationsprozesse. Nicht isolierte Phänomene werden betrachtet, sondern Wechselbeziehungen, die den Aufbau, Erhalt und die Veränderung von Strukturen bestimmen. Die Regelung des Verhaltens in Interaktionssystemen, die Verarbeitung von Informationen und die Entwicklung von Entscheidungsstrategien sind Schwerpunkte eines solchen Ansatzes." (Simon 1985, S. 455)

System wird dabei verstanden als eine aus "irgendwelchen Elementen (materieller oder geistiger Art) geordnet zusammengesetzte Ganzheit." Solche Systeme verhalten sich qualitativ neu und anders als die Summe ihrer isoliert betrachteten Einzelelemente. "Merkmale von Systemen sind Verarbeitung und Speicherung von Informationen, die Anpassungsfähigkeit, die Fähigkeit zur Selbstorganisation und zur Entwicklung von Strategien für das eigene Verhalten." (Simon, Stierlin 1984, S. 355)

Es gilt zu erkunden, ob dieser Denkansatz bei dem Umgang mit der Thematik "Suizid" nützlich ist.

Suizide ereignen sich in ganz unterschiedlichen sozialen Konstellationen. Es gibt zudem fraglos einen individuell für den Betroffenen nachzuzeichnenden Weg zum Suizid - sozusagen aus der Sicht des Beobachters. Es ist auch unbestritten, daß aus epidemiologischer Sicht bestimmte soziale Faktoren einen Einfluß auf die Suizidrate haben - Durkheim hat das schon 1897 beschrieben. Ein systemtheoretischer Ansatz hätte sich damit zu befassen, wie die vielen unterschiedlichen Faktoren sich auf der Verhaltensebene niederschlagen, nach welchen Regeln suizidales Verhalten gezeigt wird, wie darauf reagiert wird, welche Entwicklungen zu beobachten sind, wie Austauschprozesse zwischen individueller

Suizidalität und Empfänglichkeit der Umgebung bestehen, nach welchen Vorstellungen/Bildern über Suizid und Tod sich Menschen im Umfeld suizidaler Zuspitzungen verhalten, welche Umorganisationen sich vor und nach Suiziden abspielen usw...

Welche soziale Konstellation ein Beobachter als "betroffenes System" definiert, hängt von der Sichtweise des Beobachters ab. Goolishian (1987) hat vorgeschlagen, problemdefinierte Systeme zu betrachten, d.h. solche, die um ein Problem entstehen, die durch ein Problem geschaffen werden. Folgt man diesem Ansatz, gibt es Systeme, die durch eine suizidale Entwicklung, einen Suizid betroffen sind, die dadurch erst geschaffen werden (suiziddeterminierte Systeme). Dabei ist es eine Frage der Nützlichkeit, wie umfangreich ein Beobachter, Forscher oder Therapeut dieses System definiert: Für therapeutische Interventionen ist es vielleicht eher nützlich, ein kleines System zu beschreiben (Familie, Behandlungsteam), für Forschungszwecke sind möglicherweise größere Zusammenhänge interessant.

Ausgangspunkt sind folgende Hypothesen:

1. Die Struktur eines sich ändernden Systems ermöglicht zu einem bestimmten Zeitpunkt einem Mitglied des Systems, sich für einen Suizid zu entscheiden, der dann auf das System zurückwirkt.
2. Suizid ist nicht die Folge einer einzelnen Ursache oder eines Ursachengefüges, sondern die tödliche Markierung eines gemeinsamen Prozesses von Suizident und betroffener Umgebung (evolutionärer Prozeß).
3. Der sich suizidierende Mensch hat sich entschieden, seiner sozialen Umgebung nicht mehr mit seiner psychophysischen Existenz zur Verfügung zu stehen, hinterläßt jedoch dadurch eine Fülle von Informationen, die von der Umgebung aufgenommen und interpretiert werden.

Ausgehend von diesen Hypothesen ist es jetzt das Ziel, durch Befragung suiziddeterminierter Systeme bei der Beschreibung dieser Zusammenhänge weiterzukommen. Die von der Mailänder Familientherapie-Arbeitsgruppe (1981) und von Penn (1983) beschriebene Methode des zirkulären Fragens wird gegenwärtig benutzt, um weitere Informationen zu erhalten.

Für den Bereich psychiatrischer Kliniken und deren Umgang mit Suiziden ihrer Patienten liegen aus der letzten Zeit Untersuchun-

Für den Bereich psychiatrischer Kliniken und deren Umgang mit Suiziden ihrer Patienten liegen aus der letzten Zeit Untersuchungen vor, die sich mit Interaktionszusammenhängen zwischen Suizidenten und den Behandlungsteams beschäftigen (Finzen 1987, Huntemann 1987, Reimer 1981). Diese Zusammenhänge zeigen, daß es ganz spezifische soziale Konstellationen gibt, die im Zusammenspiel von Suizident und Behandlungsteam zu einer Isolierung des potentiellen Suizidenten führen und ihm einen Suizid ermöglichen. Rückwirkungen von Suiziden und Suizidserien auf eine Institution und deren Reaktion hat Finzen (1987) beschrieben. Seine Beschreibung legt die Frage nahe, ob Suizidprophylaxe am ehesten erfolgreich ist, wenn die Therapeuten, in deren Umfeld Suizide geschehen, sich nicht als zur Passivität verurteilt erleben, sondern sich aktiv und wissenschaftlich interessiert mit der Thematik auseinandersetzen. Hier scheinen Änderungen des Bildes vom Suizid weitreichende Handlungsimplikationen haben zu können. Da sich aus den vorliegenden Untersuchungen für den Bereich psychiatrischer Kliniken zahlreiche Hypothesen ableiten lassen, die einer systemorientierten Erkundung zugänglich sind, und da Institutionen auch im Rahmen von Institutionskonsultationen am ehesten für entsprechende Erkundungen zugänglich sind, scheint hier zur Zeit der gangbarste Weg zu sein.

Die folgenden Beispiele für Fragen sollen mögliche Erkundungswege skizzieren:
Welchen Auftrag hat die Institution von wem für den Umgang mit suizidalen Menschen?
Wer hat welches und wie deutlich ausgeprägtes Interesse an der Verhütung eines Suizids?
Was geschieht, wenn einer der Aufträge nicht erfüllt wird?
Wer hat welches Interesse an einem Suizid?
Welche Erklärungsmodelle für Suizid gibt es in der Institution?
Wer erklärt sich Suizid wie, und was hat das für unterschiedliche Handlungsimplikationen?
Wodurch unterscheiden sich Erklärungsmodelle und welche Auswirkungen hat das?
Wenn sich einer in der Institution eine neue Erklärung suchen würde, wer wäre das am ehesten, und wie würde die aussehen?
Was verändert ein durchgeführter Suizid in der Institution?
Wer ist mehr, wer ist weniger überrascht, betroffen?

Wer zeigt nach einem Suizid welches andere Verhalten, wer mehr, wer weniger?
Ist die Suizidalität anderer Patienten nach dem Suizid eher höher oder eher niedriger?
Was vermutet das Behandlungsteam, was der Suizidant über die Reaktion der Betroffenen gedacht hat?
Was denken Dritte (Angehörige, Klienten, Staatsanwälte usw.) über den Umgang der Institution mit suizidgefährdeten Menschen?
Angenommen, es gäbe die menschliche Entscheidungsmöglichkeit für einen Suizid nicht: Was würde sich konkret ändern, wer würde welches andere Verhalten zeigen?
Angenommen, es gäbe einen Guru der Suizidprophylaxe: Wie würde der in der jeweiligen Institution Suizide verhindern?
Was können Therapeuten tun, damit in ihrer Klinik die Suizidrate hoch ist?
Was können Patienten tun, damit in einer Institution die Suizidrate steigt?
Was können Patienten tun, damit Therapeuten etwas tun, wodurch die Suizidrate steigt?
usw.

LITERATUR

DURKHEIM, E.: Der Selbstmord. Mit einer Einleitung von Klaus Dörner und einem Nachwort von Rene König. Neuwied, Berlin: Luchterhand 1973. Originalausgabe: E. Durkheim. Paris: Alcan 1897.

FINZEN, A.: Der Patientensuizid. Psychiatrie-Verlag Remscheid 1988

GOOLISHIAN, A.: Jenseits von "Jenseits von...". Ein Gespräch mit H.A. Goolishian. Z. system. Ther. – Jg. 5(2):105–111, 1987

HUNTEMANN, R.: Aus dem Niedersächsischen Landeskrankenkenhaus Wunstorf. Suizidgefährdung in einem psychiatrischen Krankenhaus. 1987 (bisher nicht veröffentlichte med. Diss.)

MAILÄNDER Familientherapie-Arbeitsgruppe: SELVINI-PALAZZOLI, M., BOSCOLO, L., CECCHIN, G., PRATA, G.: Hypothesieren – Zirkularität – Neutralität: Drei Richtlinien für den Leiter der Sitzung. Familiendynamik 2/81.

PENN, P.: Zirkuläres Fragen . Familiendynamik 8, 198-220, 1983.

REIMER, Chr.: Zur Problematik der Helfer-Suizidant-Beziehung: Empirische Befunde und ihrer Deutung unter Übertragungs- und Gegenübertragungaspekten. In: Henseler, H., Reimer, Chr.: Selbstmordgefährdung: Zur Psychodynamik und Psychotherapie, 1-27. Stuttgart, Bad Cannstatt: Frommann-Holzboog 1981.

SIMON, F.B., STIERLIN, H.: Die Sprache der Familientherapie. Ein Vokabular. Überblick , Kritik und Integration systemtherapeutischer Begriffe, Konzepte und Methoden. Stuttgart: Klett-Cotta 1984.

SIMON, F.B.: Die Grundlagen der systemischen Familientherapie. Nervenarzt, 455-464, 1985.

POSTSTATIONÄRER SUIZID
GRENZBEREICH ZWISCHEN AMBULANTER UND STATIONÄRER BETREUUNG

GÜNTHER RITZEL
GISELA DRESSLER

"Grenzgänge zwischen Selbstzerstörung und Selbstbewahrung": unter diesem Thema stand die Tagung der Deutschen Gesellschaft für Selbstmordverhütung 1987 in Hildesheim. Diese Grenzgänge machen einen Teil des Alltags in der Klinik aus . [1]

Wir leben in einer Welt, die mit der ständig rascheren Folge ihrer Innovationen kaum mehr Schritt zu halten vermag und in der es dem Einzelnen immer schwerer wird, sich wert zu fühlen, zu erfahren, daß er Sinnvolles leistet. Die eigene Bedeutungslosigkeit und Ersetzbarkeit werden zunehmender erlebbar in einer Zeit, die durch solche Schnellebigkeit und durch eine immer weiter platzgreifende Beziehungslosigkeit und Entfremdung charakterisiert ist. Immer mehr Menschen erfahren Situationen, in denen die eigenen Ziele und Wünsche unerreichbar erscheinen. Aus dem schmerzlichen Gefühl, nicht Schritt halten zu können, Entscheidendes zu versäumen, entstehen Hilflosigkeit, manchmal sogar geradezu lähmende Hemmung und innere Leere. Oft kommt eine diffuse Wut hinzu, die sich ebenso gegen die als unfreundlich erlebte Welt wie gegen die eigene Person richtet. Die Aufmerksamkeit beginnt um die Wunde des verletzten Ideals, der unerfüllten, mit dem Selbstgefühl eng verknüpften, narzißtischen Erwartung zu kreisen. Der Betroffene wird blind für die Möglichkeiten, die ihm offenstehen. Oft, immer öfter, so scheint es, bleibt für den Menschen nur noch der Hilferuf in Form eines Suizidversuches offen.

Dieses Problem hat in den letzten Jahren deutlich an Aktualität gewonnen. Während die Zahl der Suizide nur leicht ansteigt, sie liegt bei 12 - 13.000 pro Jahr, weist die Zahl der Suizidversuche steigende Tendenz auf. Nach Auswertung internationaler Statistiken hat Stengel (1969) über das Zahlenverhältnis von Suizid : Suizidversuch als Minimalschätzung einen Wert von 1 : 5 und als Maximalschätzung einen Wert von 1 : 15 angegeben.

1 Es hat den Anschein, daß mehr als zuvor offen oder latent suizidale Patienten in psychiatrischen Kliniken behandelt werden. Vgl. dazu Ritzel (1983): Es wurde in der Klinik eine Basissuizidalität erhoben und ein "Suizidpegel" von 37,6% festgestellt.

Ärzte in Praxis und Klinik werden immer häufiger mit suizidalen Patienten konfrontiert. Der niedergelassene Arzt stellt eine wichtige Anlaufstelle für Menschen in suizidalen Krisen dar. Nach einem Suizidversuch gelangt ein Großteil der Patienten in ärztliche, zumeist in klinische Behandlung. Abgesehen von oftmals schicksalsbedingten Verläufen psychiatrischer Alterskrankheiten stellt der Suizid neben der Chronifizierung psychischer Erkrankungen den klassischen Bereich des Scheiterns psychiatrischer Therapie dar.

Der besondere Charakter des poststationären Suizids liegt unter anderem darin, daß der Klinikpsychiater ihn erst im nachhinein und mehr oder weniger aus der Ferne erfährt und erlebt, formal außerhalb seiner Zuständigkeit, aber doch in vielfältiger Weise mit diesem tragischen Ereignis verbunden. Mehr als in anderen Situationen, in denen man unmittelbar als Handelnder involviert ist, stellt sich unter anderem ein Gefühl der Hilflosigkeit ein.

Im deutschsprachigen Raum ist die Anzahl der publizierten Untersuchungen über den poststationären Bereich bisher gering. (Eine Übersicht gibt Finzen (1986) in einem Sammelreferat.) Andererseits wird in den letzten Jahren, ähnlich wie beim Kliniksuizid, ein Ansteigen der Inzidenzzahlen diskutiert.

Übereinstimmend wird das erste Jahr - mit besonderer Betonung des ersten halben Jahres - nach der stationären Behandlung als Zeitraum mit dem höchsten Suizidrisiko benannt. Im Schrifttum wird für dieses erste poststationäre Jahr eine Suizidrate von 250 bis 1.550 pro 100.000 entlassener Patienten angegeben. (1986 verzeichnete die Hildesheimer Klinik bei 1 754 Entlassungen sieben poststationäre Suizide.) Trotz aller methodischen Unsicherheiten, mit denen diese Zahlen bisher noch belastet sind, könnten sie im Vergleich zum Kliniksuizid für eine ähnlich hohe oder sogar höhere Inzidenzrate sprechen. Dieser Aspekt sowie die wachsende Erkenntnis eines engen inhaltlichen Zusammenhangs mit dem wichtigen Problembereich Kliniksuizid erklären Notwendigkeit und Interesse einer intensiven Erforschung. Wir haben unter Beachtung der strengen datenschutzrechtlichen Auflagen eine Erhebung der poststationären Suizide von Patienten des Niedersächsischen Landeskrankenhauses Hildesheim im Einzugsbereich der Klinik durchgeführt. Wir erfaßten im Rahmen der offiziellen kriminalpolizeilichen Selbstmord-Statistik 152 Suizide in Stadt und Landkreis Hildesheim, Alfeld und Holzminden in den Jahren 1985 und 1986, sowie 220 Suizide im Landkreis Hameln-Pyrmont in den Jahren 1981 bis 1986, also insgesamt 372 Suizide (Tabelle 1).

	Suizide					
Stadt und Landkreis Hildesheim 1985 und 1986	152	m 108	w 44	davon ehemalige Patienten des LKH Hildesheim 16	m 13	w 3
Landkreis Hameln-Pyrmont 1981 bis 1986	220	141	79	13	6	7
insgesamt	372	249 (66,9%)	123 (33,1%)	29 (7,8%)	19 (65,5%)	10 (34,5%)
	372 = 100%				29 = 100%	

Tabelle 1: Anzahl der Suizide in der Gesamtbevölkerung und Anzahl der post-stationären Suizide

Die Geschlechtsverteilung ergibt 66,9 % Männer und 33,1 % Frauen. Darunter befanden sich 29 ehemalige Patienten der Klinik, das sind 7,8 % der Gesamtzahl.

Das Lebensalter ist Tabelle 2 zu entnehmen. Der Schwerpunkt liegt bei den ehemaligen männlichen Patienten im 5. Lebensjahrzehnt und bei den ehemaligen Patientinnen nahezu ausschließlich in der zweiten Lebenshälfte. Zum Familienstand: 38 % waren verheiratet, 21 % ledig, 31 % geschieden oder getrennt lebend und 10 % verwitwet.

Auffallend ist, daß von den Männern im arbeitsfähigen Alter (N = 17) der überwiegende Teil ohne Arbeit war (arbeitslos, frühzeitig berentet, arbeitsunfähig, längerfristig krank, N = 12), sich ein Schüler sowie ein Auszubildender darunter befanden und lediglich drei ehemalige Patienten in einem Arbeitsverhältnis standen.

55 % (N = 16) der ehemaligen Patienten suizidierten sich nach ihrem ersten Klinikaufenthalt, 21 % (N = 6) nach der 2. und 24 % (N = 7) nach der 3. (bis 9.) stationären Behandlung im hiesigen Krankenhaus. Bei 48 % (N = 14) führte Suizidalität mit zur Einweisung in die Klinik. Einen Suizidversuch am Einweisungstag hatten 4 (= 14 %) unternommen. Einen oder mehrere Suizidversuche in der Vorgeschichte ließen sich bei 62 % (N = 18) ausfindig machen.

	Lebensalter	Männer	Frauen
	- 20	1	-
	21 - 30	3	-
	31 - 40	-	1
	41 - 50	10	-
	51 - 60	1	5
	61 - 70	2	-
	71 - 80	2	4
Summe		19	10

Tabelle 2: Alter der poststationären Suizidanten

Die diagnostische Verteilung (Tabelle 3) zeigt ein Überwiegen der Depression (N = 8) mit 27 % und der depressiven Verstimmungen (neurotisch, reaktiv, infolge chronischer Schmerzen) (N = 9) mit 31 %, zusammen 58 %. 21 % (N = 6) der ehemaligen Patienten litten an einer schizophrenen Psychose und 17 % (N = 5) an einer Alkohol- und/oder Medikamentenkrankheit. Bei einer Patientin (4 %) lag eine Epilepsie vor.

Diagnose	N	%
Depression (Affektive Psychose)	8	27
Schizophrenie	6	21
Depressive Verstimmung (neurotisch, reaktiv, chronischer Schmerz)	9	31
Alkoholkrankheit und/oder Medikamentenkrankheit	5	17
Epilepsie	1	4
Summe	29	100

Tabelle 3: Diagnostische Verteilung der poststationären Suizide

Besonderes Augenmerk galt dem Zeitpunkt des Suizids nach der Klinikentlassung. Dem Zeitpunkt des Suizides nach der Entlassung kommt bezüglich einer wirkungsvollen Suizidprophylaxe durch effektive Entlassungsbedingungen und durch eine effiziente ambulante Nachbehandlung große Bedeutung zu. Unsere Erhebungen (Tabelle 4) bestätigen ein hohes Suizidrisiko in den ersten drei Monaten nach der Entlassung. Knapp ein Drittel, nämlich 31 % (N = 9), nahm sich in diesem Zeitraum das Leben, 5 (= 17 %) sogar im ersten Monat nach der Entlassung. Ein zweiter Schwerpunkt liegt mit 31 % (N = 9) im zweiten Halbjahr. Insgesamt verübten somit zwei Drittel der ehemaligen Patienten (65,5 %, N = 19) den Suizid im ersten poststationären Jahr. Die weitere Aufteilung ergibt sich aus Tabelle 4.

Ob bei Suizidenten im 4. bis 7. poststationären Jahr dem früheren Klinikaufenthalt noch eine engere psychodynamische Bedeutung zukommt, muß zunächst als Frage offenbleiben, zumal wir aus datenschutzrechtlichen Gründen gebunden sind, keine klinikexterne Umgebungsbefragung zu machen.

	N	%	kumulativ N	%
innerhalb des:				
1. Monats	5	17	5	17
2. und 3. Monats	4	14	9	31
4. bis 6. Monats	1	3,5	10	34,5
7. bis 12. Monats	9	31	19	65,5
2. und 3. Jahr	5	17		
4. und 5. Jahr	3	10,5		
nach:				
5 Jahren und 4 Monaten	1	3,5		
6 Jahren und 7 Monaten	1	3,5		
Summe	29	100,0		

Tabelle 4: Zeitpunkt der poststationären Suizide nach der Klinikentlassung

Bei Durchsicht der Ergebnisse fiel auf, daß bei der Mehrzahl der späteren Suizidanten bei der Entlassung bzw. beim Ausscheiden aus der stationären Behandlung teilweise massive Abwehr- und Störfaktoren und eine gestörte Arzt-Patienten-Interaktion im Vordergrund standen. Diese Patienten zeigten vor und nach der Entlassung eine teilweise heftige Kränkungs-, Vorwurfs-, Ablehnungs- und im Einzelfall offene Aggressionshaltung gegen den Aufenthalt in der psychiatrischen Klinik und gegen die Behandlung. Sie minimierten, verdrängten und verleugneten ihre Krankheit und psychosozialen Probleme, fühlten sich in der Klinik oder auf der "trostlosen Station" deplaziert, fürchteten um ihre Reputation oder ihren Arbeitsplatz, bezweifelten moros, gereizt, enttäuscht und hadernd die Notwendigkeit oder Effektivität der Behandlung. Sie forderten die sofortige Entlassung auch gegen ärztlichen Rat oder drohten im Einzelfall sogar mit der Einschaltung eines

Rechtsanwaltes. In fünf Fällen wurden diese Patienten mit heftigem Nachdruck von nahen Angehörigen (Ehepartner, Kinder) unterstützt. In keinem Fall war eine akute Suizidgefährdung erkennbar, weder fand sich ein entsprechender Eintrag in die Krankengeschichte, noch konnte sich bei einer Nachbefragung der Klinikärzte ein Hinweis darauf finden. Synoptisch zusammengefaßt ist von einem Einstellungs- und Interaktionsstörungs-Syndrom - kurz EISS genannt - zu sprechen. Wie Tabelle 5 zeigt, lag dies bei 62,1 % (N = 18) der späteren Suizidanten vor.

Poststationäre Suizide				davon: EISS		
		m	w		m	w
	29	19 (65,5%)	10 (34,5%)	18	11 (61,1%)	7 (38,9%)
%	100			62,1		

Tabelle 5: Häufigkeit des EISS (Einstellungs- und Interaktionsstörungssyndrom)

Bemerkenswert ist, daß sich unter den Patienten mit dieser starken Abwehrhaltung prozentual weniger Personen mit einer depressiven oder schizophrenen Psychose finden. Dafür überwiegen die neurotisch-reaktiv bedingten depressiven Verstimmungen und die Suchtkrankheiten (Tabelle 6).

Daß hier besonders enge und zweifellos gestörte Beziehungen zum stationären Aufenthalt bestehen - wobei extramurale Belastungen und mögliche life-events noch einer Analyse harren - läßt sich aus dem Zeitpunkt des Suizids ableiten (Tabelle 7). Dieser rückt noch näher als bei der Gesamtheit der poststationären Suizide an das Entlassungsdatum. So lag bei allen fünf Patienten, die sich im ersten poststationären Monat suizidierten, diese Einstellungs- und Interaktionsstörung vor. Kumulativ gesehen nahmen sich 78 % dieser Patienten innerhalb des ersten Jahres das Leben.

Diagnose	Poststationär gesamt N	%	EISS N	%
Depression (Affektive Psychose)	8	27	4	22
Schizophrenie	6	21	2	11
depressive Verstimmung (neurotisch, reaktiv, chron. Schmerz)	9	31	7	39
Alkoholkrankheit und/oder Medikamentenkrankheit	5	17	5	28
Epilepsie	1	4	-	-
Summe	29	100	18	100

Tabelle 6: Diagnostische Verteilung des EISS

Zu diesem Einstellungs- und Interaktionssyndrom finden sich mehr oder minder vergleichbare psychopathologische Beschreibungen in der Literatur. So etwa bei Flood und Saeger (1968), die von überanspruchsvollen und unkooperativen Patienten sprechen, deren Beschwerden nicht frei von einer hysteriformen Komponente waren. Pokorny und Kaplan (1976) beschrieben für das Zustandekommen des poststationären Suizides neben negativen Lebenserfahrungen eine Wehrlosigkeit, d.h. Unfähigkeit der ehemaligen Patienten, selbstentwertende Erfahrungen zu verarbeiten.

Götze und Schneider (1986) heben die Bedeutung der Trennung des Patienten vom Therapeuten insbesondere bei der Entlassung hervor und weisen darauf hin, daß diese Trennungssituation häufig

	Poststationär				EISS			
	gesamt		kumulativ		gesamt		kumulativ	
	N	%	N	%	N	%	N	%
innerhalb des:								
1. Monats	5	17	5	17	5	28	5	28
2. u. 3. Monat	4	14	9	31	2	11	7	39
4. - 6. Monat	1	3,5	10	34,5	-	-	-	39
7. - 12. Monat	9	31	19	65,5	7	39	14	78
2. u. 3. Jahr	5	17			1	5		
4. u. 5. Jahr	3	10,5			3	17		
nach:								
5 J. u. 4 Mon.	1	3,5			-	-		
6 J. u. 7 Mon.	1	3,5			-	-		
Summe	29	100,0			18	100,0		

Tabelle 7: Zeitpunkt der poststationären Suizide mit EISS

unterschätzt wird. Der Stellenwert der Entlassung für die Suizidalität und damit auch für die "poststationäre" Suizidalität wird von den Autoren als besonders kritisch gesehen. Auch die Fürsorge im Sinne einer Nachsorge erscheint Götze und Schneider problematisch. Sie fanden heraus, daß 40 % ohne eine ausreichende Nachsorge verblieben. Auch für uns bliebe zu überprüfen, inwieweit die Nachsorgeangebote wahrgenommen wurden.

Was Mitterauer (1981) für den Kliniksuizid kommunikationstheoretisch als Abwendungsverhalten beschreibt, verstehen Götze und Schneider für den Zeitraum der Entlassung (und auch auf Trennungssituationen während der Behandlung z.B. bei Verlegungen, Urlaub des Therapeuten) analytisch-psychodynamisch orientiert als (in der Regel) unbearbeitetes Trennungsproblem. Im Gegensatz zu einer für beide Seiten befriedigend, weil konstruktiv verlaufenen Trennung, kommt es zwischen dem poststationären Suizidpatienten und dem Therapeuten - im Sinne der Abwehr - zu einem harmonisierenden, resignierenden oder aggressiven Umgangsverhalten in der Entlassungssituation.

Zieht man die Erwartungen, Hoffnungen und Enttäuschungen während des Aufenthalts, das Auseinandergehen und die Wiederbegegnung und Auseinandersetzung mit der meist unverändert erlebten (und gebliebenen) Umwelt auf Seiten des Patienten in Betracht, so kommt es wahrscheinlich sehr schnell zu Desillusionierung, Enttäuschung und Wut, die sich sehr leicht suizidal entladen kann. Der Art und Weise der Beendigung der klinischen Beziehung kommt somit große Bedeutung zu. Die Bewältigung dieser Trennung durch Patienten und Therapeuten übt einen erheblichen Einfluß auf die unmittelbare poststationäre Befindlichkeit aus. Dieser Raum soll im weiteren von uns kritisch betrachtet und hinterfragt werden.

LITERATUR

FINZEN, A.: Ambulante psychiatrische Behandlung und Suizid. Ein Sammelreferat. Vorabdruck 1986

FLOOD, R.A., SAEGER, C.P.: A retrospective examination of psychiatric case rewards of patients who subsequently committed suicide. Aus: Modestin, J.: Suizid in der psychiatrischen Institution. Nervenarzt 53 (1982) 254-261

GÖTZE, P., SCHNEIDER, A.: Poststationäre Suizidalität und ihre Erfassung. Vortrag anläßlich des 2. Hildesheimer Psychiatrie-Symposions, Juni 1986

MITTERAUER, B.: Können Selbstmorde in einem psychiatrischen Krankenhaus verhindert werden? Psychiatr. Praxis 8 (1981) 25-30

POKORNY, A.D., KAPLAN, H.H.: Suicide following psychiatric hospitalization.1976. Aus: Finzen , A.: Ambulante psychiatrische Behandlung und Suizid. Ein Sammelreferat, Vorabdruck 1986, 49

Ritzel, G.: Suizidalität in einem psychiatrischen Krankenhaus. Psycho 9 (1983) 350-352

RITZEL, G., KORNEK, G.: Fördern freizügige und individuelle Therapie und Klinikführung den Suizid? Psycho 9 (1983) 77-80

STENGEL, E. (1969) zitiert nach Reimer, Ch.: Zur Problematik der Helfer-Suizident-Beziehung: Empirische Befunde und ihre Deutung unter Übertragungs- und Gegenübertragungsaspekten. In: Henseler, H., Reimer, CH.: Selbstmordgefährdung. Zur Psychodynamik und Psychotherapie, Stuttgart-Bad Cannstatt, 1981

ÜBERSICHT ÜBER DERZEITIGE FORMEN INSTITUTIONALISIERTER KRISENHILFE

HANS WEDLER

Der Versuch, aus den Ergebnissen der vielfältigen Ansätze der Krisenintervention in den vergangenen ein bis zwei Jahrzehnten ein Resümee zu ziehen, mag im Hinblick auf die noch recht ungesicherten Ergebnisse vorschnell erscheinen, hat jedoch in letzter Zeit einige Aktualität erlangt. So haben Katschnig und Konieczna im 2. Band der "Psychiatrie der Gegenwart" eine umfassende Analyse dargestellt aufgrund umfassender Recherchen in 17 europäischen Ländern. Weiterhin war eine 1986 von der "Aktion psychisch Kranke" in Bad Godesberg organisierte Tagung "Notfallpsychiatrie und Krisenintervention" diesem Thema gewidmet, - der Tagungsbericht gibt eine weitgefächerte Übersicht über die derzeitigen Kriseninterventionsaktivitäten, insbesondere in der Bundesrepublik.

Im Folgenden soll auf drei Punkte eingegangen werden :

I. Um welche Zielgruppe handelt es sich, wenn wir von "institutionalisierter Krisenhilfe" sprechen ?

II. Ein allgemeiner Überblick über die Institutionen und Personen, die mit Krisenhilfe unter dem besonderen Aspekt der Suiizidprävention befaßt sind

III. Am Beispiel der Tertiärprävention, der Krisenintervention bei Menschen nach überlebten Suizidhandlungen, soll dargestellt werden, welche Formen institutionalisierter Krisenhilfe derzeit in der Bundesrepublik Deutschland vorgehalten bzw. erprobt werden.

I. Der Umgang mit Krisenproblemen ist traditionell ein psychiatrisches Anliegen - abgesehen von einzelnen wenigen, z.T. schon sehr frühen Ansätzen von Hilfsangeboten außerhalb oder neben der Psychiatrie. So nimmt es auch nicht wunder, daß lange Zeit und in vielen Regionen bis heute Krisenhilfe nahezu ausschließlich als psychiatrische Behandlungsaufgabe gesehen und praktiziert wurde. Zur Diskussion stand und steht dann lediglich, *wie* Krisenhilfe in ein bestehendes psychiatrisches Versorgungssystem einzubetten ist. So ist auch der Begriff "Krise" bis heute mehrdeutig

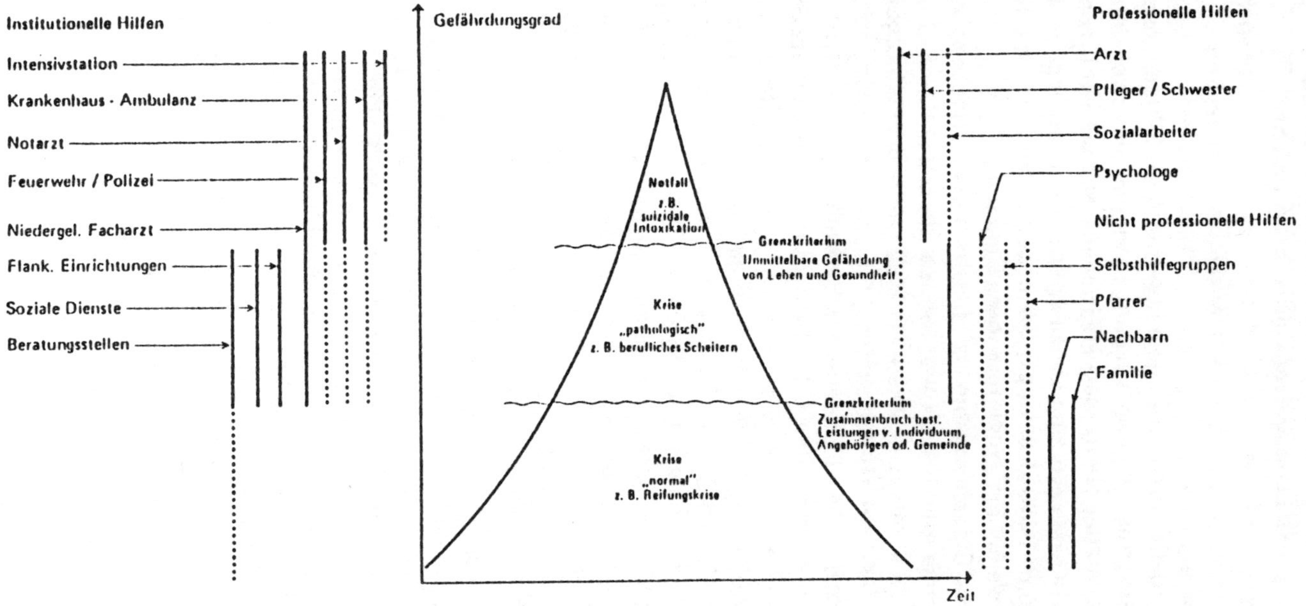

Abb. 1 : Adäquate Versorgung von Notfällen und Krisen durch institutionelle, professionelle und nicht-professionelle Hilfen. Notwendige Zuordnung: —, mögliche Zuordnung:····

geblieben. Er wird in sehr unterschiedlichem Bezug verwendet und hat zu nicht endenden Mißverständnissen geführt.

Als *Krise* wird ein durch äußere Ereignisse hervorgerufener seelischer Leidenszustand verstanden, ein seelisches Ungleichgewicht, das aus eigener Kraft und mit Hilfe des natürlichen sozialen Umfeldes nicht mehr bewältigt werden kann. Dabei können auch 'innere' (persönlichkeitsbezogene) Faktoren eine Rolle spielen.

Dem gegenüber ist der *psychiatrische Notfall* ein krisenhaft zugespitzter Krankheitszustand beim Vorliegen einer psychiatrischen Erkrankung, zumindest beim Vorherrschen der medizinischen Komponente bei einem akuten Behandlungsfall.

Die akute Suizidhandlung ist diesem psychiatrischen Notfallbegriff teilweise zugeordnet worden, da die Intoxikation in erster Linie gleichfalls medizinisches Handeln erfordere. Meines Erachtens liegt hier ein verwirrendes Mißverständnis vor, da zwar ein medizinischer (meist intern-medizinischer) Notfall vorliegt, nach Durchführung der internistischen Therapie häufig jedoch genau jener Status anzutreffen ist, den wir als Krise definiert haben.

In der Abbildung 1 nach Häfner und Helmchen wird zwischen "normalen Krisen", "pathologischen Krisenentwicklungen" und "Notfällen" unterschieden. Während "normale Krisen" danach weitgehend in Selbsthilfe bewältigt werden können und "Notfälle" fast immer fachmedizinisches Eingreifen erfordern, ist die Zielgruppe, über die wir hier sprechen und die wir mit den Instrumenten institutionalisierter Krisenhilfe zu erreichen suchen, ganz offenbar im Mittelbereich angesiedelt.

II. Wenn wir uns hier insbesonders mit der Krisenhilfe im Rahmen der Suizidprävention befassen, so lohnt ein Überblick über die Aufgaben und die beteiligten Stellen und Personen, die grundsätzlich im Rahmen der Suizidprävention engagiert sind (Abbildung 2). Unterschieden werden primäre, sekundäre und tertiäre Suizidprävention, wobei diese Bereiche sowohl hinsichtlich der inhaltlich zu leistenden Arbeit als auch der institutionellen Zuständigkeiten breite Überschneidungen aufweisen.

Krisenhilfe ist also einerseits nur ein kleiner Teil der Suizidprävention, Hilfe in suizidalen Krisen andererseits nur ein kleiner Teil des gesamten Aufgabenspektrums der Krisenhilfe und Notfall-Psychiatrie. Eine klare, unzweifelhafte Abgrenzung ist nirgendwo möglich, die Überlappungsbereiche sind erheblich.

	Inhalte	Zuständigkeiten
Primärprävention	Gesundheitsvorsorge Psychohygiene Erziehung Aufklärung Soz. Versorgung Stadtplanung Verkehrsplanung Wohnungsbau Arbeitsplatz Suchtmittelbekämpfung	Gesellschaft Staat Gemeinde Familie Kirchen Schule Jugendhäuser VHS
Sekundärprävention	Beratung/Vermittlung Krisenintervention Erziehungshilfe Familientherapie Suchttherapie Sozialmaßnahmen Frühdiagnostik somat. Therapie	Suizidales Umfeld Beratungsstellen Telefonseelsorge Psychologen Psychotherapeuten ambulante Ärzte soz. Hilfsstellen Gemeindehelfer Selbsthilfegruppen PSAG Polizei Feuerwehr Justiz Strafvollzug
Tertiärprävention	ärztliche Fachtherapie Erstversorgung Krisenintervention psych.soz. Hilfsangebote	Psychiater Internisten Kliniken (Ärzte, Pflegepersonal, Sozial-Arbeiter, Pfarrer)

Abb. 2: Suizidprävention – Inhalte und Zuständigkeiten (Wedler 1984)

Schließlich ist Krisenhilfe jedweder Form wiederum nur ein kleiner des gesamten psychosozialen Versorgungssystems, des "psychosozialen Netzes". Je nach Versorgunsgebiet, nach Wohnstruktur, nach den dort bereits bestehenden Einrichtungen, aber auch nach den Menschen, die dort arbeiten und Sozialpolitik organisieren, wird auch die Organisation der Krisenhilfe sehr unterschiedlich aussehen und sich nicht nur nach den Erfordernissen einer vorhandenen Krisen-Klientel, sondern auch nach den bereits geknüpften Maschen des gesamten psychosozialen Netzes richten müssen. Dessen sollten wir uns stets bewußt bleiben, wenn wir uns über mögliche oder gar "ideale" Formen der Krisenhilfe im weiteren Gedanken machen.

Um in Krisen Hilfen anzubieten, kommen rein organisatorisch vier Formen in Betracht:

1. Krisenhilfe bei räumlicher Trennng des Hilfesuchenden und des Hilfe Anbietenden übers Telefon (z.B. Telefonseelsorge);
2. Hilfe, die am Ort des Helfers angeboten wird, den der Hilfesuchende demnach aufsuchen muß ("Komm-Struktur");
3. Der Helfer sucht den Hilfesuchenden auf ("Geh-Struktur", z.B. mobile Dienste);
4. Herausnahme des Hilfesuchenden aus dem Krisenfeld (z.B. stationäre Krankenhausaufnahme)

Klassische Beispiele für die "Komm-Struktur" sind die Beratungsstellen. Sie leisten zugleich häufig auch Krisenhilfe bei räumlicher Distanz (übers Telefon), gelegentlich auch aufsuchend im Sinne der "Geh-Struktur". Klassische Beispiele für die "Geh-Struktur" sind die vielerorts eingerichteten psychosozialen Dienste. Welche dieser verschiedenen Formen die effektivere Krisenintervention leistet, läßt sich weder heute, noch wahrscheinlich jemals in Zukunft mit Eindeutigkeit entscheiden.

Neben den obengenannten Entwicklungstendenzen in einer Region (Welche Einrichtungen gibt es?) spielen beim Aufbau eines Systems der Krisenhilfe auch psychiatrie-politische Modelle und Ideologien eine Rolle, insbesondere die Frage, ob eher eine zentralisierte Versorgung mit möglichst vielen spezialisierten Einrichtungen das bessere Angebot stellt oder aber eine Dezentralisierung mit sektorisierten Versorgungsbereichen, in denen ein jeweils umfassend kompetentes Team eine möglichst kleine Bevölkerungsgruppe psychosozial umfassend unter weitgehendem Verzicht auf spezialisierte Institutionen versorgt.

Auch diese grundsätzlichen Fragen werden vor Ort eher durch das, was bereits vorhanden und möglich ist, entschieden, als durch die jeweiligen Wunschvorstellungen einzelner Gruppen.

III. Tertiäre Krisenintervention ist Krisenhilfe für Menschen im Anschluß an durchgeführte, nicht tödliche Suizidhandlungen. Die Erstversorgung, die meist im Allgemein-Krankenhaus erfolgt, umfaßt neben der körperlichen Behandlung alle kommunikativen Vorgänge im Rahmen der Erstbehandlung, eine diagnostische Beurteilung in bezug auf etwaige, der Suizidhandlung zugrundeliegende Krankheiten und die eigentlichen Maßnahmen der Krisenintervention.

Um diese Aufgaben im Rahmen der Erstversorgung im Allgemein-Krankenhaus angemessen durchführen zu können, sind verschiedene Wege beschritten und unterschiedliche Organisationsformen gefunden worden :

1. Konsiliarsystem

In zahlreichen Krankenhäusern ist es üblich, Suizidpatienten nach abgeschlossener Entgiftung einem konsiliarisch tätigen Nervenarzt vorzustellen. Dieser soll dann meist über die Frage entscheiden, ob der Patient entlassen werden kann oder ob die stationäre Behandlung in einem psychiatrischen Krankenhaus anzuraten ist. Mehr als diese diagnostische Evaluation des Patienten kann der psychiatrische Konsiliararzt in der Regel auch nicht leisten. Die notwendige zeitliche Begrenztheit eines Konsiliarkontakts erlaubt keine Krisenintervention, die immer ein schrittweises, mehrzeitiges Vorgehen erfordert. Dieses Versorgungssystem hat überdies den Nachteil, daß die Kommunikation zwischen dem Team, das die körperliche Behandlung übernimmt, und dem Patienten häufig sogar noch schlechter ist als in Kliniken, in denen überhaupt keine gezielte psychosoziale Versorgung von Suizidpatienten stattfindet. Das medizinische Personal fühlt sich durch offizielle Delegationen der psychosozialen Problematik an den Psychiater aus seiner Kommunikationsverpflichtung entbunden und nicht mehr verantwortlich. Die Folge ist dann eine mangelhafte Motivation des Patienten zum Konsiliargespräch, das mehr und mehr Alibicharakter trägt. Auch das hat Rückwirkungen auf die Qualität der psychiatrischen Betreuung. 90-95 % der Suizidpatienten im Allgemein-Krankenhaus bleiben bei diesem System letztlich unzureichend versorgt.

2. Betreuung durch Laienhelfer

In Ergänzung des Konsiliarsystems wurde in einigen Kliniken die weitere Betreuung von Suizidpatienten Laienhelfergruppen übertragen. Solche Laienhelfer nehmen Kontakt mit den Patienten schon während der Behandlung im Krankenhaus auf. Sie begleiten ihn auch nach der Entlassung aus dem Krankenhaus über längere Zeit bis zur Überwindung der akuten Krise. Dieses System hat sich vielerorts bewährt. Ganz offenbar verfügt der - entsprechend vorbereitete - Laienhelfer über kommunikative Fähigkeiten, die sich als stützende Hilfe zur Bewältigung einer suizidalen Krise professionellem Vorgehen in mancher Hinsicht überlegen erwiesen haben.

3. Liaison-Psychiater

Um den genannten Nachteilen des Konsiliarsystems zu entgehen, wird an einigen Kliniken der Psychiater organisatorisch fest in das Medizinische Team (.z.B. auf der Intensiv-Station) eingebunden. Seine Aufgabe ist es dann, das Medizinische Team im Umgang mit Suizidpatienten zu beraten und zu supervidieren und nur dann selber einen Kontakt zum Patienten herzustellen, wenn dieses - z.B. aus diagnostischen Gründen - erforderlich ist. Sozialarbeiter, Psychologen, Theologen u.a. können den Psychiater bei dieser Arbeit unterstützen. Dieses System beschränkt sich allerdings in der Regel auf Kliniken, denen eine psychiatrische Abteilung angeschlossen ist. Es setzt eine intensive Zusammenarbeit zwischen Internisten und Psychiatern voraus und hat gelegentlich gleichfalls den Nachteil, daß in Anwesenheit des "Fachmannes" das medizinische Personal dazu tendiert, sich aus Verantwortung und Zuständigkeit für den Suizidpatienten zurückzuziehen. Bei gegebener Bereitschaft zur Zusammenarbeit aber ist das "Liaison- System" geeignet, sämtliche Versorgungsaufgaben bei Suizid-Patienten zu erfüllen.

4. Spezialisierte Kriseninterventionseinheit

Nach amerikanischem Muster wurden vereinzelt Kriseninterventionszentren geschaffen, die auf die Versorgung von Suizidpatienten mit allen Aufgaben spezialisiert sind. Ein multiprofessionelles Team arbeitet von Beginn an mit dem Patienten, die Krisenintervention erfolgt parallel zur somatischen Therapie. Dieses System ist sehr personal- und deshalb kostenaufwendig, so daß es sich nur an sehr großen Entgiftungszentren realisieren läßt und für die Regelversorgung in den meisten Krankenhäusern nicht in Frage kommt.

5. Krisenintervention durch das Medizinische Team

Um den Nachteilen der vorgenannten Modelle zu entgehen und dennoch eine umfassende Versorgung von Suizidpatienten zu gewährleisten, wurde an der eigenen Klinik ein System entwickelt, das Krisenintervention und psychosoziale Betreuung von Suizidpatienten als Aufgabe der Medizinischen Teams definiert. Auch hier bedarf es suizidologisch erfahrener Mitarbeiter, vor allem aber einer transparenten Versorgungsstruktur mit klaren Verantwortlichkeiten und Zuständigkeiten. Zentrale Funktion besitzt eine regelmäßige Fallbesprechung, in deren Rahmen die Stationsärzte - für die Krisenintervention bei ihren Patienten verantwortlich - von Experten beraten und unterwiesen werden. Hier erfolgt auch die notwendige Vermittlung suizidologischen Wissens und therapeutischer Techniken, wobei sich für die Ausbildung psychosozialer Kompetenz die Teilnahme an Paar- und Familiengesprächen als Ko-Therapeut besonders bewährt hat. Die bisherigen Erfahrungen haben gezeigt, daß sich so auch mit relativ bescheidenen Mitteln eine angemessene, vollständige Versorgung von Suizidpatienten realisieren läßt.

Die vorstehenden Ausführungen haben sicherlich deutlich gemacht, daß wir weit von einer einheitlichen Organisation der Krisenhilfe entfernt sind und notwendigerweise wohl auch bleiben werden. Viele Aufgaben innerhalb der psychosozialen Versorgung - so auch erhebliche Teile der Krisenhilfe - können kompetent und lückendeckend durch sehr unterschiedlich organisierte Dienste versehen werden. Es kommt nicht in erster Linie darauf an, wer und welche Berufsgruppen dort arbeiten. (Dabei soll nicht übersehen werden, daß bestimmte Regeln sich durchaus als fruchtbar erwiesen haben. In der Krisenhilfe beispielsweise hat sich eine multiprofessionelle Zusammenarbeit mit nach Geschlecht und Alter möglichst unterschiedlichen Menschen, mit möglichst vielfältig erworbenen Ausbildungs- und Berufserfahrungen als fruchtbar und die Arbeit erleichternd herausgestellt).

Umgekehrt sorgt nicht die bloße Existenz einer psychosozialen Versorgungseinrichtung dafür, daß nun tatsächlich die notwendige Krisenhilfe auch in hinreichender Form angeboten wird. Das gilt sowohl für manche psychiatrischen Dienste, die aus finanzpolitischen Überlegungen das gesamte Krisenfeld mit abzudecken behaupten, als auch für manche Kriseninterventionseinrichtungen, die zwar etwas anbieten, die unterversorgte Krisenklientel in ihrer Region jedoch gar nicht erreichen. In jedem Fall wäre es verfehlt, aus theoretischen Überlegungen heraus bestimmte Forderungen für eine spezielle Versorgungsregion zu treffen. ohne auf das Rücksicht zu nehmen, was bereits an psychosozialen Einrichtungen in dieser Region besteht. Leitlinie bei allen Überlegungen müssen immer die feststellbaren Versorgungsmängel sein. Wie sie festgestellt und behoben werden können, sollte stets in Abstimmung mit den bereits bestehenden Einrichtungen überlegt und beschlossen werden. Als Gremium bieten sich hier die Psychosozialen Arbeitsgemeinschaften an, wie sie in vielen Orten der Bundesrepublik entstanden sind, aber leider dort, wo ihre regulative Funktion besonders erforderlich wäre, mitunter am Egoismus einzelner Institutionen gescheitert sind.

Dazu ein letzter (persönlich gefärbter ?) Gedanke: Viel zu wenig ist meines Erachtens bisher die Rolle der Allgemein-Krankenhäuser im Rahmen der Krisenhilfe bedacht worden. Tatsächlich wird in den Allgemein-Krankenhäusern Krisenhilfe in einem erheblichen Maß rund um die Uhr geleistet - leider oft mit unzureichenden Mitteln und beschränktem Know-how. Und häufig geschieht diese Krisenhilfe, ohne daß es den beteiligten ärztlichen und pflegerischen Helfern eigentlich recht bewußt wird.

Sehen wir es jedoch als eine Aufgabe an, die absurde, vorwiegend auf dem Rücken der Patienten ausgetragene Trennung von Körper und Seele zu überwinden, so sollten wir auch darauf hinarbeiten, die Rolle der Allgemein-Krankenhäuser als zentrale Anlaufstelle für Krisenpatienten besser, als bisher geschehen ist, zu etablieren. Eine solche Forderung, einer der ältesten Institutionen zur Krisenhilfe etwas mehr Beachtung zu schenken und etwas mehr Verantwortlichkeit zuzumuten, klingt im Rahmen der gegebenen Übersicht über Formen institutionalisierter Krisenhilfe in der Bundesrepublik paradoxerweise beinahe futuristisch.

LITRATUR

HÄFNER, H. und HELMCHEN, H. (1978): Psychiatrischer Notfall und Psychiatrische Krise - Konzeptionelle Fragen. Nervenarzt 49: 82- 87

KATSCHNIG, H.,KONIECZNA, T.(1986): Notfallpsychiatrie und Krisenintervention. In; Psychiatrie der Gegenwart, Band II. Berlin - Heidelberg-New York: Springer Verlag

KATSCHNIG, H., KULENKAMPF, C. (1987): Notfallpsychiatrie und Krisenintervention. Tagungsbericht. Köln: Rheinland Verlag

WEDLER, H.(1984): Der Suizidpatient im Allgemein-Krankenhaus. Stuttgart: Enke-Verlag

WEDLER, H. (1987): Der suizidale Patient im Krankenhaus. Intensiv-Medizin 24: 54-57

10 JAHRE KONTAKTGRUPPE FÜR SELBSTMORDGEFÄHRDETE
ENTWICKLUNGSGESCHICHTE EINER INSTITUTION

REGULA FREYTAG

Den Anstoß zur Gründung des Vereins "Kontaktgruppe für Selbstmordgefährdete" gab ein Student der Sozialpädagogik, Wolfgang Brockmann. Acht Jahre lang hatte er als aktives Mitglied der Johanniter Unfallhilfe mit zunehmender Bekümmerung die fehlende seelische Versorgung der Suizidpatienten im Krankenhaus miterlebt. Jetzt wollte er Abhilfe schaffen. Hans-Ulrich Kawohl, ein Dozent der Fachhochschule, ließ sich von ihm anregen, das neue Projekt im Sommersemester 1975 zu starten. In einem Vorbereitungsseminar studierten die TeilnehmerInnen Krisen- und Suizidtheorien. Eine Bedarfsanalyse sollte einen ersten Überblick verschaffen über Größe, Art und Bedürfnisse der zukünftigen Klientel vor Ort. Dies erwies sich jedoch als sehr schwierig. Statistiken waren von den befragten Stellen - Polizei und Krankenhäuser - damals noch nicht zu bekommen. Allerdings verkannten die Frager die besonderen Bedingungen der befragten Institutionen. So gibt es viele Gründe, aus denen heraus von ÄrztInnen, auch von PatientInnen, die Vergiftung nicht als Suizidversuch etikettiert wird, sondern als "ein Versehen in Verbindung mit Alkohol". Die Frager deuteten dies so: "Die wollen sich von uns nicht in die Karten gucken lassen, wir sind als Studenten wohl keine vollwertigen Partner".

Die Zeit wurde den Studierenden knapp. Auch ohne vollständige Bedarfsanalyse drängten sie auf einen praktischen Anfang. Da es noch keinen Zugang zum Krankenhaus gab, wollte man die SuizidpatientInnen einladen, zu den Studierenden zu kommen. Ein beschwerlicher Weg: der Gruppe standen im Sommersemester 1976 im Hildesheimer "Haus der Jugend" zwei Räume an zwei Nachmittagen der Woche zur Verfügung, ohne eigenes Telefon.

So entstand anstelle eines Besuchsdienstes im Krankenhaus eine Beratungsstelle außerhalb des Krankenhauses: ein Gesprächsangebot für Menschen in Krisen, die sich "am Ende" fühlen, keinen Gesprächspartner wissen und keine der vorhandenen Beratungsstellen als für sie zuständig erachten. Aus der geplanten Gehhin-Struktur war eine Komm-Struktur geworden. Damit wurde Öffentlichkeitsarbeit notwendig, um das neue Angebot bekanntzumachen. Gleichzeitig sollte langfristig dazu beigetragen werden, der Ausgrenzung von Selbstmordgefährdeten entgegenzuwirken, das Thema "Selbstmord" besprechbar zu machen und Angehörige und andere Bezugspersonen anzuleiten, mit Suizidgefährdeten hilfreich umzugehen.

Der Zeitpunkt für dieses Heraustreten an die Ölffentlichkeit kam verfrüht, meinten die InitiatorInnen. Es fiel ihnen schwer, die mit dem Anfang verbundene Unsicherheit auszuhalten. Am liebsten hätten sie den KlientInnen schon gleich ein fertig durchdachtes schriftliches Konzept in die Hand gegeben und sie empfanden es als großes Manko, noch nicht so weit zu sein. Es gab kaum Handlungsmodelle. Die Deutsche Gesellschaft für Selbstmordverhütung war damals erst vier Jahre alt. So rackerten man sich sehr ab, für die Vereinsgründung und Konzeptentwicklung alles Notwendige selbst durch Ausprobieren herauszufinden. Manchmal sehnte sich die Gruppe nach einer Fachkraft, die ihr mehr Gelassenheit und alles notwendige know how vermittelt hätte.

Unter diesen noch sehr eingeschränkten Umständen (einmal mußte ein Klient im Auto beraten werden, da zwei Klienten gleichzeitig erschienen) ist es erstaunlich, daß sich bald Klienten einfanden. Man nahm sich von Anfang an sehr viel Zeit, um jedes Beratungsgespräch sorgfältig nachzubesprechen.

Eine erste Statistik wurde erstellt:

Von Oktober 1976 bis Ende April 1977 kamen 22 Klienten: 5 Männer, 17 Frauen.

Die Gespräche dauerten 25 - 90 Minuten, in einem Fall 3 Stunden. Pro Klient wurden 1 - 35 Beratungen durchgeführt.

Es wurde auch praktisch geholfen: bei Behördengängen, bei Schulden, bei einem Umzug.

Die meisten Klienten hatten einen oder mehrere Selbstmordversuche hinter sich. Ein Klient stand unmittelbar vor einem Suizidversuch.

Als Probleme wurden genannt oder beobachtet: bei den meisten Klienten depressive Verstimmungen, Gefühle der Ausweglosigkeit, Einsamkeit, Angst, Schwierigkeiten in der Zweierbeziehung, allgemeine Kontaktschwierigkeiten, Trennung, finanzielle Belastungen; bei zwei Klienten: Erscheinungen von Verwahrlosung.

Die Möglichkeit zum Gespräch

Beratung und Hilfe für Selbstmordgefährdete

kostenlos und anonym

Haus der Jugend, Raum 7
Steingrube
3200 Hildesheim

Postfach: Hildesheim 1011

Für die notwendige Öffentlichkeitsarbeit zeichnete ein Grafiker der Gruppe ein Plakat (Abbildung 1). Es sollte für das neue Konzept werben mit dem Slogan: "Die Möglichkeit zum Gespräch". An den Seiten eines tiefen Abgrunds stehen Menschen: auf der einen Seite ist es nur ein einzelner, auf der anderen eine Gruppe. Die Vorstellung war - und die Erfahrung hat es bestäigt - , daß dieser scheinbar unmögliche Schritt über den inneren Abgrund bei geeigneter Gesprächsführung tatsächlich möglich ist. Verena Kast hat jetzt, 1o Jahre später, diesen Sprung einen "schöpferischen Sprung" genannt.

Fragt man Menschen (und bei jeder sich bietenden Gelegenheit im Zusammenhang mit Ausbildung oder Öffentlichkeitsarbeit ist dies geschehen), was für sie das schlimmste Gefühl in einer Krise war, was ihnen nicht geholfen hat und welche Hilfe sie sich von anderen gewünscht hätten, so zeigt sich, daß wir Menschen verblüffend ähnlich empfinden, so verschieden die äußeren Anlässe der Krise auch sein mögen. Am schlimmsten auszuhalten sind für die Befragten Gefühle des Einsam- und Velassenseins ("seelische Leere) und die Strukturlosigkeit der Zeit (*keine* Zukunft mehr, auf die hin sich etwas in Bewegung bringen ließe) und die mit diesem "Flügel-lahm-Sein" verbundene Angst, Scham und Mutlosigkeit. Ebenfalls allen gemeinsam ist der Wunsch nach einem verständnisvollen, Gelassenheit und Zuversicht ausstrahlenden Partner, der einen nicht länger abwertet (also auch nicht durch Mitleid "klein"macht), sondern der vielmehr die Krise mit aushält, ohne Ratschläge zu geben, dem man "alles ruhig sechsmal erzählen kann". Kurz, jemand, der sich so verhält, wie dies hinreichend von Carl Rogers als Grundhaltung für eine hilfreiche Gesprächsführung beschrieben wurde. Nur weil es diese menschlichen Grunderwartungen und -bedürfnisse gibt, ist es zu verantworten, mit halbprofessionellen Laienberatern zu arbeiten, wenn sie gelernt haben, nicht alles für den anderen lösen zu müssen, nicht länger (Be)kümmerer von Kümmerlingen sein zu wollen.

Zusammen mit diesem ersten Konzept wurde auch der Name gefunden: "Kontaktgruppe für Selbstmordgefährdete". "Ist doch klar", wurde gesagt, "Menschen in Krisen brauchen Kontakt und wir sind eine Gruppe von Helfenden. Und "Selbstmordgefährdete"? Man muß doch das Kind bei seinem Namen nennen." Ganz so klar war der Name nicht. Er sollte später ständig zu Mißverständnissen führen: die Gruppe wird oft für eine Selbsthilfegruppe ehemaliger Suizidgefährdeter gehalten und auch das Kontaktangebot zuweilen mißverstanden im Sinne von Partnervermittlung. Das Wort 'Selbstmordgefährdete' im Namen ist vielen unheimlich, jedoch äußern sich die KlientInnen meist erleichtert, so direkt angesprochen zu werden.

Endlich im Herbst 1977 wurde der neue Verein ins Vereinsregister eingetragen. Das Kind hatte einen Namen und ein Lebensziel. Dieses Kind, von dem viele sagten: "Wunderbar. daß es da ist!" und dann die noch dünnen Ärmchen skeptisch betasteten, ob es wohl fähig sei," diese schwere Arbeit" zu leisten. Dieses Kind, von dem andere sagten, daß sie es, da sie es nicht gezeugt hätten, auch in gar keinem Fall ernähren würden. So fand sich zwar im Deutschen Paritätischen Wohlfahrtsverband ein Träger, eine Regelfinanzierung bis heute jedoch noch nicht.

Damals war man noch optimistisch. Es war inzwischen etwas Startgeld vorhanden. Neue eigene Räume konnten bezogen und eine Stelle als Arbeitsbeschaffungsmaßnahme eingerichtet werden. Die ABM-Stelle wurde besetzt mit einem Diplom-Psychologen, Peter Kallenberger, der therapeutisch ausgebildet war und viele praktische Erfahrungen, auch aus der Telefonseelsorge, mitbrachte. Da war jetzt dieser Fachmann, welcher der Gruppe half, ihre bisher gewonnenen Erfahrungen auszubauen. Vieles, was damals eingerichtet wurde, hat sich bis heute erhalten.

Jetzt begannen die 'Gründerjahre' der Kontaktgruppe. Ein Zugang zum Krankenhaus wurde gefunden und den Suizidpatienten regelmäßig Gespräche angeboten, die Telefonberatung wurde aufgenommen (fast 2/3 der Erstkontakte gehen über das Telefon). Viele interessierte StudentInnen meldeten sich zur Mitarbeit. Der Kreis der Mitarbeitenden wurde um Nicht-StudentInnen erweitert. Die notwendige Ausbildung für alle wurde aufgebaut.

Die Öffnungszeiten wurden erweitert, allerdings nur auf 24 Wochenstunden, verteilt auf alle Tage außer Mittwoch. Angesichts der unklaren personellen Weiterentwicklung wurde auf eine größere Ausdehnung der Zeiten verzichtet, um den Bereitschaftsdienst auch langfristig zuverlässig durchhalten zu können. Beratungen können natürlich auch außerhalb dieser festen Zeiten verabredet werden, doch für *neue* Klienten bedeutet diese Beschränkung, daß sie sich ihre Krise auf irgendeine Weise "einteilen" müssen. Dies geht erstaunlich gut.

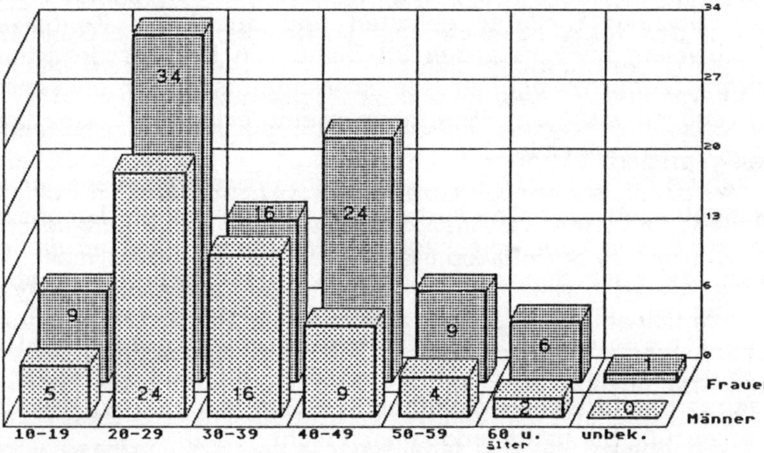

Abb. 2: Verteilung der KlientInnen nach Alter und Geschlecht (1988)

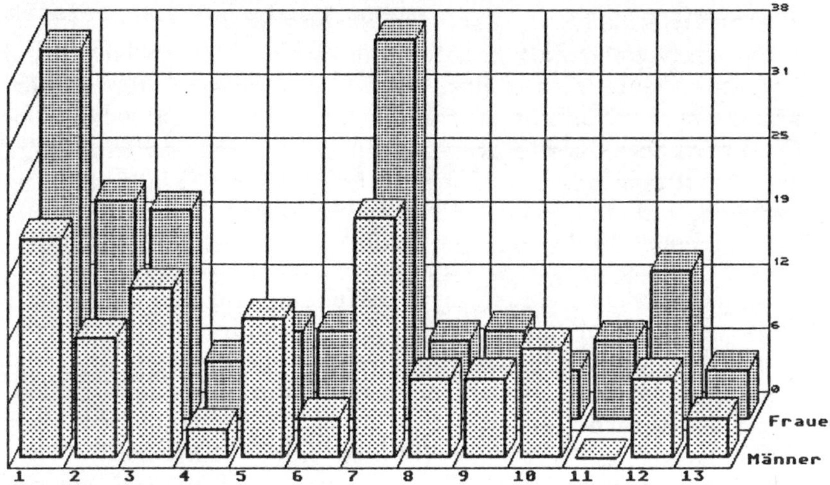

Abb. 3.: Welche Probleme wurden genannt? (1988)

1. Zusammenleben m.anderen
2. Verlust (Trennung o.Tod)
3. Einsamkeit
4. Ausbildung/Prüfungsangst
5. Beruf/Erwerbslosigkeit
6. Schwere psych.Leiden
7. Neurotische Störungen
8. Sucht
9. Körperl.Leiden/Behinderung
10. Finanz.u./o. jurist.Probleme
11. Sexueller Mißbrauch
12. Probl.m.suizidgefährdeten Angehörigen
13. Sonstige Probleme

Inzwischen werden jährlich etwa 600–700 Beratungsgespräche geführt, in der Beratungsstelle oder im Krankenhaus. 150 bis 170 neue KlientInnen kommen jährlich dazu. Die Alters- und Ge schlechtsverteilung *(Abb. 2)* und die Problemnennungen *(Abb. 3)* entsprechen dem Verteilungsbild, wie es von ähnlich arbeitenden Beratungsstellen bekannt ist.

Die Aufbauphase wurde zunehmend überschattet durch die drückenden finanziellen Sorgen. Ein zäher, bis heute andauernder Kampf um das finanzielle Überleben begann. Ein erheblicher Teil der Arbeitskraft ging in die Bemühungen um Geldquellen, Schreiben von Anträgen etc. Dies war den LaienberaterInnen unvertraut und überforderte sie daher oft. Es fällt auch heute noch schwer, die Geldbeschaffung genauso selbstverständlich wie die notwendige Beratungsarbeit einfach zu institutionalisieren. Das Wechselbad von Abwertung und Idealisierung durch KlientInnen haben wir gelernt zu überstehen, widerfährt es uns jedoch durch die politische Öffentlichkeit, reagieren wir empfindlich.

Die erste Fachkraft konnten wir nur drei Jahre lang bezahlen, und es dauerte zwei Jahre, bis wir wieder eine ABM-Stelle, die sich zwei Berufsanfängerinnen teilen mußten, bezahlen konnten. Die notwendige Weiterentwicklung des Konzeptes stockte. Denn hierfür ist eine gewisse Übung im Umgang mit Erfahrungen unumgänglich, und die kann nicht von nur vorübergehend Mitarbeitenden herbeigezaubert werden. Die Arbeit am Konzept (Auswertung der Praxis, Überprüfung der Handlungsziele und -strategien, Kurskorrekturen) ist jedoch notwendig, um die Sicherheit zu erhalten, "es" richtig zu machen, nicht fehl am Platz zu sein. Wie Supervision müßte sie als ständige Dauerreflektion institutionalisiert werden.

Wie hat sich nun die Gründungsgeschichte auf die heutigen Arbeitsbedingungen ausgewirkt, gibt es da überhaupt erkennbare Bezüge? Diesen Fragen möchte ich an vier Beispielen ausführlicher nachgehen: 1. Die Notwendigkeit, in allen drei Gebieten der Suizidprävention gleichzeitig zu arbeiten. 2. Der Entschluß, mit (noch) Nicht-Professionellen zu arbeiten. 3. Die Notwendigkeit, mit einer sehr heterogen zusammengesetzten Gruppe von Mitarbeitenden zu arbeiten. 4. Der Entschluß, "von unten" anzufangen.

1. Der Entschluß, in allen Bereichen der Suzidprävention zu arbeiten

Die Gruppe hat sich sehr viel zugemutet, gleich in allen drei Bereichen der Suizidprävention tätig zu sein: der Primärprävention (Öffentlichkeitsarbeit), der Sekundärprävention (Beratungsstellenarbeit) und schließlich auch der Tertiärprävention (Krankenhausarbeit). Die Gefahr einer Verzettelung bleibt nicht aus. Das macht sorgfältige Abwägungen und Zielsetzungen erforderlich und zeigt noch einmal, wie wichtig die konzeptionelle Arbeit ist.

Die Notwendigkeit, mit einer Beratungsstelle und der mit ihr verknüpften Öffentlichkeitsarbeit anzufangen, brachte manche Vorteile mit sich. Die "Komm-Struktur" der Beratungsstelle spricht die Selbsthilfekräfte der Klientel an. KlientInnen, die in die Beratungsstelle kommen, bringen relativ klar zu erkennende Aufträge mit, das erleichtert die Beratungsarbeit. Viele KlientInnen kommen mehrmals, einige jahrelang. So können auch langfristige Veränderungsprozesse begleitet und beobachtet werden. Die BeraterInnen können wichtige Erfahrungen machen, die in Supervision und Ausbildung einfließen und die Öffentlichkeitsarbeit befruchten.

Mit diesem Erfahrungs- und Erfolgspolster im Rücken gelingt es besser, den notwendigen langen Atem aufzubringen für den Aufbau des Besuchsdienstes in den Intensivstationen der Hildesheimer Krankenhäuser. Denn von außen einen Zugang zum Krankenhaus zu erhalten und in seinen festen hierarchischen Strukturen einen angemessenen Platz zu finden, ist nicht problemlos. Wir stießen oft auf die inzwischen hinreichend bekannte Abwehr des Pflegepersonals den Suizidenten gegenüber, die sich mit einer Abwehr gegen uns Helfende verband. Diese doppelte Ausgrenzung gilt es zu überbrücken. Hinzu kommt, daß die Suizidpatienten selbst sehr ambivalent sind z.B. in ihrem Wunsch nach Hilfe und der Angst, sich dadurch auszuliefern und nicht mehr schützen zu können. Wir mußten lernen, die Realität zu erkennen, daß Helfende nicht immer willkommen sind.

Aber nicht immer gestaltete sich die Beziehung zu den Pflegeteams schwierig. Wir erlebten Phasen, in denen ÄrztInnen, Pfleger und Schwestern sehr nachdrücklich unsere Arbeit, auch in der Öffentlichkeit, unterstützten und uns halfen, auch ihre Arbeitsbedingungen besser zu verstehen.

Wir möchten gerade diesen Zweig der Arbeit nicht missen. Er hat uns mit KlientInnen zusammengebracht, die sonst nie zu uns gekommen wären, und er hat viel dazu beigetragen, das oft Paradoxe der Selbstzerstörung um der Selbstbewahrung willen wahrnehmen zu lernen, das heißt: SuizidpatientInnen ernster zu nehmen.

2. Der Entschluß, mit (noch) Nichtprofessionellen zu arbeiten

Das Konzept: "Angeleitete Laienarbeit" ist noch weitgehend unvertraut. Schnell wird die Frage gestellt: "Können die das eigentlich, müssen bei lebensgefährlichen Krisen nicht die besten Fachleute helfen ?" Diese Zweifel, von außen an die MitarbeiterInnen herangetragen, können leicht in Resonanz geraten mit den vorhandenen selbstzerstörerischen Zweifeln der Helfenden. Mit LaienberaterInnen zu arbeiten, bedarf noch der ständigen Rechtfertigung.

Die Klientel nimmt die Halbprofessionalität der Laienberater - nach gelegentlichem Zögern - gut auf. Ein Zitat: "Ich würde mir wieder eine solche Stelle suchen. Sie ist anonym und kostenlos. Sie ist noch nicht psychiatrisch und doch Beratung und mehr als Nachbarschaftshilfe. Mehr an Professionalität brauche ich nicht." oder kürzer: "Ohne diese Stelle wäre ich nicht mehr am Leben!"

Zu Beginn fehlten solche Rückmeldungen. Die Studierenden machten sich begreiflicherweise sehr viele Gedanken, ob es richtig sei, was sie da täten. So wurde jedes Beratungsgespräch von den Mitarbeitenden untereinander sehr sorgfältig nachbesprochen. Später übernahmen therapeutisch ausgebildete MitarbeiterInnen die Supervisionsleitung. Die praktische Arbeit wurde also von Anfang an mit Fallsupervision verbunden. Sie bietet nicht nur Sicherheit für die Praxis, sie kann auch den Frust, der bei den Mitarbeitenden durch die "Frustverwaltung" der KlientInnen entsteht, weitgehend auffangen, so daß die Freude an der Arbeit mit den KlientInnen erhalten bleibt.

Und doch bestanden eine Menge Verkrampfungen in bezug auf die Fallsupervision. Ich erwähne sie hier, weil ich denke, daß es ein Thema vieler Teams ist: "Brauchen wir eigentlich Supervision? Ist es nicht entmündigend, sich "zum Klienten machen zu lassen"?" Als ich anfing, in der Kontaktgruppe mitzuarbeiten, gab es sogenannte "offene" Supervisionsgruppen: Jede/r konnte dazu kommen oder wegbleiben, wie sie/er wollte. Als angeregt wurde, feste Supervisionsgruppen zu bilden, wurden viele Vorbehalte geäußert: in einer festen Gruppe lerne man sich viel zu genau kennen, das könne für die Arbeit abträglich sein und eigene Probleme verstärken. Auch Fragen zur Struktur kamen auf: Braucht man beide Rollen: Supervisor und Supervisand? Sind leiterlose Gruppen denkbar? Wie groß kann die Gruppe sein? Müßten nicht 'Neue' und 'Alte' in getrennten Gruppen zusammengefaßt sein aufgrund ihrer unterschiedlichen Erfahrungen und Bedürfnisse? Schockiert es z.B. nicht die "Neuen", wenn sie mitbekommen, daß auch "Alte" gelegentlich unsicher sind? Wieweit sollte eine eigene Suizidalität erkannt und bearbeitet werden, um gut arbeiten zu können?

Die festen Gruppen wurden eingeführt und viele Konstellationen ausprobiert. Eine der wichtigsten Erfahrungen war, daß die Zusammensetzung der Gruppe eine untergeordnete Rolle spielt. Wichtig ist jedoch das Setting: feste Gruppen (die nach einem halben Jahr gewechselt werden können) mit 5-6 Teilnehmenden. Diese Gruppengröße bietet genug an notwendiger Vielfalt und ist klein genug, um jedem Anliegen Raum geben zu können. Gegenwärtig bekommen alle Mitarbeitenden in jeder Woche drei Stunden Supervision. Die Leitung haben therapeutisch ausgebildete Mitarbeiterinnen. Eigene Fälle bringen sie in die Gruppe einer Kollegin ein.

Die KlientIn-BeraterIn-Beziehung ist asymetrisch, ungleich. Hier ist kein Rollentausch möglich. In der Supervision ist jedoch ein Rollentausch möglich. Uns wurde klar: wir können besser beraten, wenn wir den Rollentausch in der Supervision praktizieren und hier die Rolle des Ratsuchenden annehmen können. Ich finde es bemerkenswert, wie schwer sich die Gruppe tat, schließlich die Supervision als eine, die eigene Kompetenz wiederherstellende, kollegiale Hilfe zu erleben.

Die doppelte Zielrichtung, Beratungsarbeit zu machen und LaienberaterInnen auszubilden, bedeutet eine Leistung, die in unseren Statistiken nicht richtig zu Buche schlägt. Dabei haben nicht nur die KlientInnen etwas bekommen, sondern auch die Helfenden. Sie haben viel gewonnen und mitgenommen an beruflichen und persönlichen Erfahrungen, unschätzbare Werte für ihre Weiterarbeit. Sie sind nicht meßbar. In den letzten zehn Jahren wurden 130 Mitarbeitende von uns ausgebildet.

3. Die Notwendigkeit, mit einer sehr heterogen zusammengesetzten Gruppe von Mitarbeitenden zu arbeiten

Der Entschluß, mit Nicht-Professionellen zu arbeiten, setzt nicht nur deren sorgfältige Ausbildung voraus und bedingt eine ständige Begleitung durch Supervision. Er hat natürlich auch Auswirkungen auf die Zusammenarbeit innerhalb der Gruppe.

Die GründerInnen der Kontaktgruppe für Selbstmordgefährdete waren fast alle StudentInnen. Wir arbeiten auch heute noch entgegen der Praxis der meisten Beratungsstellen mit studentischen MitarbeiterInnen zusammen. Diese stecken oft noch in Ablösungsprozessen oder bringen frische Erfahrungen mit ersten Beziehungskrisen mit. Von daher können sie die Gefühle von Menschen in Krisen zwar gut verstehen, aber auch - in Resonanz mit ihnen - in eigene Krisen geraten. Hier ist Begleitung durch Supervision unerläßlich. In der Zusammenarbeit mit den älteren NichtstudentInnen, die sich in der Ablösung von ihren eigenen Kindern befinden, hilft die Supervision, Verstehensbrücken zwischen den Generationen zu finden und Übertragungen und Gegenübertragungen zu bearbeiten. Dies hat in vielen Fällen die Arbeit außerordentlich befruchtet. Es stellt sich heraus, daß die gemeinsame Ablösungsproblematik zu einem besonderen Bindeglied werden kann.

Um die Fluktuation erträglich zu halten, müssen die StudentInnen sich verpflichten, mindestens drei Semester lang mitzuarbeiten, auch während ihrer Ferien. Viele bleiben länger. Und doch betraure ich manchmal das Verlorengehen von Erfahrungen, dies ständige Ausbluten, und der Wunsch überfällt mich, es möge mal eine Weile so bleiben wie es gerade ist. Aber dann denke ich daran, wieviel Lebendigkeit diese Integrationsprozesse mit sich bringen, und möchte sie nicht missen.

Als ich anfing, bei der Kontaktgruppe mitzuarbeiten, war ein wichtiges Stichwort der Nachfahren der 68er Generation die Suche nach "herrschaftsfreien Räumen". Die Kontaktgruppe schien mir ein solcher Freiraum. Ich vermute, daß das Wort "Gruppe" in diesem Zusammenhang eine bedeutsame Rolle spielte. Das Wort assoziiert eine gewisse Gleichheit der Glieder: Gleiche mit Gleichen, gleiche Rechte, Pflichten, Verantwortung, Macht und Ansehen. Vom gruppeneigenen Führer war zunächst wenig zu spüren. Aus einem ganz anderen Lebenszusammenhang kommend, einer sehr klar hierarchisch aufgebauten Schule, hatte ich so meine Schwierigkeiten. Hier nun begegnete mir das Pauschal-Du, ich fühlte mich gleichbehandelt, aber auch gleichgeschaltet. Grenzen schienen nicht erkennbar. Ich fiel nicht auf, in mir wurde keine Mutter gesehen, fast schon verwechselte ich mich selbst mit den sehr viel Jüngeren.

Das erleichterte zunächst das Hineinkommen. Gleichzeitig suchte ich nach den verborgenen Strukturen und Regeln. Wer spielt hier welche Rolle? Wer darf hier was? Wer leitet, wenn auch im Hintergrund? usw. Ich suchte Orientierung. Denn es gab ja Strukturen, wenn auch nicht öffentlich besprechbar: Hierarchien der Kompetenz und der ihr zugeordneten Autorität, dem Mehr oder Weniger an Beliebtheit, an Verantwortung und Bindung an die Arbeit.

Damit konfrontiert, nicht nur Partnerin, sondern auch Konkurrentin zu sein, mußte ich - wollte ich zufrieden arbeiten können - mir eine Rolle suchen, Platz beanspruchen, auch Platz geben, meine Ungleichheit realisieren.

Wir haben viel gemeinsam gelernt. Diese Erkenntnisprozesse vollziehen sich jedoch immer wieder von vorn, wenn Neue dazukommen und ihre jeweiligen Erfahrungen und Ideologien aus ihren bisherigen Lebenszusammenhängen mitbringen.

Die Gruppe ist also sehr heterogen zusammengesetzt . Da sind die StudentInnen der Fachhochschule für Sozialwesen, die drei bis vier Semester lang, und StudentInnen der hiesigen Universität, die vier bis fünf Semester lang mitarbeiten, da sind NichtstudentInnen, die von uns in Zusammenarbeit mit der Volkshochschule zu LaienberaterInnen ausgebildet wurden, die zwei, drei oder mehr Jahre lang mitarbeiten. Da sind SozialarbeiterInnen und PsychologInnen, die, teils bezahlt über ABM, teils ehrenamtlich, bei uns tätig sind.

Es läßt sich leicht denken, daß diese Heterogenität beim Zusammenwirken der Gruppe Schwierigkeiten mit sich bringen kann. Wie geht man zum Beispiel damit um, wenn die hauptamtlich halbtags Mitarbeitenden sagen: "meine Arbeitszeit ist um" und die Arbeit dann bei den ehrenamtlich Mitarbeitenden hängen bleibt ? Wie geht man damit um, als ehrenamtlich Mitarbeitende ständig für Geld zu sorgen, damit wenigstens die Hauptamtlichen bezahlt werden können ? Diese Unterschiedlichkeiten erwecken leicht

Neid, Eifersucht, Rivalität. Auch Skrupel, nicht genug oder viel zu viel zu tun.

Hinzu kommt, daß ein Teil der Mitarbeitenden im Kommen ist, ein anderer Teil im Gehen, daß also ständig Integrationsarbeit geleistet werden muß, das heißt Mühe über einen längeren Zeitraum hinweg für die. die gerade nicht im Kommen oder Gehen sind. Auch trauern die Dagebliebenen um die Weggehenden. Trauerarbeit und Integrationsarbeit müssen in jedem Semester neu und auch relativ rasch geleistet werden, weil das Team erst arbeitsfähig ist, wenn ein bestimmtes Maß an Vertrauen und Bekanntheit untereinander vorhanden ist und die einzelnen ihren Platz in der Gruppe gefunden haben. Die Güte der Beratung steht in einem direkten Zusammenhang mit der Güte der Integrationsarbeit.

Probleme der Integration versuchten wir zunächst - nach unserem alten Muster - in Eigenarbeit zu lösen durch zusätzliche Treffen an Wochenenden. Es dauerte eine Weile, bis wir einsahen, daß es sinnvoller ist, für Schwierigkeiiten, die das Team betreffen, Hilfe von außen zu holen. Diskussionen, ob der/die Teamsupervisor/in männlich oder weib lich sein solle, welche Ausbildung er/sie haben solle, ob die Teamsupervision auch stattfinden solle, wenn gerade keine Konflikte schwelen, ob immer alle teilnehmen müßten etc., verbargen die Angst, uns anderen zu zeigen mit unseren Status- oder Rivalitätsproblemen. Wem würden wir erlauben, in unsere Karten zu gucken? Wenn schon Hilfe, dann sollte sie möglichst gut sein. Heute ist die Teamsupervision 3 - 4 mal im Jahr längst zu einer festen Einrichtung geworden. Hier haben alle die gleichen Rollen, nämlich Supervisanden zu sein, das wird als entlastend erlebt.

Die Entscheidung, die Fluktuation in Kauf zu nehmen, zwingt die Gruppe also dazu, flexibel in ihren Beziehungsstrukturen zu bleiben und zu lernen, Verlust zu ertragen und Neuen einen Platz einzuräumen. Das Wort "Kontakt" im Namen erweist sich als ein Programm, daß nicht nur der Klientel gilt.

4. Der Entschluß, 'von unten' anzufangen

Aus eigener Kraft anzufangen, ohne die finanzielle Absicherung durch eine größere Institution und zunächst ohne Anleitung durch Fachkräfte, hat sicher gezeigt, was möglich ist, und die Mitarbeitenden enorm herausgefordert, sich einzusetzen und an sich zu arbeiten. Für die notwendige Begleitung der LaienberaterInnen und die Konzeptentwicklung sind Fachkräfte jedoch auf Dauer unerläßlich. Das Problem ist ihre Finanzierung. Zweckentfremdung der LaienberaterInnen für Geldbeschaffungsmaßnahmen ist ein unhaltbarer Zustand. Hier ist der wunde Punkt der ganzen Einrichtung. Er ist nicht fachlich, sondern gesundheitspolitisch und damit finanziell bedingt. Es läßt sich zwar eine ganze Zeit lang mit Engage- ment hungern, aber schließlich geht das Kind ein.

Wenn KlientInnen sagen : 'Ohne Sie gäbe es mich nicht mehr!', dann gibt uns das zunehmend Sicherheit, daß wir 'es' richtig machen und die Beratungsstelle ihren festen Platz im psychosozialen Netz gefunden hat. Die Erfahrung, sinnvolle Arbeit zu leisten, trägt so eine Stelle jedoch noch nicht. Sie muß auch von außen, vom öffentlichen politischen Bewußtsein, als sinnvoll und notwendig verstanden werden. Es fällt uns schwer, Politikern verständlich zu machen, daß Geld für die Beratung von Menschen mit Lebensmüdigkeit sinnvoll eingesetzt ist. Bei Menschen, die aufgrund eines vorherigen Suizidversuches sehr wiederholungsgefährdet sind, läßt sich noch eine makabre wirtschaftliche Rentabilitätsrechnung aufstellen. Bei Menschen, die sich bisher noch nicht haben umbringen wollen, wird es von Politikern gern als Luxusbedürfnis verdächtigt, beraten werden zu wollen. Für die Verwaltungen gehört Mut dazu, so eine neue Institution finanziell angemessen zu fördern.

Als Zusammenfassung soll die folgende Übersicht die Entwicklungsstadien des Vereins darstellen.

1. Stadium: **Alternative zum Bestehenden**
Aufbruch ins Unbekannte

Anfang: nur mit dem Willen, Gutes zu tun, und "ohne alles" :
ohne vollständige Krisentheorie, ohne Leitung, ohne Ausbildung,
ohne gesicherte FInanzierung , ohne eigene Räume, ohne Telefon.

Die Gruppe steht im Mittelpunkt : jede/r kann alles,
kollektive Führung.
Überengagement, Allmachtsgefühle, Ohnmachtsanfälle.
Konflikte zwischen Progressiven und Bremsern.
Pioniergeist. Alleingänge.
Flucht nach vorn, Lernen durch "Versuch und Irrtum".

Erste Strukturen:
je 1/3 der Zeit für Organisation/Verwaltung, Reflektion /Ausbildung und für Klientenarbeit /Öffentlichkeitsarbeit.
Andere Institutionen werden schnell als Konkurrenten oder feindlich gesonnen erlebt.

Neue Herangehensweisen: Eine bis dahin stigmatisierte Gruppe (Suizidenten) soll erreicht werden. Es wird mit ehrenamtlichen und halbprofessionellen (jungen) MitarbeiterInnen gearbeitet.

2. Stadium: **Der Verein gewinnt Kontur**
Von der Euphorie zur Normalisierung

Symbole des Vereins: der Name, das Plakat, das Programm.

Das Bestehende wird ausgebaut und formalisiert.
Die Verwaltung wird effektiver organisiert.
Die Geldbeschaffung als permante Anstrengung,
der Finanz-Arbeitskreis wird zum wichtigsten Gremium.

Noch wenig Struktur der Gruppe: endlich ein Fachmann und 25 Ehrenamtliche.
Die Mitarbeiterversammlung ist höchstes Entscheidungsgremium.

Erste Beratungskonzepte werden aufgeschrieben.
Die Vorgehensweisen werden formalisiert.
Die Schulung der MitarbeiterInnen wird nachdrücklich betont.
Die Supervision wird verbindlicher: von der offenen zur geschlossenen Supervisionsgruppe. Die Mitarbeiter lassen sich helfen.

Öffnungen nach außen:
die Rolle innerhalb des Gemeinwesens wird genauer bestimmt,
der psychosoziale Arbeitskreis wird mitgegründet.

Die Realität der Klientel wird genauer zur Kenntnis genommen:
die Problematik der Daueranrufer wird besser erfaßt,
der Ambivalenz der Suizidpatienten wird mehr Rechnung getragen.
Gruppenarbeit mit KlientInnen.
Viele Experimente in bezug auf Öffentlichkeitsarbeit.

3. Stadium: **Sicherung des Bestehenden**
Standortbestimmung zwischen Vergangenheit und Zukunft

Die Geldbeschaffung ist institutionalisiert,
die Dienstleistungen werden vertraglich geregelt.

Die Eingliederung in das psychosoziale Netz ist formaler geworden, nachhaltiges Bemühen um Kooperation.
Zunehmender Bekanntheitsgrad.

Ausrichtung auf Vergangenheitsbewältigung und Zukunftsplanung.
Auswertung der bisherigen Arbeit. Das Konzept wird revidiert.
Der Verein sucht einen neuen Namen.

Zunehmende Kompetenz der Mitarbeitenden.
Solides Herangehen an die Krisenintervention.
Die Schulung der Mitarbeiter wird weiter ausgebaut.

Der Gedanke der kollektiven Führung bröckelt.
Zunehmende Binnendifferenzierung: die bestehende Hierarchie wird anerkannt, der Heterogenität der Mitarbeitenden wird mehr Rechnung getragen.
Abgrenzung gegen Überforderung. Integrationsarbeit und Teamsupervision werden zum festen Bestandteil.

Die Beziehung zum Krankenhaus wird formalisiert.
Änderungen der Bedürfnisse der Klientel werden genauer wahrgenommen.
Den Angehörigen wird mehr Aufmerksamkeit gewidmet.

HILFE IN LEBENSKRISEN
KOOPERATION UND/ODER KONKURRENZ?

PODIUMSDISKUSSION

Die - hier gekürzt wiedergegebene - Podiumsdiskussion schloß die 15. Jahrestagung der DGS in Hildesheim 1987 ab.

Auf dem Podium:
HEINZ BRIEFS, Dipl.-Theologe, Leiter der Telefonseelsorge Hamm.
EBERHARD HÖFER, Dr.med., Leiter des Sozialpsychiatrischen Dienstes Hildesheim.
RENATE WÄNGLER, Dr. phil., Dipl.-Psychologin, Leiterin der "Krisenhilfe für Selbstmordgefährdete und seelisch Notleidende" Braunschweig.
HANS WEDLER, Privatdozent, Dr. med., Leitender Krankenhausarzt der Medizinischen Abteilung des Allgemeinkrankenhauses Hamburg-Ochsenzoll.
HANS WENZL, Dr. med., Professor für Sozialpsychiatrie an der Universität-Gesamthochschule Siegen.

Moderatorin:
RENATE JÄCKLE, Dr. med., Ärztin, Wissenschaftsjournalistin, München.

Im Plenum: TeilnehmerInnen aus den Bereichen: Medizin, Therapie und Beratung, Sozialpädagogik, Pädagogik, Theologie, Justiz, Gesundheitspolitik

I. Definition von 'Krise', 'Krisenintervention' und "Erfolg"
Keine Institution ohne Krisenmodell.
Auf welches Modell zurückgegriffen wird, ist nicht abhängig von der Struktur, sondern von der Ausbildungsrichtung und den persönlichen Interessen der LeiterInnen.
Es gibt keine verbindliche Form der Krisenintervention.
Das Konzept definiert, was Erfolg ist.

BRIEFS: Krise ist ein Wort, das jeder kennt, unter dem aber jeder etwas anderes versteht. Krise ist für mich und meine Kollegen ein seelisches Ungleichgewicht, das mit bedrohlichen Umständen verbunden ist, für welche die Person keine Lösungsmöglichkeiten gefunden hat, nachdem sie schon alles mögliche durchprobiert hat. Der Angstpegel ist so groß, daß ein chaotischer innerer Zustand besteht. Das Hauptziel der Krisenintervention ist für uns, zu versuchen, Menschen in Krisen zu verstehen und ihnen das Gefühl zu geben, daß sie verstanden werden. Über die Art der Krisenintervention sind meine Kollegen und ich unterschiedlicher Meinung: die einen machen Symptombehandlung und die Entstehungsgeschichte spielt für sie keine Rolle, die anderen wollen dem Klienten helfen zu verstehen, wie es zu seiner Krise gekommen ist, um dann mit ihm gemeinsam zu überlegen, was er in dieser Situation braucht.

Die Telefonseelsorge, die ich hier vertrete, wurde vor 30 Jahren in Berlin gegründet aufgrund der hohen Selbstmordrate. Unsere Bestrebungen sind jetzt, uns wieder auf diesen Anfang zu besinnen und mehr Krisenintervention zu machen. Und wir bemühen uns, die Laienmitarbeiter dazu zu befähigen, in einem ersten Schritt etwas als krisenhaft zu erkennen und einzuordnen.

HÖFER: Wir gehen von einem kybernetischen, zirkulären oder ökologischen Konzept aus. Wir können bei Krisenpatienten einen festgefahrenen – inneren oder äußeren – Dialog in Form eines Teufelskreises feststellen: "Ich fühle mich schlecht, weil ich zu wenig leiste", "Ich leiste zu wenig, weil ich mich schlecht fühle." oder: "Du hast mich gekränkt, deshalb kränke ich dich wieder". Das eine gibt die Begründung für das andere und kennzeichnet die Grübelgedanken und letztlich auch das familiäre System, in dem sich solch eingefahrene Teufelskreise abspielen.

Krisen sind außerdem gekennzeichnet durch Perspektiv- und Hoffnungslosigkeit. Man merkt, daß man sich im Kreise dreht. Ein enormer Veränderungsdruck entsteht. Doch alle Gedanken, die man hat, baut man wieder in seinen Teufelskreis hinein. Das führt zu einer Überforderung, zu einer Überhitzung des Systems. Krisenintervention heißt für uns, diesen Teufelskreis von außen zu durchbrechen, indem wir den Krisenpatienten zu Neubewertungen und damit zu einem Perspektivwechsel führen. Zum Beispiel indem der Krisenpatient lernt: "Es stimmt nicht, daß ich zu wenig leiste und mich deshalb immer wieder schlecht fühle, sondern ich leiste nur in einem bestimmten Rahmen zu wenig."

PLENUMSTEILNEHMER: Krise ist meiner Meinung nach mit qualitativen und quantitativen Kommunikationsdefiziten verbunden. Erfolgreich ist dann jede Intervention, die zu einer befriedigenderen Kommunikation im eigenen sozialen Umfeld führt.

WENZL: Es ist wichtig, daß man sich klar macht, wie groß die Chance ist, die in einer Krise liegt. Von der Definition her bedeutet 'Krise' eine Situation, in der potentiell fast alles möglich ist. Wenn wir uns die Suizidtheorien vergegenwärtigen, dann hat es von der psychoanalytischen Seite her Menninger am deutlichsten formuliert, daß bei den Suizidgefährdeten eine Identifikation stattfindet mit Interessen, die gegen die eigene Person gerichtet sind. Für die Krisenintervention besteht ein Problem darin, wieweit es gelingt, den Betroffenen dazu zu bringen, seine eigenen Interessen zu sehen und sie von denen unterscheiden zu können, die ihm von Seiten anderer, die er unter Umständen für seine Freunde hält, augedrängt wurden und mit denen er sich fälschlicherweise identifiziert hat. Ein weiteres Problem ist, daß man es manchmal mit einer sehr hartnäckigen und aggressiven Haltung von Seiten des Partners oder der Familienangehörigen zu tun hat. Hier zu versuchen, eine positive und konstruktive Klärung zu schaffen, ist ein wesentlicher Teil der Krisenintervention, der aber nicht immer gelingt.

WEDLER : Ich finde die Bezeichnung Ungleichgewicht ganz gut. Das ist eine sehr weite Definition und sie läßt verschiedene Interpretationen und Ansätze offen. Das scheint mir sehr wichtig für die Krisenhilfe zu sein.

Das Ziel der Krisenintervention ist die Weichenstellung: wie geht es weiter? Der Betroffene kann die weitere Krisenbewältigung selber in die Hand nehmen und sagen, was er jetzt tun wird, mit Hilfe seiner eigenen Möglichkeiten, oder er kann es nicht, und dann muß man ihn zu einer längeren Beratung oder Therapie motivieren. Da diese Zielsetzung relativ klar definiert ist, kommen wir gar nicht in Versuchung, den Patienten, wenn er wieder auf seinen Beinen steht, über das Ziel hinaus zu therapieren.

HEINRICH, PLENUM: Läßt man den Krisenbegriff so allgemein, frage ich mich, wo hört die Krisenintervention auf und wann fängt das Leben ohne Krise an? Ich habe für mich genauere Vorstellungen. Ich möchte mein Gegenüber gern mündig sehen und wieder in der Lage, sich selbst zu bemühen. Ich weiß aber von mir und einigen Therapieformen, die ich anwende, daß ich oftmals über dieses Ziel hinaus beim Krisengefährdeten bleibe und vielleicht ganz andere neue Ziele damit verbinde. Ich kann mir vorstellen, daß in der Telefonseelsorge oder unter dem Blickwinkel des sozialpsychiatrischen Dienstes oder bei der Frage nach den gesellschaftlichen Hintergründen die Ziele sehr verschieden sein können.

WENZL: In bezug auf die Versorgungsstrukturen des Krankenhauses lassen sich Krisen unterscheiden hinsichtlich Schweregrad und der Möglichkeit, sie positiv beeinflussen zu können. Es gibt Patienten, die günstig zu beeinflussen sind, wenn sich wirklich jemand von Anfang an um sie kümmert und nicht erst nach ein, zwei Tagen, wenn der Patient schon wieder völlig zugemacht hat. Wir kennen aber auch Patienten, die sich in einer so ungünstigen Situation befinden und deren Unterstützung durch das Umfeld so gering ist, daß das ganze nach außen ziemlich aussichtslos aussieht. Dann ist es notwendig, daß jemand dem Patienten von Anfang an für eine längere Strecke zur Seite steht, unter Umständen auch Wochen und Monate. Hier kann zwischen Krisenintervention und Therapie nicht mehr scharf unterschieden werden.

II. Konkurrenz

Konkurrenz zwischen den Kriseninterventionseinrichtungen entsteht nicht aus den unterschiedlichen Krisenbegriffen, sondern aus der Praxissituation vor Ort.

Konkurrenz beruht auf unterschiedlichen Ideologien, Vorurteilen und Berührungsängsten (Professionelle/Laien, Mediziner/Psychologen...).

Einzelne Berufsgruppen sind innerhalb der Hierarchien unterprivilegiert.

Konkurrenz führt zu einem Bedürfnis nach Grenzziehungen.

WEDLER: Die Konkurrenz ist nicht in der Semantik zu suchen, in dem, was man unter Krisenintervention versteht, sondern in der Praxissituation vor Ort. Ich habe gezeigt, daß es keine verbindliche Form der Krisenintervention gibt. Deshalb wäre es künstlich und unrealistisch, hier Ideologien aufzurichten, die als grundsätzliche Ideologie der Versorgung gelten sollten. Realistisch ist, daß es vor Ort Konkurrenzsituationen gibt. Da, wo es Einrichtungen gibt, die nicht geplant wurden, die nebeneinander gewachsen sind und sich um das gleiche Klientel streiten. Vielleicht habe ich es besonders gut als Arzt an einem Allgemeinkrankenhaus, da ist halt niemand, der sich sonst um die Patienten kümmert. Vielleicht sollten sich alle Dienste mehr an diesem unmittelbaren Bedarf orientieren.

WÄNGLER: Als wir Anfang der 80er Jahre eine Krisenhilfe für Selbstmordgefährdete aufzubauen hatten, mit ehrenamtlichen Mitarbeitern, die ich mir zu suchen hatte, bin ich auf große Vorurteile gestoßen von seiten der niedergelassenen Psychiater, der entsprechenden Einrichtungen in den Kliniken und auch in allen psychosozialen Beratungsstellen. Beratungsstellen, die nie Krisenintervention gemacht haben und monatelange Wartezeiten hatten, druckten neue Prospekte, in denen stand, daß gerade Krisenintervention das Herzstück ihrer Beratung sei. Durch beharrliches Wegstecken aller Frustrationen und Beim-Thema-Bleiben, habe ich erlebt, daß sich diese Vorurteile mittlerweile zurückgebildet haben. Doch ich frage mich, wie kommt es, daß wir bei so einem Thema nicht alle an einem Strang ziehen, um den Klienten zu helfen, sondern daß sich Angst um Klienten oder Neid oder Mißgunst einstellen?

SOZIALPÄDAGOGIN, PLENUM: Ich komme aus einem Kinder- und Jugendheim in... Mir klingen die Ohren, wenn ich Sie reden höre über die Kooperationsbereitschaft der verschiedenen Einrichtungen. Wir betreuen in unserem Heim mehrere suizidgefährdete Jugendliche, die in akuten Krisensituationen stationär behandelt wurden. Wir haben ohne Ausnahme die Erfahrung gemacht, daß wir von der Klinik nicht miteinbezogen wurden in die Krisenintervention und die Planung von Perspektiven. Wir fühlen uns als Ansprechpartner nicht ernst genommen. Wir wollen mitdiskutieren, denn wir haben einen Bezug zu den Jugendlichen, die uns geschickt werden. Wir müssn den Jugendlichen vermitteln, daß es da eine Stelle gibt, die ihnen helfen kann. Wir machen uns unglaubwürdig, wenn die Jugendlichen dann für Monate in einer stationären Einrichtung verschwinden, zu der wir keine gleiche Ebene finden.

KRANKENPFLEGER, PLENUM: Wie kommt es, daß so wenig Krankenpfleger hier sind? Ist da irgend etwas versäumt worden?

Bei uns arbeiten zwei Pfleger und eine Schwester mit in der Betreuung von Krisenpatienten. Sie bekommen vom Krankenhaus keine Kosten erstattet und auch keine Dienstbefreiung.

HEINRICH: Als Geschäftsführer der DGS habe ich mir angewöhnt, jede Krankenschwester und jeden Krankenpfleger, die sich für unsere Arbeit interessieren, gesondert einzuladen, weil sie noch "Exoten" sind, also außerordentlich selten vorkommen. Es liegt sicher auch daran, daß sie sich an den Kliniken noch nicht das Privileg erobert haben, offiziell zu den Kongressen abgeordnet zu werden. Das sollten die Gewerkschaften in Angriff nehmen.

III. Stellenwert der Laienhilfe
Ein Alptraum, wenn Professionelle Krisenintervention allein machen müßten.
Die spezifische Professionalität der LaienberaterInnen wird noch zu wenig beachtet.
Laienhilfe wird gerufen, wenn Professionelle an Dienstzeiten- oder Kapazitätsprobleme stoßen.
Zur Krisenintervention als erster Hilfe vor Ort gehört das Laienelement.
In manchen Kriseninterventionsformen kommt die Laienhilfe nicht vor.

BRIEFS: Ich vertrete hier eine Institution, die zu 98% mit Laienberatern arbeitet. Wenn es um den verstehenden Ansatz von Krisen geht, glaube ich, daß die Laien, wenn sie die Grundvoraussetzungen bekommen und durch Supervision begleitet werden, teilweise viel mehr erkennen können oder auch viel besser mit den Krisengefährdeten überlegen können, was sie im Moment brauchen, als ich, der ich Psychotherapie mache und doch sehr schnell geneigt bin, Leute in der Psychotherapie an mich zu binden.

PSYCHOLOGE, FACHHOCHSCHULDOZENT, PLENUM: Wenn sich Krisenintervention auf Motivations- bzw. Vorbereitungszeit für Psychotherapie beschränkt, dann sehe ich die Arbeit des Laienhelfers (oder nicht-medizinischen oder nicht-psychotherapeutischen Profis) im Grunde entwertet. Krisenintervention ist für mich eine eigenständige Interventionsform.

PÄDAGOGE, FACHHOCHSCHULDOZENT, PLENUM: Es wurde darauf hingewiesen, daß die Zunahme der institutionellen Krisenhilfe in einem Unverhältnis steht zur Zunahme der Suizidanten. Wird nicht durch immer mehr Professionalität die Chance verringert, daß Krisenhilfe dort getan werden kann, wo die Krise entsteht, nämlich im sozialen Umfeld? Das entlastet mich ja, wenn ich weiß, dann kommt ein Psychiater, dann kommt der sozialpsychiatrische Dienst und dann kommt... Ich habe gestern gehört, bei diesem tollen Projekteforum, wie wichtig die Laienhilfe ist, aber auch wie schwierig sie es hat. Die Laienberater sind ja geschult und in gewisser Weise auch Professionelle. Ich würde gerne aus Ihrem Kreis hören, wie Krisenintervention im sozialen Umfeld, dort, wo sie hingehört, zunehmen und wie das Laienelement im Rahmen institutionalisierter Krisenhilfe mehr angeregt und ermutigt werden könnte.

BRIEFS: Das Problem ist, daß es mittlerweile sehr starke Bewegungen gibt in unserer Gesellschaft, die wieder die Biologie oder die Pharmakologie mehr in den Vordergrund stellen, so daß wir mit dem psychosozialen Aspekt ins Hintertreffen geraten. Wir sind nicht im Vormarsch, wir sind in der Defensive. Kollegen erzählten mir, wie schwer es Initiativgruppen gemacht wird, die sich mit ihrer Arbeit zur Verfügung stellen. Wenn ich das höre, dann denke ich, sie haben doppelte Arbeit zu leisten.

SOZIALPÄDAGOGIN, SOZIALDIENST IM ALLGEMEINKRANKENHAUS, PLENUM: Ich suchte Hilfe für einen noch suizidalen Patienten und stieß dabei auf die Dienstzeitenbegrenzung des Sozialpsychiatrischen Dienstes. Mir blieb nichts anderes übrig, als den Arbeitskreis Leben, der mit Laienhelfern arbeitet, einzuschalten. Ich erlebte, daß die Laienhelfer wirklich sinnvoll und notwendig waren, weil die anderen Institutionen das gar nicht schaffen konnten.

SCHULDT, PLENUM: Die Laienhelferinitiativen sind nur deshalb in Baden-Württemberg und einigen anderen Bundesländern entstanden, weil Professionelle ihre Grenzen deutlich machten und die Unterstützung dieser Initiativen brauchten. Schwierig wird es nur, wenn es um's Geld geht. Wenn aus einem inhaltlichen Problem ein reines Dienstzeitenproblem gemacht wird: Braucht man eine Kontaktgruppe für Selbstmordgefährdete nur, um die Dienstzeitenlücke des sozialpsychiatrischen Dienstes zu schließen?

HEINRICH: Herr Höfer, Sie leiten einen sozialpsychiatrischen Dienst, ich bin beratender Arzt in einem solchen. Geht es nicht auch um die Frage: übernimmt der sozialpsychiatrische Dienst Krisenintervention, ja oder nein? Wir mußten da deutlich abgrenzen und sagen: das ist eigentlich Sache der Laienhelferkreise, das kann nicht auch noch der sozialpsychiatrische Dienst übernehmen. Geht es Ihnen auch so, haben Sie da Sicht vor Ort?

HÖFER: Der sozialpsychiatrische Dienst hier fühlt sich für psychiatrische Notfälle und pathologische Krisen zuständig, wobei sich dies auf die Dienstzeiten beschränkt. Als Professioneller weiß ich meine Arbeit im oberen Drittel des Häfner-Schemas angesiedelt, also in der psychiatrischen Versorgung der pathologischen Krise. Ich halte das für fruchtbar, jetzt genau die Stelle festzumachen, wo wir uns jeweils befinden, um dem Ganzen eine Struktur zu geben. Es ist wichtig, über Grenzziehung zu sprechen, denn Grenzziehung und Standortbestimmung der einzelnen verhindern auch mögliches Konkurrenzdenken, weil jeder dann seinen Bereich hat.

PSYCHOLOGIN, MTARBEITERIN IN LAIENHELFERGRUPPE, PLENUM: Klar ist, daß es eine Versorgungslücke für bestimmte Tages zeiten in unserem Bereich gibt. Man wird Möglichkeiten finden müssen, diese Lücke zu schließen, doch sicher nicht in dem Sinne, daß dies der Sozialpsychiatrische Dienst am Tag macht und wir Laienhelfer ehrenamtlich in der Nacht und am Wochenende. Wir Laienhelfer decken tatsächlich eine Lücke ab, zum Beispiel die Nachsorge der Suizidenten in den Kliniken. Auch sind wir eine andere Art von Anlaufstelle. Dadurch, daß die Klienten anonym bleiben können, sind wir eine Eingangstür für die Klienten, die sich in der Krise noch nicht als psychisch krank verstehen wollen, und die sich einer spezielleren Beratungsstelle (noch) nicht zuordnen wollen oder können. Viele haben eine momentane suizidale Krise und möchten darüber reden, möglichst so, daß sie ihre Selbstachtung nicht verlieren. Denn es ist ein sehr sensibler Prozeß, das öffentlich zu machen: " Ich bin jetzt in einer Krise und komme nicht mehr weiter." Sehr oft sind es Leute, die einen sehr hohen Leistungsanspruch an sich selber haben, denen es leichter fällt, sich erstmal an so eine Stelle zu wenden, die das zunächst anonym abhandelt. Ein Ergebnis kann sein, daß später die Entscheidung möglich wird: "Ich gehe jetzt zur Eheberatung." Wir haben als Laienhelfergruppe nicht nur aufgrund unserer Dienstzeiten eine Existenzberechtigung, sondern auch, weil wir eine andere Art von Versorgung gewährleisten.

WENZL: Hier wäre zu ergänzen: Es wäre ja ein Alptraum, sich vorzustellen, die Professionellen müßten die ganze Arbeit allein machen.

PSYCHOLOGIN, PLENUM: Mit dem: "Es gibt ganz viele verschiedene Einrichtungen, die einen übernehmen eher sogenannte psychiatrische Krisen, die anderen die eher sogenannten Sozialkrisen", lebt da nicht ein Ausgrenzungsmechanismus weiter? Wie könnte der überwunden werden?

WEDLER: Krisen aus psychiatrischer und aus psychosozialer Ursache sollten nicht auseinandergedröselt werden. Dennoch hat die Pyramide des Häfner-Schemas einen gewissen Sinn, weil an der Basis die Selbsthilfe am ehesten gefragt ist, an der Spitze am ehesten die medizinische Hilfe und dazwischen alle Übergänge möglich sind.

Vielleicht gelingt es, daß die DGS in absehbarer Zeit die Rolle der Laienhelferarbeit in der Suizidprävention noch einmal auf die Tagesordnung setzt und wir miteinander darüber sprechen können, wie wir die Laienarbeit noch besser in den traditionellen allgemeinen Versorgungssystemen verankern können, z.B. mit dem Ziel, daß ein Krankenhaus mit einer Laienhelfergruppe zusammenarbeitet. Das ist nicht einfach, weil die Diskussion behindert ist durch die wechselseitigen Vorurteile der verschiedenen Berufsgruppen.

ARZT, PLENUM: Ich habe die Bitte an Herrn Wedler, unter den Medizinern die Bereitschaft zu fördern, Laienarbeit als solche überhaupt wahrzunehmen und als Wert zu achten. Könnte so etwas nicht schon in die Ausbildung der Mediziner aufgenommen werden? Junge Medizinstudenten werden häufig konfrontiert mit Suizidfällen und fühlen sich hier schrecklich alleingelassen.

WÄNGLER: Ich denke, daß ich Themen, von denen ich überzeugt bin, auch verkaufen, und daß ich mich Medizinern gegenüber verständlich machen kann. Und doch habe ich die Erfahrung gemacht, daß manchmal mit noch soviel Mühe, Geduld, Verständnis und sozialer Kompetenz überhaupt keine Chance besteht, die Mediziner zu erreichen. Wie stellen wir es an, unsere Inhalte so zu verkaufen, daß sie keine Angst machen?

WEDLER: Es wäre wichtig, im Rahmen des Studiums von vornherein auf eine stärkere Zusammenarbeit mit Laienhelfern und anderen Berufsgruppen, zum Beispiel Psychologen, hinzuweisen.

Ich weiß, daß - regional noch sehr begrenzt - in den vorklinischen Semestern schon darauf hingewiesen wird. Es ist schon so, daß in vielen Kliniken noch viel Unwissen herrscht und gegen alles "Psycho-..." Abwehr und Berührungsangst bestehen. Hinzu kommt, daß der Umgang mit diesen Dingen auch den Umgang mit der eigenen Person erfordert und das ist etwas, das jemandem, der eher praktisch tätig ist, sehr schwer fällt. Es hat auch etwas mit der Machtstruktur zu tun. Ich möchte Sie für meine Kollegen noch etwas um Geduld bitten.

IV. Gesellschaft, Organisationsstrukturen und Krisenhilfe
Nicht-mehr-weiter-Könnende werden aufgrund des gesellschaftlichen Leistungsdiktates ausgegrenzt.
Suizidpatienten stoßen in der Institution Klinik auf Ausgrenzung.
Institutionen oder Helfer, die sich mit Suizidgefährdeten beschäftigen, werden in die Ausgrenzung miteinbezogen.
Organisationsstrukturen können von einzelnen nicht verändert werden.

JÄCKLE: Wir leben in einem Land, in dem die Leute im Prinzip leistungsfähig sein müssen, und alle, die aus welchen Gründen auch immer, nicht mehr leistungsfähig sind - alte Menschen zum Beispiel, auch Suizidgefährdete -, werden immer mehr ausgegrenzt. Vielleicht sollten wir jetzt in Richtung gesellschaftlicher Strukturen weiter diskutieren.

BRIEFS: Bei uns sind wir erst jetzt an der Reihe, eine psychosoziale Arbeitsgemeinschaft zu gründen, und es ist schwer, da überhaupt zu einer vernünftigen Arbeit zu kommen. Ich sehe mich festen Wänden gegenüber, nämlich der Ärzteschaft und der Verwaltung. Es sind dies die Gruppen, die - so habe ich den Eindruck - in der Gesellschaft immer mehr an Macht gewinnen.

Mir fehlt heute hier sehr stark der gesellschaftliche Aspekt. Das erlebe ich auch in meiner Institution. Wie können wir das, woran die vielen Leute leiden, die sich an uns wenden, nicht nur als individuelles Problem wahrnehmen, sondern auch als Leiden an den Strukturen erkennen? Und wo müßte an den Strukturen etwas geändert werden, ohne daß wir nur immer an den Symptomen arbeiten? Wenn ich am Telefon feststelle, daß die Menschen zu immer dramatischeren Darstellungen greifen, dann frage ich mich: wie muß man sich eigentlich darstellen, damit man überhaupt in dieser Gesellschaft gehört wird und das Gefühl hat, es kümmert sich jemand um mich? Wenn wir nur auf die professionelle Hilfe warten, vergessen wir, daß viele Menschen einfach nur mehr Solidarität brauchen und daß das vielleicht auch dazu beitragen kann, die Selbstmordraten zu verringern.

WENZL: Wenn man das hört, daß jemand, der einen Suizidversuch gemacht hat, ausgegrenzt wird, und wenn man überlegt, daß Suizidversuche auch ein grundsätzliches Signal bedeuten können in bezug auf gesellschaftliche Entwicklungen, dann wären auch diese Verhältnisse zu verändern oder wenigstens erst einmal zu beachten. Auch darin müßte Kooperation bestehen. Ich finde es deshalb wichtig, über die Organisationsstrukturen zu reden, denn in ihnen verbirgt sich, wie die Gesellschaft in Wirklichkeit mit den Suizidgefährdeten umgeht.

Ich habe jahrelang Erfahrungen gemacht bis zur Grenze dessen, was überhaupt aushaltbar war, als ich als psychiatrischer Konsiliararzt in die Klinik gerufen wurde und erlebte, daß der Patient schon entlassen war, noch ehe eine Krisenintervention durchgeführt werden konnte, weil keine Betten mehr frei waren. Oder ich war aus demselben Grund gezwungen, den Patienten in die Psychiatrische Klinik zu verlegen. Es gehört eben nicht der Vergangenheit an, daß man allein aus Zeitgründen eine ambulante Behandlung gar nicht weitermachen kann. In der psychiatrischen Versorgung in der BRD hat sich einiges geändert. Mit dem Modellprogramm Psychiatrie ist vieles induziert worden, auch in Nicht-Modellregionen, z.B. in Solingen, wo es innerhalb von einigen Jahren gelungen ist, gemeindenahe ambulante Psychiatrie zu machen, mit einer Kriseninterventionsstation von 15 - 20 Betten in einem Stadtgebiet von 1oo ooo Einwohnern. Aber das sind noch alles absolute Ausnahmen. Es wäre auch sinnvoll, das Beispiel des Berliner Klinikum Steglitz zu beachten. Innerhalb dieses Allgemeinkrankenhauses gab es zunächst noch keine Kriseninterventionsstation, jedoch schon immer ein kleines Team, das sich um die Patienten in Krisensituationen kümmerte. Wenn man dies in jedem Allgemeinkrankenhaus so machte, wäre die Finanzierung von zusätzlichen Stellen (Arzt/Sozialarbeiter/Laienhelfer) nötig. Doch das paßt nicht ins Krankenkassensystem. Hier wären Strukturänderungen notwendig.

ÄRZTIN, PLENUM: Ein Beispiel: zwei Kolleginnen, eine Krankenschwester und eine Sozialarbeiterin haben eine Gruppe gebildet innerhalb des Internistenteams, und sich gesagt: "Wir fühlen uns verantwortlich und fangen einfach an, mit mehr oder weniger Sachkompetenz." Das hat in unserem Krankenhaus solche Kreise gezogen, daß wir uns inzwischen alle genauso verantwortlich fühlen für einen Suizidpatienten wie für einen Herzinfarktpatienten oder Krebskranken und daß auch die anderen internistischen Kollegen, die keine spezielle Ausbildung haben, ein schlechtes Gewissen haben, wenn sie nichts tun. Jeder fühlt sich irgendwie verantwortlich. Ich denke, wenn die Ärzte sich gegen Arbeit mit den Suizidenten wehren, dann liegt das auch daran, daß sie auf diesem Gebiet nicht genug wissen und daß ihnen niemand dies beibringt. Warum gibt es auf Ärztekongressen zwar Gastroskopiekurse, aber keine Kurse für Gesprächsführung ?

WENZL: Es ist natürlich ausgezeichnet, wenn Internisten, wie es hier beschrieben wurde, zur Selbsthilfe greifen und nicht darauf warten, bis eine Stelle für einen Psychotherapeuten bewilligt wird. Ich sehe jedoch die Gefahr von zuviel Zufriedenheit mit den kleinen Schritten, die in sich wichtig sind, die man aber so sehen muß, wie sie sind. Es wäre ein Fortschritt, wenn auf Medizinerkongressen Kurse für Gesprächsführung angeboten würden, aber man darf nicht meinen, man könne danach schon mit allen Problemsituationen umgehen. Ich verstehe das als einen Anstoß. Doch müßte darüberhinaus ein Schritt gemacht werden, damit die Medizin als Ganzes sich ändert. Die Probleme der Suizidkranken sind nur ein Teil der Problematik der psychosomatischen Medizin und der Psychiatrie, die über weite Strecken genauso zu kurz kommen.

Es kommt darauf an, daß man sowohl in bezug auf solche Veränderungswünsche wie in bezug auf die faktische Situation die Dinge nicht zu isoliert sieht. Man müßte von verschiedenen Ecken anfangen, und es müßte auch eine gemeinsame Aktion sein. Die DGS hat da schon viel getan in bezug auf eine Verbesserung der Verständigung untereinander, etwas, was jeder in seinem Umfeld auch tun kann. Ich würde von so einer Gesellschaft auch erwarten, daß sie Strukturveränderungen im Ganzen fordert, die man als einzelner nicht machen kann. Ein Beispiel: ein psychiatrisches Krankenhaus könnte, wenn die inneren Voraussetzungen dafür bestehen, umgewandelt werden in ein gemeindenahes psychiatrisches System, das eine sehr viel besere Versorgung gewährleisten würde, als es der jetzige Zustand kann. Das würde aber Veränderungen innerhalb der Gebührenordnung und innerhalb der entsprechenden gesetzlichen Strukturen voraussetzen, und die passieren nicht von selbst.

BRIEFS: Ich erlebe, daß die Berührungsängste sehr groß sind, auch untereinander. Sollen Betroffene z. B. an einer Tagung teilnehmen ? Wo sitzen hier die Leute, die wirklich in solchen Krisen gesteckt haben, die auch zu suizidalen Handlungen führten, die nun sagen, woran sie gelitten haben und was sie erwarten ?

PLENUMSTEILNEHMERIN: Mein Mann hat Selbstmord gemacht, wir haben 4 Kinder und waren 33 Jahre lang verheiratet. Was geschieht mit Kindern, deren einer Elternteil sich getötet hat? Es ist nicht wie bei einem normalen Tod. Die Kinder haben dabei eine Spaltung zu überwinden. Denn es ist ein Unterschied für die Tochter oder für den Sohn, wenn deren Vater Selbstmord gemacht hat. Es ist unterschiedlich, ob es der Elternteil war, den sie besonders lieb oder gerade nicht besonders lieb hatten. Was ich bisher kenne von Kindern oder auch Erwachsenen, wo ein Elternteil sich getötet hat, ist, daß dann hinterher psychosomatische Krankheiten auftauchen können und daß die Kinder selbst hinterher in extremer Weise mit dem Thema Selbstmord konfrontiert waren. Ich möchte das Thema einer notwendigen Nachversorgung dieser Kinder in den Raum werfen und die Frage nach Literatur, Gruppen, Erfahrungen. Es geht mir darum, daß es etwas gibt, was man den Jugendlichen an die Hand geben kann, so als Prophylaxe für's Leben. Daß sie sehen, in welcher Situation sie überhaupt sind, und was sie zu bewältigen haben.

HEINRICH: Ganz ehrlich, ich glaube nicht, daß wir schon soweit sind, um Jugendlichen dies zeigen zu können. Helfen können wir ihnen durch die Art und Weise, wie wir uns grundsätzlich jedem zuwenden, der sich in einer Notlage befindet. Es gibt das spezifische Element in der Nachsorge von hinterbliebenen Kindern und Jugendlichen von Suizidanten nicht.

WEDLER: Wie wäre es, wenn Sie zu unseren Tagungen wiederkommen und ihrerseits oder mit jemanden gemeinsam anstrengen, eine solche Arbeitsgemeinschaft über diese Problematik in Gang zu bringen?

WÄNGLER: Ich denke mehr denn je, wir sollten ganz gezielt für Laien verständliche Öffentlichkeitsarbeit machen, um dazu beizutragen, Vorurteile in bezug auf psychische Erkrankungen zu überwinden und die Schwellenangst und überhaupt die Ängste von Menschen, die sich nicht intensiver mit psychischen Problemen beschäftigen, zu vermindern.

BRIEFS: Das ist die Anregung, die ich von hier mitnehme, daß wir versuchen, mit denjenigen, die in Krisen geraten sind, ganz konkret zu arbeiten, daß wir die Scheu verlieren, über das , was wir inhaltlich sagen können, auch öffentlich zu reden; daß das mehr gesellschaftsfähig wird. Zwischendurch hatte ich das Gefühl, Profis unterhalten sich über ihre Bereiche, und mir geht verloren, was wir tagtäglich in den Gesprächen erfahren.

V. Konfliktlösungsstrategien
Eine neue Kooperationskultur ist notwendig.
Die verschiedenen Berufsgruppen müssen lernen, sich zu verständigen.
Die Versorgung einer Region ist dadurch qualifiziert, wie gut die Berufsgruppen und Einrichtungen kooperieren.
Überzeugungsarbeit, Beharrungsvermögen, Konstruktivität und Zusammenarbeit sind notwendig, um etwas langfristig zu verbessern und gesundheitspolitisch durchzusetzen.
Über den kleinen Fortschritten den Blick für das Ganze nicht verlieren .

HEINRICH: Wir müssen lernen, zu kooperieren. Solch neue Kooperationskultur bedarf des Wachstums. Deshalb sollten wir häufig darüber reden: wie können wir zusammenwirken. Da gibt es immer zwei Momente: die Ebene der psychosozialen Arbeitsgemeinschaften, in denen über Versorgungslücken geredet werden kann und Anträge gestellt werden können und die Ebene der rechten Zusammenarbeit zwischen den verschiedenen Hierarchiestufen. Hier ist es wichtig, daß wir die kompetenten anderen lehren, daß die Welt nicht untergeht, wenn aus einem Zweiergespräch ein Dreiergespräch wird, daß man sogar als Klinikassistenzarzt mal direkt von sich aus z.B. die Erzieher in dem Heim anrufen und sagen darf:" Könnt Ihr mal kommen, ich würde gern mit dem Patienten und euch gemeinsam die Strategie der Zukunft besprechen." Stattdessen werden solche Patienten aufgenommen, wieder entlassen mit dem Hinweis ans Heim: "Achtung, da kommt der, der ist noch suizidal", ohne Hinweis darauf, was denn nun weiter geschehen könnte und das bei einer ganz jungen Heimmitarbeiterin, wie es in meiner Arbeitsgruppe hier besprochen wurde. In diesem Feld, wo es noch nicht um die Finanzen geht, sondern einfach nur darum, wie kommen wir in Achtung unserer Grenzen zu einer flexiblen Grenzüberwindung, hier müssen wir noch sehr viel lernen, aber wir haben ja auch die Chance dazu.

WEDLER: Es ist wichtig zu beachten, wie die Versorgungssysteme gewachsen sind. Wenn man Neues machen will, sollte man dies mit den bestehenden Einrichtungen gemeinsam überlegen und sich nicht am grünen Tisch neue Konkurrenz- oder Alternativversorgungssysteme ausdenken. Eine verbesserte Versorgung in einer Region ist besonders dadurch qualifiziert, daß die bestehenden Einrichtungen gut zusammenarbeiten.

Es hat mich gewundert, beim Aufzeigen positiver Aspekte soviel Resignation und Widerspruch auszulösen. Mir ging es um die Strategie, daß wir uns in unseren jeweiligen Bereichen zusammensetzen, auch wenn das mit den psychosozialen Arbeitsgemeinschaften häufig schwierig ist. Ich war fünf Jahre Vorsitzender solch einer Arbeitsgemeinschaft und weiß, was man alles an Frustrationen einstecken muß, auch durch die unterschiedlichen Kompetenzen. Aber ich habe auch erlebt, wie man mit Beharrungsvermögen doch etwas erreichen kann. Es ist wichtig, daß wir die Zusammenarbeit auch gerade mit denen suchen, die noch nicht überzeugt sind, daß es sinnvoll ist, auch außerhalb der Fachpsychiatrie Versorgungsbeteiligung oder Versorgungseinrichtungen aufzubauen und daß wir nur so sehr viel weiter kommen. Ich möchte Sie ermutigen, hier weiterzugehen.

Optimistisch sein heißt nicht, zu glauben, daß alles in Ordnung ist. Optimistisch sein hat nach meiner Erfahrung auch nicht zur Folge, daß die Politiker sofort alle Gelder streichen, im Gegenteil, solange nur geklagt wird, habe ich immer nur eine Wand erlebt. Wenn ich konstruktiv aufzeige, was erreicht wurde und was man verbessern könnte, dann habe ich mehr Offenheit erlebt. Es ist eine Frage des Umganges. Ich sehe, daß wir Fortschritte machen: In den letzten Jahren ist die Finanzierung von einigen Einrichtungen ermöglicht worden, die sämtlich vor 5 Jahren nicht finanziert wurden, und es stehen weitere finanzielle Verbesserungen in Aussicht, z.B. daß die Einrichtung in Darmstadt ab dem nächsten Jahr von Krankenkassen übernommen wird, also in die Regelfinanzierung mit hineingeht und das in einer Zeit außerordentlicher Restriktionen. Natürlich ist es in vielen Krankenhäusern noch längst nicht so, wie es sein sollte. Aber wir können ja etwas dagegen tun. Darum halte ich schon seit Jahren in den Allgemeinkrankenhäusern Vorträge. Ich bekomme dabei Rückmeldungen, daß sich etwas verändert. Es hängt sehr davon ab, wieweit man die einzelnen Ärzte motivieren kann. Die Ablehnung des Suizidalen hat tiefenpsychologische Gründe - das ist uns allen bekannt. Und auch die Ablehnung neuer Institutionen hängt damit und nicht nur mit der Angst um die Finanzierung neuer Stellen zusammen. Es hat auch etwas damit zu tun, wie wir uns darstellen. Und es kann sein, daß die eigene Motivation, sich in diese Arbeit hineinzuhängen, bei den anderen Ängste auslösen kann, die müssen wir mit aufnehmen.

HÖFER: Es ist deutlich geworden, daß Professionelle nicht die Lösung haben, sie auch nicht haben können. Und es ist deutlich geworden, daß wir in zunehmenden Maße miteinander sprechen müssen. Den immensen Problemen, die auf uns zukommen, können wir uns nur stellen, wenn wir kooperieren.

WENZL: Eine Menge an Übereinstimmung ist deutlich geworden in bezug auf die Notwendigkeit der Zusammenarbeit zwischen Professionellen und Laien wie zwischen verschiedenen Gruppen von Professionellen untereinander. Und doch hat die Diskussion auch gezeigt, wie weit wir noch voneinander entfernt sind. Es müßte nicht nur eine Tagung stattfinden, bei der die Zusammenarbeit zwischen sogenannten Laien und sogenannten Professionellen unter die Lupe genommen wird, sondern auch die Zusammenarbeit zwischen allen Gruppen. Diese zwei-Stunden-Diskussion war eine Etappe auf diesem Weg.

GRENZGÄNGE ZU EINER NEUEN KOOPERATIONSKULTUR
ÜBER DEN UMGANG MIT THERAPEUTEN, METHODEN, INSTITUTIONEN BEI DER SUIZIDPROPHYLAXE

MICHEL HEINRICH

Das Thema möge bitte als eine Idee, eine Hoffnung verstanden werden. Das Feld ist noch nicht beackert. Es kann noch keine Ordnung geboten werden. Ja, der Anlaß der Arbeitsgruppe sollte auch mir dazu dienen, mich dieser Idee einer Kooperationskultur zu nähern. Entsprechend war der Verlauf des Gruppengespräches ein Herantasten, vielleicht eine Stoffsammlung. So waren auch die einleitenden Fragen gemeint: Ausgehend von den Grundzügen der Suizidprävention galt es, die eigenen persönlichen, therapeutisch-methodischen und institutionellen Möglichkeiten und Grenzen zu erkennen und Ausschau zu halten, was den Suizidgefährdeten und mich nach Überwindung/Überschreiten der Grenzen erwartet. Werden sich die Suizidalität, die Krankheitsbilder, das gesellschaftliche Bewußtsein durch flexible grenzüberschreitende Kooperation ändern ?

Kooperation und Koordination wurden im psychosozialen Bereich schon länger gefordert, auch in der Psychiatrie-Enquete 1975. Es blieb aber undeutlich, wer diese Aufgaben wahrnehmen soll und wie sie sich entwickeln könnten. Natürlich haben schon immer alle "Psychiatrie-Arbeiter" Kontakte auch über ihre engere Aufgabe hinweg gehabt und gepflegt. Doch bleibt die Zusammenarbeit meist berufsspezifisch oder zufällig: Der Hausarzt sammelt die fachärztlichen Befunde, der Sozialarbeiter macht "Grenzgänge zwischen Hilfe und Verwaltung", die Sozialstation kooperiert mit den Ärzten, die politischen Institutionen koordinieren die Institutionen, der Arzt kennt zufällig einen Fabrikanten und besorgt dem Patienten so eine Arbeit, die Sozialarbeiterin vermittelt einen zufällig bekannt gewordenen Therapeuten etc. Auch wenn sich die Art der Zusammenarbeit wegen der Verteilung von Verantwortung, Entscheidungsbefugnis und Macht hierarchisch entwickelt, hat dieses Zusammenwirken doch schon kulturellen Charakter. Diesen Charakter gilt es mit Kreativität weiterzuentwickeln. Und ich hoffe auf Künstler der Kommunikation, nicht auf Ingenieure.

Geformt wird diese Kultur durch die Beziehung der Menschen untereinander in der Art ihrer Begegnungen im Einzelnen wie im Fluß des Ganzen. Und dabei spielen die Haltung jedes Einzelnen wie sein Demokratieverständnis eine große Rolle.

Beeindruckend ist dabei die Vielfältigkeit des Möglichen. Der Ruf nach Kooperation und Koordination ist ja nur dort sinnvoll, wo es genügend Begegnungsmöglichkeiten, Helfer, Institutionen, Kommunikationsmittel gibt. Diese haben sich in den vergangenen 15 Jahren deutlich vermehrt auch im Bereich der Suizidprävention. Eine differenzierte Handhabung der Möglichkeiten setzt meines Erachtens einen guten Kenntnisstand, Lernbereitschaft und Flexibilität voraus. Das entscheidend Neue ist für mich die Tatsache, daß die Einbeziehung der Betroffenen (Klienten/Patienten) und meine Selbstkritik bzw. Reflexion der Gegenübertragung in Supervision und Team erlernbarer Bestandteil der Kooperation wird. Daß grenz überschreitende Kooperation die Wahrung der eigenen Grenzen voraussetzt, will ebenfalls gelernt sein. Als Lernmittel haben sich dazu die Supervisions- und Balint-Gruppen ebenso wie die weniger strukturierten Psychosozialen Arbeitsgemeinschaften als geeignet erwiesen.

Die Aufgabe der Koordination und Kooperation kristallisiert sich derzeit, soweit ich sehe, an drei Orten:

Der Psychosoziale Ausschuß als beratendes Organ des Gemeinderates hat die vorhandenen und erforderlichen Hilfen/Institutionen in der Kommune bzw. dem Landkreis koordinierend zu diskutieren und die notwendige Weiterentwicklung den Politikern zu vermitteln.

Die Psychiater haben seit Oktober 1987 die Möglichkeit, ihre Kooperation zugunsten chronisch Kranker mit der Ziffer 836 abzurechnen, was die Notwendigkeit dieser Tätigkeit unterstreicht. Allerdings haben noch zuwenige Nervenärzte darin Supervision erfahren. Deshald plädiert auch eine Gruppe der Experten-Kommission der Bundesregierung für spezielle Ausbildung der Nervenärzte in Sozialpsychiatrie.

Die Sozialpsychiatrischen Dienste in Baden-Württemberg haben Koordination und Kooperation als wesentlichen Bestandteil ihres Arbeitsauftrages. Daß dies im Abschlußbericht der wissenschaftlichen Begleitung durch das Zentralinstitut für Seelische Gesundheit (Mannheim) nicht gewürdigt wurde, ist nicht nur bedauerlich, sondern zeigt wieder einmal, wie wenig bisher noch die Existenz einer Kooperationskultur wahrgenommen wird.

Ein Sozialpsychiatrischer Dienst (SpDi), dem Kooperation gleichzeitig Ziel und Mittel/Instrument seiner Arbeit (der Vermeidung von Ausgrenzung und Chronifizierung) ist, macht dabei folgende Erfahrungen: Einrichtungen des regionalen Versorgungssystems richten einerseits hohe Erwartungen an diese SpDi-Aufgabe, andererseits grenzen sie zunächst einmal ihre eigene Zuständigkeit und Kompetenz ab. Bürokratische und institutionelle Gewohnheiten und Mechanismen und Ängste behindern eine flexible und informelle Kooperation. Persönliches Kennenlernen und Akzeptieren der Kompetenz des anderen (sei er Fachmann, Laie oder Patient) läßt dann aber eine effiziente Kooperation gelingen. Sie schließt Kontinuität, Austausch von Erfahrungen und Informationen und das Ringen um gemeinsame Sicht- und Herangehensweisen zusammen mit dem Betrofffenen und dessen Umgebung ein und führt zu einer Überwindung von Reibungsverlusten. Das Hin-und-Her-Schieben von Klienten zwischen verschiedenen Einrichtungen wird vermieden; es können früher adäquate Antworten auf die Krise bzw. die Bedürfnisse des Betroffenen gegeben werden. Der Datenschutz ist dadurch gewährleistet, daß die Kooperation für und mit dem Klienten gemeinsam abläuft, der weniger Angst hat, im Netz der Hilfen hilfloser zu werden. Die bedürfnisorientierte Kooperation bringt nicht immer Entlastung, bedeutet oft Mehrarbeit, in jedem Fall aber eine qualitative Anhebung des Niveaus der Alltagspraxis. Und sie ermöglicht, Mängel und Lücken zu entdecken, dafür gemeinsame Problemlösungen zu finden oder wenigstens gemeinsame konzeptionelle und planerische Überlegungen anzustellen. Personelle Lücken und Begrenzungen werden allerdings nicht ausgeglichen. Koordination und Zusammenarbeit dürfen sich dabei nicht von oben nach unten realisieren, was bei hinreichender Zuerkennung der Kompetenz des jeweils Anderen auch nicht mehr nötig ist.

Es wäre nun sehr interessant zu untersuchen, wie sich durch eine klient- und bedürfnisorientierte Zusammenarbeit soziale Normen, Krankheitsbilder und interpersonelle wie interinstitutionelle Gruppenprozesse verändern/entwickeln. Verschmelzungsprozesse im Team wie zu Beginn der Erfahrungen mit "therapeutischer Gemeinschaft" sind nicht zu erwarten. Aber was wird aus dem Konkurrenzverhalten, wer übernimmt die Omega-Rolle des Clowns, hält das Team auch ohne äußeren Feind noch genug zusammen? Dies wäre eine wichtige Frage für die wissenschaftliche Begleitforschung.

Die Beziehungs-, Haltungs- und Wissens-Kompetenz anderer Leute (Familie, Nachbarn, psychsoziale Fachleute) in Anspruch zu nehmen, scheint mir nun in der Suizidprävention besonders wichtig. Die Kooperation dient in der Krisenintervention der emotionalen Entlastung, um aus dem Macht-Ohnmacht-Komplex herauszukommen. Die Zahl der (in)direkt Anwesenden wird vermehrt, was dann antisuizidal wirkt, wenn der Suzid Ausdruck der "Abwesenheit der anderen" ist. Im Miteinander gelingt es eher, daß der Suizidant wieder ein Gefühl für seinen Selbstwert bekommt. Die Angst des Helfers wird gemildert und die Suizidalität eines Klienten wird den Helfern früher deutlich. Die vom Gefährdeten ausgehende Ambivalenz kann leichter ertragen werden.

Wichtig ist in der Kooperation, daß weder Laie noch Fachmann ihre Kompetenz abgeben, sie vielmehr dem anderen zugestehen, sich von der Kompetenz des anderen einen Beitrag zur Problemlösung holen, dabei auf hierarchische Vorteile versus Unterwerfungen verzichten, sodaß auch der Suizidgefährdete wieder seine Lebenskompetenz erhält.

ANSCHRIFTEN

KATHARINA BENNEFELD-KERSTEN, Diplom-Psychologin, Vollzugsleiterin im Jugendvollzug, Jugendanstalt Hameln, Tündernsche Str.50, 3250 Hameln

REGINA BRENNER, Diplom-Pädagogin, 4962 Obernkirchen

GISELA DRESSLER, Diplom-Sozialwirtin, Carl-Schurz-Str. 17, 2800 Bremen 1

RENATE DRESSLER, Diplom-Sozialpädagogin, Jugendberaterin für ausländische Kinder und Jugendliche, Diakonisches Werk Hannover, Ebhardtstr. 3a, 3000 Hannover 1

REGULA FREYTAG, Dr. rer. nat., Mitarbeiterin im Verein für Suizidprävention, Hildesheim (alter Name: Kontaktgruppe für Selbstmordgefährdete e.V., Hildesheim), Am Langen Feld 10, 3200 Hildesheim

GEORG GÖTTINGER, Dr. med., Leitender mediznischer Direktor, Referent für den ärztlichen Dienst des niedersächsischen Justizvollzuges, Ministerium für Justiz, Waterlooplatz 1, 3000 Hannover 1

URSULA GRAEBE, M.A., Familien- und Systemtherapeutin, Brüder-Grimm-Allee 1, 3400 Göttingen

MICHEL HEINRICH, Dr, med., Arzt für Psychiatrie, Psychotherapie, Böblingerstraße 24, 7000 Stuttgart 1

DIETER KLAGES, Pastor, Leiter der Telefonseelsorge Hannover

MATTHIAS LAUTERBACH, Dr.med., Leitender Arzt am Niedersächsischen Landeskrankenhaus Wunstorf, Fachkrankenhaus für Psychiatrie und Kinder- und Jugendpsychiatrie, Südstraße 25, 3050 Wunstorf 1

BEATE LINDAU, Diplom-Pädagogin, Altenauer Weg 4, 3000 Hannover 21

JUTTA MEYER-SIEBERT, Lehrerin, Diplom-Psychologin, Mitarbeiterin im autonomen Forschungsprojekt "Subjekt Frau", Kollenrodtstr. 56, 3000 Hannover

CHRISTA MÖLLER-HÖMMEN, Diplom-Pädagogin und Diplom-Sozialarbeiterin, Mitarbeiterin in der Krisenunterkunft NEUhland, Nikolsburger Platz 6, 1000 Berlin 31

GÜNTHER RITZEL, Privatdozent, Dr. med., Leitender Direktor des Niedersächsischen Landeskrankenhauses Hildesheim, Fachkrankenhaus für Psychiatrie, Neurologie, Psychotherapie, Goslarsche Straße 60, 3200 Hildesheim

EBERHARD RUMPF, Dr. med., Arzt für Psychiatrie und Neurologie-Psychotherapie, Oberarzt der Ambulanz der Rheinischen Landesklinik Langenfeld, Salnstr.4, 4018 Langenfeld/Rhld.

SECVINC SANCAR, Diplom-Sozialpädagogin, 3000 Hannover

WOLFGANG SCHERF, Dr. med., Arzt für Neurologie und Psychiatrie, Leitender Arzt des Funktionsbereiches Klinische Psychiatrie und Psychotherapie des Niedersächsischen Landeskrankenhauses Hildesheim, Goslarsche Straße 60, 3200 Hildesheim

KARL-HEINZ SCHULDT, Diplom-Sozialpädagoge, Transaktions-analytiker, hauptamtlicher Mitarbeiter des Arbeitskreises Leben, Lichtensteinstr. 9, 7400 Tübingen

ANNE SPRINGER, Diplom-Psychologin, Psychoanalytikerin, Hundekehlestr.11, 1000 Berlin 33

WOLFGANG SZILLAT, Diplom-Sozialarbeiter, Supervisor, Dozent an der Fachhochschule Braunschweig/Wolfenbüttel, Fachbereich Sozialwesen, Ludwig-Winter-Str.2, 3300 Braunschweig

GERD WARTENBERG, Dr. phil., Akademischer Oberrat am pädagogischen Seminar der Universität Göttingen, Wagnerstr.1 3400 Götingen

YÜCSEL WESSLING, Lehrerin, 3000 Hannover

HANS WEDLER, Privatdozent Dr.med., Leitender Arzt der Medizinischen Abteilung des Allgemeinen Krankenhauses Ochsenzoll, Langenhorner Chaussee 560, 2000 Hamburg 62

MICHAEL WITTE, Diplom-Soziologe und Diplom-Sozialarbeiter, Mitarbeiter in der Krisenunterkunft NEUhland, Nikolsburger Platz 6 1000 Berlin 31

MANFRED WOLFERSDORF, Dr. med., Arzt für Psychiatrie/Psychotherapie, Leiter des Bereiches Depression, Psychiatrisches Landeskrankenhaus Weissenau, Abt. Psychiatrie I der Universität Ulm, 7980 Ravensburg-Weissenau

DEUTSCHE GESELLSCHAFT FÜR SUIZIDPRÄVENTION UND HILFE IN LEBENSKRISEN e.V., (DGS), Geschäftsstelle: Böblingerstr. 24, 7000 Stutttgart 1